全国商业职业教育教学指导委员会组编

21世纪高职高专教学改革创新教材·市场营销类

营销策划

王丽丽 李为 黄志勇 主编

Yingxiao Cehua

东北财经大学出版社
Dongbei University of Finance & Economics Press

大连

图书在版编目（CIP）数据

营销策划/王丽丽，李为，黄志勇主编. —大连：东北财经大学出版社，2017.2

（21世纪高职高专教学改革创新教材·市场营销类）

ISBN 978-7-5654-2650-6

Ⅰ．营… Ⅱ．①王… ②李… ③黄… Ⅲ．营销策划-高等职业教育-教材 Ⅳ．F713.50

中国版本图书馆CIP数据核字（2017）第007745号

东北财经大学出版社出版

（大连市黑石礁尖山街217号 邮政编码 116025）

网 址：http：//www.dufep.cn

读者信箱：dufep@dufe.edu.cn

大连图腾彩色印刷有限公司印刷 东北财经大学出版社发行

幅面尺寸：185mm×260mm 字数：344千字 印张：15.5 插页：1

2017年2月第1版 2017年2月第1次印刷

责任编辑：张旭凤 周 欢 责任校对：魏 巍 曲以欢

封面设计：冀贵收 版式设计：钟福建

定价：28.00元

总　序

自2014年全国职业教育工作会议召开以来，国务院颁布了《国务院关于加快发展现代职业教育的决定》，对推进职业教育的改革做出了具体部署和安排。各院校积极落实相关任务，不断深化改革，推进内涵建设，把坚持以"质量为核心"的内涵式发展贯穿在办学过程中。坚持"立德树人"，注重提高理想信念教育、中华优秀传统文化教育和职业道德教育的实效性。重视培养学生诚实守信、积极进取、精益求精、爱岗敬业的职业素养和人文素养。坚持"知行合一"，注意在实践中培养"既善动脑，又能动手"的职业人才。不断创新培养模式，深化学习方式和教学模式的改革，加大实习实训的比重，强化实习实训环节评价制度的建设，培养学生的职业适应能力、综合职业能力和持续发展能力。广大职业院校在职业教育改革发展中做出了积极的贡献，特别是国家级示范校、骨干校及省级示范校在专业和课程建设方面积累了宝贵的经验。

东北财经大学出版社组织出版的"21世纪高职高专教学改革创新教材·市场营销类"系列教材，是依照《国家中长期教育改革和发展规划纲要》（2010—2020年）、《教育部关于推进中等和高等职业教育协调发展的指导意见》和《教育部关于"十二五"职业教育教材建设的若干意见》等文件精神，邀请十余所国家级和省级示范校的具有多年市场营销教学工作经验的老师共同编写而成的。本系列教材有针对性地吸收了高职国家级示范校、骨干校专业和课程建设的优秀成果，主要有以下几个特点：

1.教材体系构建完备

本系列的教材体系遵循职业教育课程构建的基本原则和模式进行设计。公共基础课程按照国家统一的安排和要求，专业课程按照市场营销专业毕业生的就业岗位和职业生涯的发展规划去确立学习领域。其学习领域主要包括市场调研、市场分析、营销决策、营销政策制定、市场营销计划与控制、产品管理、价格管理、渠道管理、促销管理、谈判、谈判管理、销售管理、推销员管理、经销商管理、客户管理、协调公司内外关系等内容。依据学习领域，形成包括《市场营销基础》《市场调查与分析》《消费心理与行为分析》《营销策划》《现代推销技术》《商务谈判》《客户关系管理》《公共关系实务》等为专业核心课的市场营销专业教材体系。该教材体系主要是培养营销人员依据营销环境及时把握顾客需求的心理预期、提供恰当的营销服务、充分体现现代营销服务观念、使顾客获得满意甚至惊喜的消费体验的意识与素质。

2.突出"教学做"一体化

本系列教材按照高等职业教育"教学做"一体化的教学要求，把"教什么，怎么教""学什么，怎么学""做什么，怎么做"等问题有机地融入到教材内容中，实践了在"做中学"、在"做中教"以及"教学做"一体化，提高了教学的针对性和有效性。如采用任务驱动型编写模式，每个项目下含有若干个任务，每个任务按照"教学做"一体化的思路设计，且每个任务都是一个独立的学习单元，按照"任务目标""任务导入""典型业务实例""拓展空间""营销训练"等形式加以呈现，并在其中设计了"教学互动""案例解析"等情景体验交流互动的内容，在训练中重点培养学生与人合作的团队精神、面对市场的分析和解决问题的能力等。在每个项目后，考虑到学生考取职业资格证的需要，还设计了相应的"思考与练习"内容。

3.情景设计和案例分析典型化

市场营销专业的技能型人才的职业活动都是紧紧围绕着顾客的需要展开的，而顾客的需要是与自身需要、政治环境、社会环境、经济环境和竞争环境紧密结合的。市场营销人员采取什么样的营销活动，取决于客户的不同属性和环境或情景的变化，即市场营销专业的技能型人才的职业活动具有典型的环境或情景导向的特点。同时，市场营销是包含大量知识和隐性能力的职业。市场营销专业人才职业能力的培养，需要大量融入情景教学、体验式教学和案例教学。因此，本系列教材选取的情景设计和案例都是市场营销活动中最典型的实例；这一方面可以增强学生的感受，另一方面可以强化学生的体验认知。

4.营销训练注重实用性，评价模式多元化

本系列教材中的"营销训练"尽可能结合市场营销工作岗位的典型工作任务进行训练。每个"营销训练"项目力图给出一定的背景与情境资料，提出明确的训练目标，给出基本工作流程，设计出训练成果的考核评价方案，实用性较强。

从评价指标体系来看，本系列教材从知识运用、流程执行、任务完成和成果展示四个方面来设计评价内容；从评价主体来看，有小组自评、小组互评、教师评价等，把知识和技能、过程和结果、素质和能力有机地融为一体进行评价，可操作性强，符合职业教育特点。

本系列教材特色鲜明，内容覆盖面广，文字通俗易懂，侧重理论联系实际。在深入介绍市场营销专业知识的同时，延伸到与之相关的其他领域。通过教学互动、案例解析的训练，提高学生的人际交流和公众交流能力；通过拓展空间和营销训练，培养学生的信息收集处理能力、识别和分析问题能力、独立解决问题能力以及应变能力。

东北财经大学出版社是国家一级出版社、全国百佳图书出版单位，在全国高职高专财经类专业教材出版方面做了很多创新和改革，受到了广大职业院校的好评。本次同全国商业职业教育教学指导委员会合作出版的"21世纪高职高专教学改革创新教材·市场营销类"系列教材，依据了相关市场营销专业标准，按照市场营销岗位的职业要求构建课程体系，针对高等职业教育教学改革的思路，精心设计了教材的编写和呈现形式，适应了"教学做"一体化教学改革的要求。本系列教材整合了全国商贸类市场营销专业的大量优秀教学资源，凝结着几十位优秀教师的心血，希望成为高等职业教育市场营销专业一套真正的、理实一体的立体化创新型教材，从而为全国市场营销专业的教学发展和改革带来新的生机和活力。

"21世纪高职高专教学改革创新教材·市场营销类"编写委员会

前　言

"营销是企业的生命，策划是营销的灵魂"。与"营销策划"有关的教材的表现形式，备受师生的关注。在教材建设中，或偏重于创意，或偏重于实践，或偏重于前沿与现实的结合，流派纷呈、百花齐放，这为市场营销专业教材质量的提升提供了丰富的土壤。

作者在"营销策划"课程的讲授与实训演练过程中，深感学生对"营销策划"的实施缺乏整体认知，项目策划思想与实施手段有所脱节。希望能有一本打破传统"营销策划"教材编写体系、注重实际应用的教材，解决上述问题。

总体来讲，本教材具有如下特色：

1.重塑教材架构，力求突出应用

"营销策划"课程的开设一般是在大学二年级或者大学三年级阶段，其学习对象是已经具备一定的市场营销基本知识、正需要进一步提升市场营销实战水平的学生。如果以经典的"STP""4Ps"理论应对这些学生的需求，则教材的实用性会受到限制。基于此，本教材紧紧抓住了"卖给谁""卖什么""怎么卖"等营销策划工作的重点，设置了"审视现状""卖给谁""对症下药""覆盖市场"等项目，这样更有助于突出本教材的实用价值。

2.结合时代发展，注重教材的适用性

营销策划走过了"点子"时代、"广告"时代等片面发展的阶段，在今天的互联网时代，正朝着反应的快速性、手段的综合性、实施的娱乐性等方面延伸和深化。为此，我们专门设立了事件营销、网络营销、体验营销等模块进行深入细致的论述，力求满足时代变化对课程的新要求，使学习者做到活学活用。

3.遵循循序渐进的原则，安排各项目内容

在教材内容的组织上，各项目按照"学一学""练一练"循序渐进地展开，依据"原理先行、案例同步、小组跟进、实训到位"的原则，安排各项目内容。

4.构建实训体系，突出"知行合一"

"纸上得来终觉浅，绝知此事要躬行"，离开实训项目的开展，营销策划就是空中楼阁。但是在教学实践中，我们深感学生的策划思想与实施手段的偏离，表现出营销技能与营销实践的割裂与片面。为此，我们格外注重实训体系构建的一致性，这种一致性来源于营销策划更加注重"营销思想与营销体系一致性"的要求，也来源于"营销思想与营销手段一致性"的要求。通过实训体系一致性的构建，我们希望读者能够深刻理解营销策划的系统性。

5.注重团队打造，培养职业素养和团队精神

无论是"案例解析""典型业务实例"，还是"营销训练"，我们都对操作的要点给予了重点阐释。要求学生以团队形式完成，通过小组作业，实现培养学生职业素养和团队精神的目的。

本书由王丽丽教授担任第一主编并撰写"编写提纲"，李为、黄志勇分别担任第二、第三主编。具体编写分工如下：王丽丽编写项目一、项目七、项目九，李为编写项目二、项目五和项目八，黄志勇编写项目三、项目四和项目六。

在教材编写过程中，得到了东北财经大学出版社张旭凤主任的指导与审阅，在此深表谢意。同时，对本教材所引用、参考的相关资料和书籍的作者表示诚挚的谢意，并感谢东北财经大学出版社相关编辑人员的辛勤工作。

由于编者水平有限，书中难免存在疏漏与不足，恳请专家、学者、同仁批评指正。

王丽丽

2017年1月

目　录

项目一

走入营销策划

项目概述

　　企业市场营销活动的开展，离不开营销策划。针对不同的目标顾客，必须采取适合的市场营销策划方法并利用新颖的创意。在执行过程中，还要形成方案，便于实施与控制。本项目将系统地阐述市场营销策划程序、营销策划创意以及营销策划书的编写。

项目结构

　　项目一内容结构如图1-1所示。

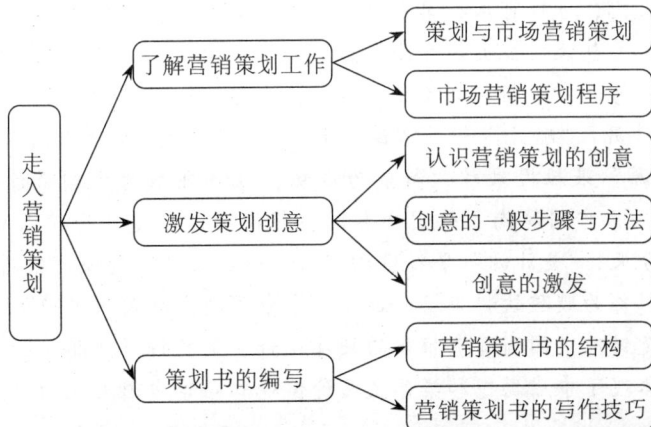

图1-1　项目一内容结构图

任务一　了解营销策划工作

【任务目标】

● 知识目标：认知什么是市场营销策划，为什么要进行市场营销策划；掌握市场营销策划的要素与程序，能对消费者市场的营销策划进行有效的梳理。

● 能力目标：通过学习训练，提高对消费者市场营销策划存在问题的分析和处理能力。

● 素养目标：在案例学习和实践训练等活动中，让学生在市场营销策划过程中关注营销职业道德和营销伦理问题，培养学生们与人合作、自我学习的能力。

【任务导入】

可口可乐跨国经营的秘诀

背景与情境：

可口可乐，全世界碳酸饮料的代名词，至今已有近130年的历史，在全球软饮料市场拥有48%的市场占有率，2014年可口可乐品牌价值达815.63亿美元。可口可乐跨国经营的成功，是因为其实施了"Think local，Act local"，秘诀在于本土化思想。

所谓本土化，通俗地说就是要入乡随俗，即一个品牌在进入另一个国家或地区市场时，其产品、广告、品牌等要迎合当地的文化传统和审美习惯而采取差别化策略，使品牌与当地的社会文化环境有机地融合起来。

为了推进本土化，可口可乐公司采取了诸多策略，包括人员、产品、品牌译名、广告传播、社会宣传、包装、公关等方面。为了迎合中国消费者的口味，可口可乐中国公司根据中国市场的特点，不断扩大其饮料品种，先后推出了"天与地""岚风""茶研工坊""原叶""美汁源""酷儿"等非碳酸饮料。其中，2004年推出的本土研发、"土生土长"的"美汁源"果粒橙果汁饮料最为成功，2008年成为中国果汁饮料第一品牌，并成功跨越国界，推广到越南、韩国、泰国、菲律宾、印度尼西亚以及中国香港等20多个市场区域。今天，"美汁源"果粒橙已成为全球销量最大的果汁饮料品牌之一。

可口可乐公司作为碳酸饮料市场的霸主，在中国的成功是入乡随俗并适应了中国文化的结果。无论是针对中国消费者推出的果汁饮料、茶饮料等产品，还是品牌命名、传播、包装等，都体现了中庸思想和集体主义价值观取向等中国文化的内涵。

思考：

（1）可口可乐公司在中国市场是怎样进行本土化的？

（2）可口可乐公司的本土化思想能适应未来市场的变化和发展吗？

学一学

随着全球经济一体化的发展，市场竞争的加剧，市场营销策划已成为营销管理的核心。

市场营销策划在企业的发展中，占据先导地位。由于在买方市场条件下，同质化问题逐渐凸显，并越来越严重。为了使得企业的产品、品牌、形象等能够与竞争对手区分开来，必然要把市场营销策划推向工作的前端。

市场营销策划就是在熟悉自己产品的基础上，去了解竞争对手产品的特性、优点、缺点，以发现竞争对手的软肋，"一剑中的"，准确地找到本企业产品的卖点，提炼出营销策略的支撑点，制定出市场营销策划方案并快速实施。

本任务我们将学习市场营销策划的含义与程序、市场营销策划的创意以及营销策划书的编写等内容。

一、策划与市场营销策划

（一）策划的含义

"策划"一词有广义与狭义之分。广义的"策划"是指策划的本意，即人类为达到某种目的，利用自己的智慧所采取的一种策略或谋划手段的过程。狭义的"策划"是指人们为推动经济发展，为现代工商企业或组织机构所进行的一种获利性活动。狭义的"策划"有以下四个特征：第一，它是为达到某一目标，只是这个目标是锁定在经济领域之内；第二，它的对象是工商企业或一些组织机构，即现代社会组织；第三，其目的是为这些社会组织获得利益，也许是社会效益，也许是经济效益，是一种获利性的活动；第四，必须掌握现代文化科学知识，掌握政策、法律等工具，为现代企业策划。美国哈佛企业管理丛书认为：策划是一种程序，"在本质上是一种运用脑力的理性行为"。日本策划家和田创认为：策划是通过实践活动获取更佳效果的智慧，它是一种智慧创造的行为。《策划学》主编陈放认为：策划是指运用人的智能，对未来所做的事情进行预测、分析，并使之有效地完成。著名策划专家叶茂中认为：将适合的产品用合适的方法，在合适的时间、合适的地点卖给合适的消费者的一种技巧，就是营销策划。

综上，**策划**是指为了实现特定的目标，针对存在的问题提出的解决对策，通过制定具体可行的方案，达到预期效果的一种综合性创新活动。策划最大的特点是通过创造性的思维整合，聚集资源，以扩大资源的占有、使用和效能为目的。

因此，策划必须具有前瞻性。策划人员要对未来一段时间内，即将发生的事情做出判断，找出事物的主客观条件和因果关系，制定出可选择的对策，作为当前决策的依据，即策划是事先决定做什么、如何做、何时做、由谁来做的系统方案。

（二）市场营销策划的含义

市场营销策划是策划的一个分支。我国港澳台地区称之为营销企划，在日本称之为企划。**市场营销策划**是指企业为实现某一营销目标或解决营销活动的问题，在对内对外的环境全面分析的基础上，有效地调动企业的各种资源，对一定时间内的营销活动进行的创新策略设计。它主要包括市场营销目标、市场机会分析、市场定位策划、渠道策划、营销战略及策略等内容。

简单地说，市场营销策划就是在市场营销活动中，为某一企业或某一商品或某一活动要实现的既定目标，所做出的策略谋划和设计。市场营销策划的基本内涵应该包括三个方面：其一，营销策划的对象可以是某一个企业整体，也可以是某一种（项）商品和服务，还可以是一次活动；其二是策略，营销策划需要设计和应用一系列计谋，并做出精心的安排，以保证一系列的计谋运用的成功；其三是对未来所做之事的创造性设计，它虽与规划、计划有相似之处，但并不相同，关键的区别点在于策划的创新。一般是先策划，提出创意，再有规划和计划。因此，"策"是指策略与谋略，"划"是指方案或设计。策划与计划的具体区别参见表1-1。

表1-1 　　　　　　　　　　　　　策划与计划的区别

内容＼区别	内容	范围	作用	创新性	开放性	灵活性	挑战性
策划	做什么	无限制	掌握原则与方向	必须有	较大	较大	较大
计划	怎么做	有限制	处理程序与细节	不一定	较小	较小	较小

【教学互动1-1】

互动内容：

市场营销策划就是对市场活动提出好的点子，这种说法对吗？

互动要求：

（1）结合有关市场营销策划的知识，发表个人见解，也可以和你的同伴简单沟通后回答。

（2）教师对学生的回答进行点评。

（三）市场营销策划的要素

市场营销策划特别要强调实效性，就是要有实实在在的效果。为此，必须掌握市场营销策划的四个要素，即目标性、创意性、可行性、适应性。

1.目标性

市场营销策划是围绕解决企业的某一问题，达成某一目标而进行的活动，因此，它具有较强的方向性和目的性。制定策划目标时，一要明确目标的焦点，使之明确化、具体化、数量化；二要对长期目标进行分解，制定出阶段性的短期目标，并保持各阶段短期目标之间的持续性和协调性；三是目标的价值性，即营销策划确定的目标对企业的管理人员和员工是有意义、有价值的，与他们的切身利益息息相关，从而取得他们的认可、支持和配合，充分调动他们的积极性。

2.创意性

创意是与众不同、新奇而富有魅力的构思和设想，营销策划的关键是创意，即创意是营销策划的核心和灵魂。因此，创意是营销策划的第一要素。

在企业营销策划实践中，创意并不是高深莫测、难以捕捉的。营销策划人员的创意主要来自于三个方面，一是营销策划经验的积累，只有长期地积累有关事物的信息并重视对其中重要信息的加工，才有灵感的爆发、火花的闪现和创意的获得；二是思路开阔，能够充分发挥自己的想像力、联想力和创造力，立意具有一定的高度，并且视角独特；三是思维方式独特，能够出新、出奇。营销策划人员必须打破常规思维习惯、思维定式，采用一定条件下的逆向思维、立体思维、发散思维、交叉思维，去谋取营销策划的成功。

3.可行性

营销策划不仅要有明确的目标、新颖的创意，还要具有很强的可操作性，在企业能够实施，易于实施。可操作性一是要在企业现有的人、财、物等有形资源和信息、商誉、品牌等无形资源与条件下可以实现；二是要考虑到外部环境的制约与外部环境的冲突；三是要有具体的、清晰的行动方案，使策划的参与者能懂得游戏规则，遵循游戏规则。

4.适应性

营销策划不是一成不变的，而是随着社会环境的变化，富有弹性的、灵活的，具有较好的调整适应性。目前，社会生活方式在变，市场环境在变，消费者的心态也在变，僵化机械的营销策划显然是不适合的。要在保持一定稳定性的同时，能够根据环境的变化，不断地对营销策划进行调整和变动。否则，营销策划与变化后的情况不相适应，就不具备现实可行性。

案例解析 1-1

《爸爸去哪儿》制造的惊喜

背景与情境：

2013年的夏天，各电视台以各种歌唱类节目为主，已经让电视观众感觉到审美疲劳。10月11日，《爸爸去哪儿》的首播让观众一夜沸腾。虽然作为湖南卫视第四季度的重头节目，《爸爸去哪儿》在播出前更多地被当作一档常规节目来看，无论是媒体还是观众，大多采取观望的态度。令人意外的是，这个被观众誉为"小清新、大能量"节目，在第一期播出后，不仅引发收视狂潮，还赢得一大片叫好声，几乎是"高收视、零差评"的效果。

思考：

（1）《爸爸去哪儿》节目的卖点是什么？

（2）搜集《爸爸去哪儿》节目的资料，分析其市场营销策划的成功之处。

讨论分析：

*个人：*请每位同学在固定的学习笔记本上列出《爸爸去哪儿》的卖点，并进行分析。

*小组：*请同学每6人为一小组，各自发表看法，然后小组成员共同讨论，形成小组意见，准备在班级交流。

*班级：*每个小组推选一位代表在班级交流，陈述本组见解。

*老师：*在黑板上把各小组分析的卖点做简要记录。各小组陈述完毕后，老师结合各小组内容进行总结，明确营销策划的要素，强调市场营销策划应注意的问题。

二、市场营销策划程序

企业市场营销策划是按一定的程序进行的，目的是保证营销策划方案的合理性和高成功率，尽管这种程序要耗费更多的时间和精力，但却能有效地减少营销策划的失误。具体包括以下十个步骤：

1.界定问题

企业在开展营销策划工作的过程中，往往面对一大堆发展中的问题。这就需要首先对存在的诸多问题进行界定，通过把主要的矛盾凸显出来，最终确定企业必须解决的首要问题，去解决主要矛盾。

2.市场调研

市场调研是营销策划工作的基础。其目的在于了解企业的营销环境，为企业的营销策划提供真实可靠的信息。这既包括企业外部环境的调研，也包括企业内部环境的调研，其主要内容有市场形势、产品情况、竞争形势、分销情况、宏观环境等。

3.SWOT分析

一个好的营销策划必须在市场调查的基础上对市场、竞争对手、行业动态有一个较为客观的分析，主要包括以下三方面内容，即机会与风险的分析、优势与弱点分析、结果总结。分析情况是一次去粗取精、去伪存真的过程，是营销策划的前奏。

4.确定目标

企业要将自己的产品或品牌打出去，必须制定切实可行的目标，这个目标包括企业整体目标和营销目标。能否制定一个切合实际的目标是营销策划的关键，营销策划的目标只能有一个，才能做到精准。制定营销策划目标既不能脱离企业实际，制定目标过高，但也不能过于保守，否则会影响营销组合效力的发挥。

5.策划创意

营销策划是创造性的思维活动，创造性思维是营销策划生命力的源泉，它贯穿于营销策划活动的方方面面和策划过程的始终。通过敏锐的洞察力，积极采取差异性策略，运用活跃的灵感，化繁为简，找到突破，可以产生意想不到的效果。

6.拟定策划方案

将战略肢解，将产品、价格、促销、渠道细分处理，将目标进度及人员分配规划好，这些都是制定营销策划的关键。营销活动的开展，从时间上到协调上，均需制定一个统筹兼顾的行动方案，要求选择合适的产品上市时间，同时要有各种促销活动的协调和照应，而各个促销活动在时间和空间上也要做到相互搭配、错落有致。从初步方案到评价、筛选方案，再到方案的调整与修订，一步也不能省略。

7.预测成效

预测成效包括预算与预期效果。要编制一个类似损益报告的辅助预算，在预算书的收入栏中列出预计的单位销售数量以及平均净价；在支出栏中列出划分成细目的生产成本、储运成本及市场营销费用。收入与支出的差额就是预计的盈利。经企业领导审查同意之后，它就成为有关部门、有关环节安排采购、生产、人力及市场营销工作的依据。

8.设计应急举措

在这一阶段，营销策划人员的任务是为了经过效益预测感到满意的战略和行动方案，去构思有关的控制和应急措施。设计控制措施的目的是便于操作时对计划的执行过程、进度进行管理。典型的做法是把目标、任务和预算按月或季度分开，使企业及有关部门能够及时了解各个时期的销售实绩，找出未完成任务的部门、环节，并限期做出解释和提出改进意见。设计应急措施的目的是事先充分考虑到可能出现的各种困难，防患于未然；还可以扼要地列举出最有可能发生的某些不利情况，指出有关部门；人员应当采取的对策。

9.撰写文案

撰写文案就是将营销策划的最终成果整理成书面材料，即营销策划书，也叫企划案。其主体部分包括现状或背景介绍、分析、目标、战略、战术（行动方案）、效益预测、控制和应急措施，各部分的内容可因具体要求不同而详略程度不一。

10.实施总结

营销策划书在实施过程中，需要做好组织、指挥、控制与协调活动，以便实现企业的预期目标。为此，企业必须根据策划的要求，合理分配企业的人力、物力、财力。

【教学互动1-2】

互动内容：

某专卖店将第二季度营销策划的目标确定为提高市场占有率，可否？

互动要求：

结合所学的知识回答，注意制定目标的精准性。

做一做

【典型业务实例1-1】

可口可乐"歌词瓶"

背景与情境：

可口可乐公司在2014年发力推出"歌词瓶"。从周杰伦到五月天，"歌词瓶"上的歌词大多出自人们耳熟能详的歌曲。此外，创新的瓶身设计让人眼前一亮，消费者扫描瓶上的二维码，便可观看小段音乐动画，并在社交平台上分享。

可口可乐先是在类似于潘石屹、任志强等关键意见领袖的微博进行定制化产品投放，利用其名人效应让更多消费者熟知。而后，在自身的微博上发布与歌词相关的内容，与产品配合。不久，便看到不少朋友在自身的社交平台上也晒起了有意思的"歌词瓶"，年轻人通过瓶上的歌词或音乐来表达自己的心情。

思考：

（1）可口可乐公司通过"歌词瓶"的营销，创新瓶身设计，这样的营销策划成功吗？试说明理由。

（2）上述案例对你有何启发？

📋 【拓展空间1-1】

（1）列举5家饮料生产企业的应季营销策划。

（2）列出5件不同快速消费品的营销策划。分析其中一件产品是如何通过市场营销策划，引导目标消费者需求、提高市场竞争力的。

📐 【营销训练1-1】

体验市场营销策划

背景与情境：

瓶装水、手机、空调是你比较熟悉的几种产品，请走访其中一种品牌产品的市场营销人员，查找有关资料，根据广告宣传、网络推广等活动资料，对其营销策划活动进行梳理，列出其营销策划的组成要素。

【训练目标】

通过市场营销策划的实际体验，了解市场营销策划的要素、创新的具体方式方法，熟悉市场营销策划的有关知识，进一步培养自己收集信息、与人沟通、与人交流的能力。

【操作流程】（如图1-2所示）

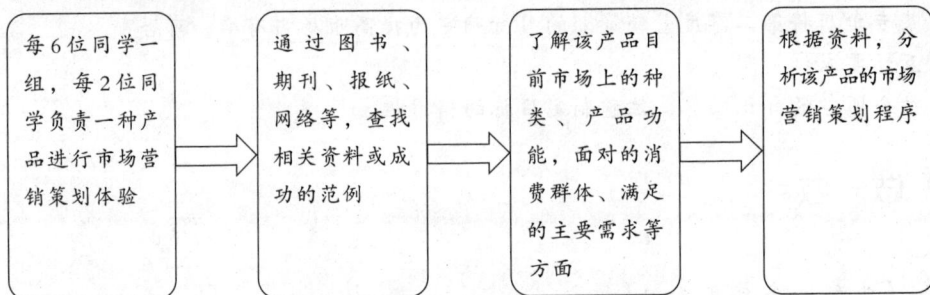

每6位同学一组，每2位同学负责一种产品进行市场营销策划体验 → 通过图书、期刊、报纸、网络等，查找相关资料或成功的范例 → 了解该产品目前市场上的种类、产品功能，面对的消费群体、满足的主要需求等方面 → 根据资料，分析该产品的市场营销策划程序

图1-2　体验市场营销策划操作流程

【成果形式】

关于瓶装水（或手机、空调）市场营销策划活动体验的课业报告。

【效果评价】（见表1-2）

表1-2　　　　　　　××产品市场营销策划活动体验评分表

评价指标（分值）	标准	小组自评（30%）	小组互评（30%）	教师评分（40%）	最后得分（分）
调查企业表现（20分）	调查一到两家企业，或者走访4位营销人员（每走访一位给5分，最多20分）				
收集市场营销策划活动资料的过程体验（30分）	顾客需求；市场环境；竞争品与竞争企业；市场营销策划的组成要素；企业营销策划活动体验（每小项6分）				

评价指标 （分值）	标准	小组自评 （30%）	小组互评 （30%）	教师评分 （40%）	最后得分 （分）
市场营销策划活动体验课业报告 （30分）	格式规范；内容完整；明确指出资料中营销策划组成要素的内容；总结市场营销策划活动体验的收获及反思；成果展示有特色（每小项6分）				
市场营销策划体验活动中的表现 （20分）	从活动准备、与人交流、与人合作、信息处理等方面评价（每小项5分）				
合计（100分）					
老师评语		签名：		日期：	
学生意见		签名：		日期：	

▶ 任务二　激发策划创意

【任务目标】

● 知识目标：认知什么是创意，了解创意对营销策划的作用；熟悉创意的主要来源，掌握创意思维的方法及创意产生的步骤，熟悉创意培养方式和开发途径。

● 能力目标：通过学习训练，提升对消费者市场营销策划活动的创意能力。

● 素养目标：在案例学习和实践训练等活动中，让学生在市场营销策划过程中关注营销职业道德和营销伦理问题；培养学生们与人合作、自我学习的能力。

【任务导入】

万宝路的牛仔形象

背景与情境：

万宝路诞生于1924年，问世后的三十年中，生产商将它设计为专供女士享用的香烟，销售境况十分凄凉。后来，凭借着李奥·贝纳的一个高明的营销策划，才使得已经山穷水尽的万宝路转危为安、步步发展，成为世界最著名的香烟品牌。

李奥·贝纳经过细心的研究，发现万宝路所存在的不利条件有很多，如果能为它注入新鲜血液，起死回生并不是没有可能的；于是提出让大家忘记那个带有脂粉气的香烟，仍用万宝路牌子，创出一个文明世界的具有男子汉气概的香烟来。他主张万宝路保持原有的配方，但使用牛仔充当广告的主角，用这个全新的形象投入宣传，一露面便打动了无数消费者的心。人们争相购买原本不屑一顾的万宝路牌香烟，想借此加入真正男子汉的行列。在短短一年时间内，万宝路的销售量竟然奇迹般地提高了整整3倍。

思考：

（1）李奥·贝纳是如何帮助万宝路重塑形象的？

（2）创意对营销策划而言，发挥着什么作用？

● 学一学

营销策划追求出奇制胜。所谓的"奇"，指的是奇兵、奇计；"制"即制服。出奇兵、用奇计战胜竞争对手，比喻用对方意料不到的方法取得胜利，这种意料不到的是奇思妙想、创意，创意是营销策划的灵魂。

一、认识营销策划的创意

（一）什么是创意

李奥·贝纳说："创意是一种将先前不相关联的事物，建立起新的而又有意义的关系的艺术，借着这种方式，使产品能以新的面貌呈现。"

一般来说，人们在经济、文化活动中产生的思想、点子、主意、想象等新的思维成果，都可以看作是创意的一种表现形式，但是仅有这些还是不够的，还需要人们把这种主体的意向与客体的表象相结合，才能形成完整的创意。

创意是一种创造新事物、新形象的思维方式和行为，是一个进行创造性思维的过程，创造性思维是创意的核心。

创意大多产生于创造性的思维，来源于对生活的积累。它不是偶然爆发的一个灵感，它是长期社会生活积淀的结果。

（二）创意对营销策划的作用

1.企业形象独树一帜

创意营销策划方案的制定，需要一个好的切入点。创意能够为营销策划找到这个切入点，而且是巧妙的切入点，更能产生出奇的效果；其出乎目标消费者的意料之外，直接影响消费者对企业形成鲜明的印象。

2.营销活动引人入目

好的创意不仅可以帮助企业建立独树一帜的形象，而且还能通过独特性来吸引消费者的眼球。在产品同质化的市场中，产品差别小不利于消费者识别产品和品牌。要摆脱无特色、无差异的状态，逃避残酷的价格战，就必须把新颖的创意融入到营销策划活动之中，使得消费者自觉地被吸引，轻松地识别出品牌或者产品。

3.美誉度得到提升

创意的作用直接影响到消费者的态度。好的创意可以通过营销策划活动的开展，获得公众的信任和好感，接纳和欢迎的程度高，会成为引导公众舆论的依据，帮助企业赢得好的声誉，企业借势可名扬四海。

二、创意的一般步骤与方法

（一）创意的一般步骤

1.界定问题

将问题弄明白并界定清楚，多角度、全方位、立体式地分析和思考。营销策划中存在的问题，往往比较复杂，要抽丝剥茧，找到核心问题所在。

2.搜集资料

搜集资料要有针对性、完备性、有用性和有效性，对资料、信息进行分析、整理和再加工。

3.市场调查

在市场调查阶段，要走出熟悉的领域，克服思维的局限性。对于共识性的结论也需要认真调查，因为共识未必符合真实情况。

4.资料整理

对调查资料进行归纳、整理、汇总，做出初步的判断。

5.产生创意

创意来源于生活、幻想、兴趣、实践积累，来源于"看"的方法。创意产生的过程，不能自我设限、墨守既有的规则；否则，有趣的新组合以及打破规则的创意，就永无冒出头的机会。有时灵光一闪，一个好的点子瞬间诞生。但事实上，创意虽然是以"灵感"的面貌出现，却不可能是凭空产生的，而是来自于过去长期累积的底蕴，再经过整理、转化所形成的。

这个酝酿的过程，就是所谓的"创意魔岛理论"。在古代的水手传说中，有一种"魔岛"存在。他们记录说，航行时根据航海图的指示，某块海域应该是一片汪洋，却突然冒出一个环状的海岛。原来，这些魔岛是无数珊瑚经年累月成长，最后一刻才冒出海面的。创意的产生，往往像魔岛一样，在营销策划人的脑海中，悄然浮现，不可捉摸。

6.制作创意文案

创意文案要具有新奇性、独特性、可行性。制作创意文案，需要形成策划依据、创意构成、拍摄文字脚本等文字性资料。创意文案构成，包括命名、创意者、创意目标、创意内容、费用预算、参考资料、备注等内容。

7.实施与检验

验证创意，克服思维局限性；决定创意的最终取舍；对创意阶段的经验教训进行总结。

（二）创意的方法

创意思考是一种态度、一种习惯，至少是一种可训练的技术。因此，创意能力也是可以学习和训练的。换句话说，只要有方法，每个人的创意都可以源源不绝。

按创意思维方式，把创意思维方法归纳为三类，即：

1.发散思维法

发散思维法是指从一个目标或思维起点出发，沿着不同方向，顺应各个角度，提出各种设想，寻找各种途径，解决具体问题的思维方法。包括横向思维法、纵向思维法、逆向思维法、侧向思维法、分合思维法、颠倒思维法、质疑思维法、克弱思维法、信息交合法、头脑风暴法等。

2.聚合思维法

聚合思维法是指从已知信息中产生逻辑结论，从现成资料中寻求正确答案的一种有方向、有条理的思维方式。聚合思维法是把广阔的思路聚集成一个焦点的方法，它是一种有方向、有范围、有条理的收敛性思维方式，与发散思维相对应，是从不同来源、不同材料、不同层次探求出一个正确答案的思维方法。因此，聚合思维对于从众多可能性的结果中迅速做出判断、得出结论是最重要的，包括求同法、求异法、同异并用法、共变法、剩余法、完全归纳法、简单枚举归纳法、科学归纳法和分析综合法等。

3. 想象思维法

想象思维法是指人体大脑通过形象化的概括作用，对脑内已有的记忆表象进行加工、改造或重组的思维活动。想象思维可以说是形象思维的具体化，是人脑借助表象进行加工操作的最主要形式，是人类进行创新及其活动的重要思维形式，包括原型启发法、类比法、联想法、假说法和梦幻法等。

【教学互动1-3】

互动内容：

管理专家对做窗帘的客户说："不，你做的不是窗帘生意，而是调节光线的生意。"公司的经营格局由此完全改观了。请问：这两种生意有何不同？

互动要求：

结合所学的知识回答，注意思维方法的具体应用。

案例解析1-2

M&M's巧克力豆的创意主题

背景与情境：

20世纪50年代，玛氏糖果公司的总经理找到了著名的创意大师罗瑟·瑞夫斯，希望帮助提高M&M's巧克力豆的销量。罗瑟·瑞夫斯在与对方交谈了十几分钟后，敏感地发现，在美国，玛氏糖果公司开发生产的这种巧克力豆，是当时唯一用糖衣包裹的巧克力豆。有了这一发现，即刻形成了创意构想：抓住M&M's巧克力豆这一与众不同的特点，去打动消费者。

经过缜密思考、精心设计，瑞夫斯创作了这样一部电视广告片——

画面：电视画面上有两只手，一只脏手，一只干净手。

画外音：哪只手里面有M&M's巧克力豆？不是这只脏手，而是这只手。因为，巧克力"只溶在口，不溶在手"。

M&M's的新广告播出后，顿时名声大震。人们争相购买，销量猛增。半个世纪过去了，玛氏公司的规模有了突飞猛进的发展。如今，年销售额已达几十亿美元。而其"只溶在口，不溶在手"的广告主题至今未变，牢牢地铭刻在世界各国消费者心中。

思考：

（1）罗瑟·瑞夫斯发现M&M's巧克力豆与众不同之处对营销策划有何影响？

（2）M&M's巧克力豆的创意主题历经半个多世纪，未发生变化，对你有何启发？

讨论分析：

个人：请每位同学在固定的学习笔记本上列出 M&M's 巧克力豆与众不同之处，并就其对营销策划的影响进行分析。

小组：请同学每6个人为一小组，各自发表看法，然后小组成员共同讨论，形成小组意见，准备在班级交流。

班级：每个小组推选一位代表在班级交流，陈述本组见解。

老师：在黑板上把各小组分析的影响和启发做简要记录。各小组陈述完毕后，老师结合各小组内容进行总结，了解营销策划的创意，强调市场营销策划创意应注意的问题。

三、创意的激发

（一）自我激发

创意不可以墨守成规，而要勇于标新立异、独辟蹊径。激发创意，可以从三个方面着手。

1.培养创意意识，克服惰性思维

（1）习惯性创意意识。准备好工具（电脑、手机、纸、录音笔等），随时可以记录。想到什么写什么，但是需要每天坚持。

（2）强制性创意意识。不走老路，必须创新。思维训练时，可以在一个固定的时间段，要求自己必须运用相关思维方法去创意。遇到问题时，要求不能使用过去用过的创意。

2.突破思维定式，训练发散思维

思维定式也称"惯性思维"，是由先前的活动而造成的一种对过去活动特殊的心理准备状态或倾向性。在环境不变的条件下，思维定式使人能够应用已掌握的方法迅速解决问题；而在情境发生变化时，它则会妨碍人采用新的方法。消极的思维定式是束缚创造性思维的枷锁，所以，在工作中要运用发散思维，保持思维的流畅性、变通性和创新性。

3.寻求诱发灵感的契机，提高想象力

创意其实很简单，就是要从改变生活习惯开始。一成不变的生活方式，只会扼杀创意；多尝试新的生活体验，可让思维更加活跃。想象力比知识更重要，因为知识是有限的，而想象力概括世界的一切，推动着进步并且是知识进化的真正源泉。

（二）训练激发

创意训练可以促使人的思维更加活跃，激发出创意。训练方法"仁者见仁，智者见智"，本任务介绍一种流行于西方企业界的、最有效的思维训练方法，即"六顶思考帽"法。

1."六顶思考帽"法的来历

"六顶思考帽"法由爱德华·德·波诺博士开发，它提供了"平行思维"的工具，从而避免了将时间浪费在互相争执上。其主要功能在于为人们建立一个思考框架，在这个框架下按照特定的程序进行思考，从而极大地提高了企业与个人的效能，也提高了创造力，解决了深层次的沟通问题。

本质上，"六顶思考帽"法是一个角色扮演的游戏。创意主持人说"让我们戴上黑色帽子，想想这有什么缺点？"这就是游戏指令。"思考帽"角色扮演的好处在于，它让我们能够轻松转换角色。我们一次只思考一件事的一个方面，在一个时刻大家都朝一个方向看。不同颜色的帽子是思考方向的象征性标记。

2."六顶思考帽"法的内容

"六顶思考帽"法的核心内容，就在于代表六种不同思维的六顶帽子的运用。

白色思考帽：白色是中立而客观的，代表着事实和资讯。

红色思考帽：红色是情感的色彩，代表我们的感觉、直觉或预感。

绿色思考帽：绿色是春天的象征，是创意的颜色。

蓝色思考帽：蓝色象征天空，笼罩四野，代表控制着事物的整个过程。

黄色思考帽：黄色象征乐观，代表着与逻辑相符合的正面观点。

黑色思考帽：黑色象征沉重、负面，代表着警示与批判。

3."六顶思考帽"法的注意事项

（1）问题是思维的转换器。人的思维是通过提问来引导的，一个人是积极还是消极，取决于他给自己提的问题。

（2）不能同时戴两顶帽子。在整个沟通过程中，不能同时给参与者戴两顶帽子，因为一个人不可能同时朝两个不同的方向思考问题。

（3）发问要讲究灵活性。主持人的发问很关键，如果问题使参与者有压力或者不耐烦，就达不到沟通的目的。

（4）帽子是方向而非描述。

（5）不要对参与者进行分类。

（三）激发创意的要求

（1）关联。所创意的元素要有必然的联系。

（2）原创。可以借鉴，不能照搬。

（3）震撼。表现的手法要大气，好的创意需要好的推广。

（4）简明。内容诉求简洁明快，因为受众人群的关注时间很短。

（5）独特。具有个性差异。

（6）合规。国家的法律法规高于一切。

做一做

【典型业务实例1-2】

农夫果园，喝前摇一摇

背景与情境：

许多果汁饮料甚至口服液的产品包装上均会有这样一排小字——"如有沉淀，为果肉（有效成分）沉淀，摇匀后请放心饮用"。这排小字本意是要消除一种误会，而农夫果园一句绝妙的广告语"喝前摇一摇",形成了一个独特的卖点。

电视广告情景呈现的是两个身着沙滩装的胖父子在一家饮料店前购买饮料;看见农夫果园的宣传画上写着一句"农夫果园,喝前摇一摇";于是父子举起双手滑稽而又可爱地扭动着身体,美丽的售货小姐满脸狐疑地看着他俩;(镜头一转)口播:"农夫果园由三种水果调制而成,喝前摇一摇",(远景)两个继续扭动屁股的父子走远。

思考:

(1)农夫果园的营销策划与同类型的果汁饮料有什么不同之处?

(2)"农夫果园,喝前摇一摇"还有哪些潜台词?

【拓展空间1-2】

(1)列举国内外5家果汁饮料的营销策划创意。

(2)列出汽车、蛋糕、自行车各5种不同品牌的营销策划创意。分析其中一种产品是如何通过营销策划创意,打开销售市场,提高市场占有率的。

【营销训练1-2】

体验营销策划创意

背景与情境:

瓶装水、手机、空调是你比较熟悉的几种产品,请走访其中一种品牌产品的市场营销人员,查找有关资料,根据市场营销策划创意产生的程序,体验进行营销策划的创意开发。

【训练目标】

通过营销策划创意实际体验,熟悉营销策划创意步骤,了解创意方法,更好地开展激发营销策划创意的有关训练,能够尝试提出营销策划创意的构想,进一步培养自己的发散思维,保持思维的活跃度。

【操作流程】(如图1-3所示)

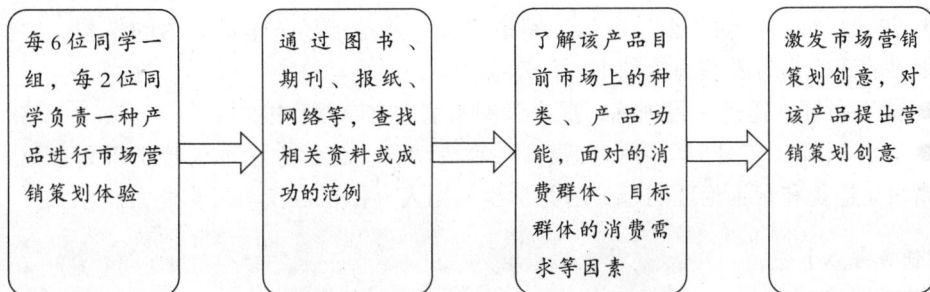

每6位同学一组,每2位同学负责一种产品进行市场营销策划体验 → 通过图书、期刊、报纸、网络等,查找相关资料或成功的范例 → 了解该产品目前市场上的种类、产品功能,面对的消费群体、目标群体的消费需求等因素 → 激发市场营销策划创意,对该产品提出营销策划创意

图1-3 体验营销策划创意操作流程

【成果形式】

关于瓶装水、手机、空调营销策划创意体验的课业报告。

【效果评价】(见表1-3)

表1-3　　　　　　　　　××产品营销策划创意体验评分表

评价指标（分值）	标准	小组自评（30%）	小组互评（30%）	教师评分（40%）	最后得分（分）
调查企业表现（20分）	调查一到两家企业，调查4位营销人员（每调查一位给5分，最多20分）				
营销策划创意体验（30分）	通过收集到的企业营销策划创意案例，尝试开展分析工作；界定问题；搜集资料；市场调查；资料整理；营销策划创意体验（每小项6分）				
营销策划创意体验课业报告（30分）	格式规范；界定问题清晰；切入点准确；创意思路说明清晰；成果展示有特色（每小项6分）				
营销策划创意体验活动中的表现（20分）	从活动准备、与人交流、与人合作、发现问题、信息处理等方面评价（每小项4分）				
合计（100分）					
老师评语			签名：　　　　　日期：		
学生意见			签名：　　　　　日期：		

▶ 任务三　策划书的编写

【任务目标】

● 知识目标：认知什么是市场营销策划书，熟悉市场营销策划书的结构，掌握营销策划书的正文内容及编写策划书的注意事项。

● 能力目标：通过学习训练，提高营销策划的文字写作能力。

● 素养目标：在案例学习和实践训练等活动中，让学生在市场营销策划过程中关注营销职业道德和营销伦理问题；培养学生们与人合作、自我学习的能力。

【任务导入】

葡萄酒策划未达预期

背景与情境：

某葡萄酒厂的一种新品依靠原产地的优势，在本省市场取得了较好的销售业绩，在其周边80%的省市尚处于产品推广阶段。由于厂家急于扩大该产品的知名度和销售量，试图利用中秋节和国庆节的商机，在商场促销上演一出"好戏"。于是，厂家决定在全国的连锁超市中，实行20%的让利促销，这就使它的葡萄酒零售价格比主要的竞争品低了10%。活动结束，虽然也提高了不少的销售量，但效果却未能达到预期。

思考：

（1）该葡萄酒策划未能实现预期效果的原因是什么？

（2）实现预期策划目标，需要如何着手？

◉ 学一学

成功的营销策划书具有六大特点，包括：粗略过目就能了解策划的大致内容；使用浅显易懂的语言，充分体现对方的利益和要求；策划书展现的内容与同类策划书相比，有相当明显的差异性与优越性；图文并茂，策划书的表现效果强；全文条理清晰，逻辑分明，令阅读者看完策划书后，能够按照策划书的内容有计划、有步骤地执行下去；策划书能够充分体现企业的勃勃生机和企业的基本特征。

一、营销策划书的结构

（一）营销策划书的作用

营销策划书的作用包括三个方面：其一，准确、完整地反映营销策划的内容；其二，充分有效地说服决策者；其三，作为执行和控制的依据。

（二）营销策划书撰写的原则

1.逻辑思维原则

策划的目的在于解决企业营销中的问题，应按照逻辑性思维的结构来编制策划书。

2.简洁朴实原则

要注意突出重点，抓住企业营销中所要解决的核心问题，深入分析，提高相应对策的可行性；同时，针对性要强，要具有实际操作的指导意义。

3.可操作原则

编制的策划书要用于指导营销活动，其指导性涉及营销活动中每个人的工作及各环节关系的处理。因此，其可操作性非常重要。

4.创意新颖原则

要求策划的创意新、内容新、表现手法也要新，给人以全新的感受。新颖的创意是策划书的核心。

（三）营销策划书的结构与内容

策划书没有一成不变的格式，它依据产品或营销活动的不同要求，在策划的内容与编制格式上也有变化。但是，从营销策划活动的一般规律来看，其中有些要素是共同的。营销策划书的基本结构可分为以下10项：

1.封面

策划书的封面可提供以下信息：策划书的名称；被策划的客户；策划机构或策划人的名称；策划完成日期及本策划适用的时间段；编号。

2.前言

前言或序言是策划书正式内容前的情况说明部分，内容应简明扼要，最多不要超过500字，让人一目了然。其内容主要是接受委托的情况、本次策划的重要性与必要性、策划的概况，即策划的过程以及需要达到的目的。

3.目录

目录的内容是策划书的重要部分。目录可以使人了解策划的全貌，具有与标题相同的作用。

4.概要提示

通过概要提示就能理解策划内容的要点。概要提示也需简明扼要，篇幅不能过长，一般控制在1页纸内。其内容不是简单地把策划内容予以列举，而是单独组成一个系统，其遣词造句要仔细斟酌，发挥出"一滴水见大海"的效果。

5.正文

正文是营销策划书中最重要的部分，具体包括以下几方面内容：

①营销策划的目的。营销策划目的部分主要是对本次营销策划所要实现的目标进行全面描述，它是本次营销策划活动的原因和动力。

②市场状况分析。包括宏观环境分析、产品分析、竞争者分析、消费者分析，以上市场状况的分析是在市场调研取得第一手资料的基础上进行的。

③市场机会与问题分析。营销方案是对市场机会的把握和策略的运用，分析市场机会就是营销策划的关键。只要找准了市场机会，策划就成功了一半。主要包括：第一，营销现状分析，即对企业产品的现行营销状况进行具体分析，找出营销中存在的具体问题点，并深入分析其原因；第二，市场机会分析，根据前面提出的问题，分析企业及产品在市场中的机会点，为营销方案的出台做准备。

④确定具体营销方案。针对营销中问题点和机会点的分析，提出达到营销目标的具体行销方案。营销方案主要由市场定位和营销策略组合两部分组成，具体体现两个主要问题：一是本产品的市场定位是什么；二是本产品的营销策略组合具体是怎样的，具体的产品方案、价格方案、分销方案和促销方案是怎样的。

6.预算

预算是整个营销方案推进过程中的费用投入，包括营销过程中的总费用、阶段费用、项目费用等，其原则是以较少投入获得最优效果。用列表形式标出营销费用是常用的方法，其优点是醒目易读。

7.进度表

把策划活动起止的全部过程拟成进度表，具体到何日、何时、要做什么都标注清楚，以便于策划进行过程中的控制与检查。进度表应尽量简化，在一张纸上拟出。

8.人员分配及场地

此项内容应说明具体营销策划活动中，各个人员负责的具体事项、所需物品和场地的落实情况。

9.结束语

结束语在整个策划书中要发挥与前言的呼应作用，使策划书有一个圆满的结尾，不至于使人感到太突然。

10.附录

附录的作用在于提供策划客观性的证明。因此，凡是有助于阅读者对策划内容理解、信任的资料都可以考虑列入附录。附录的另一种形式是提供原始资料，如消费者问卷的样本、座谈会原始照片等资料。附录也要标明顺序，以便阅读者查找。

二、营销策划书的写作技巧

营销策划书与一般的报告文章有所不同，它对可信度、可操作性以及说服力的要求特别高。因此，运用写作技巧实现上述两个或三个要求，就成为撰写策划书追求的目标。

1.寻找一定的理论依据

提高策划内容的可信度，方便阅读者接受，首先需要为策划者的观点寻找理论依据。需要注意，理论依据要有对应关系，纯粹的理论堆砌不能提高可信度，反而会给人脱离实际的感觉。

2.适当举例

可以通过正反两个方面的事例来证明自己的观点。在策划书中加入适当的成功与失败的例子，既能发挥调整结构的作用，又能增强说服力，一举两得。例证以成功案例为宜，选择一些先进的经验与做法，以印证自己的观点是非常有效的。

3.利用数字说明问题

策划书是一份指导企业实践的文件，其可靠程度是决策者首要考虑的问题。策划书的内容不能留有漏洞，所有的论点都应有依据，用数字说明是最好的佐证材料。经常使用的数字有绝对数、相对数，二者的比较对照是非常有效的。当然，每一组数字，都要有出处。

4.运用图表帮助理解

图表非常直观，用图表进行比较分析、概括归纳、辅助说明都非常有效。不仅能有效地帮助阅读者理解策划的内容，而且还能提升页面的美观程度，调节阅读者的情绪，有助于其对策划书的深刻理解。

5.正确合理利用版面

版面安排包括字体，字号的大小，字与字之间的间隔空隙，行间距大小，黑体字的使用以及插图和颜色搭配等。如果策划书的字体、字号完全一样，通篇文字就会显得呆板，缺少生机和活力。合理的排版，可以使页面重点突出、层次分明、结构明快，呈现出视觉享受的效果。

6.注意细节，消灭差错

策划书是严谨的，不要出现错别字，体例要一致。尤其是企业的名称、专业术语等，要仔细核查，不允许有瑕疵的出现。

做一做

【典型业务实例 1-3】

SP策划书编写

背景与情境：

SP是英文Sales Promotion的简称，译为销售促进。它是用以增进消费者购买和销售业绩的所有促销活动，包括商品陈列、抽奖等销售努力。

菲利普·科特勒指出："SP是对消费者提供短程激励的一种活动，其目的是让消费者购买或消费某一特定产品。"SP用于短线促销，效果要求立竿见影。

SP可以有效地加速品牌及产品进入市场的进程，同时被消费者认知和接受；可以说服初次的消费者或使用者再来购买或消费，以建立他们的购买或消费习惯；可以增加产品的销售，提升销售额；可以有效抵御竞争对手的促销活动。

SP工具很多，主要有以下6种。

1.免费SP。无偿免费（样品）和有偿免费（赠品）。

2.优惠SP。运用折扣及其衍生出的多种工具（优惠券）。

3.竞赛SP。基于人们好胜、侥幸、追求刺激等心理，通过举办竞赛、抽奖等富有趣味和游戏色彩的促销活动，吸引消费者参与，达到和增进销售。

4.联合SP。联合促销指两个以上的厂商基于相互利益，共同进行广告及推广产品和服务。例如，银行与旅游业、酒店、航空公司、超市联合促销，顾客只要走进其中任何一家企业，便可在各个环节都享受优惠。

5.服务SP。从顾客的需要出发，从产品结构、质量、销售方式、服务项目、服务水平等方面为顾客进行全方位的服务，以吸引顾客购买。

6.会员SP。此法虽然是短期促销却能体现长期效果，它是把使用某种产品或享受某种服务或到商场购物的人们组成一个俱乐部形式的集合。会员加入仅需办理一点点手续，成为会员后，便可在一定时期内享受以折扣价购买一定数量的产品或一定级别的服务。

思考：

（1）请设定一个主题，针对你选定的一款超市商品，编写SP策划书。

（2）各小组利用PPT交流SP策划书。

【营销训练 1-3】

体验营销策划书的基本内容

背景与情境：

瓶装水、手机、空调是你比较熟悉的几种品牌产品，请走访其中一种产品的市场营销人员，查找有关一手或者二手资料。根据市场营销策划的程序，对其进行营销策划活动，并归纳总结其营销策划书的基本结构内容。

【训练目标】

通过收集整理企业成功的市场营销策划案例实际体验，梳理市场营销策划书的内容，熟悉市场营销策划书的基本结构，能够理解市场营销策划书的有关写作技巧，进一步培养自己收集信息、开展调研、梳理内容、文案整理的能力。

【操作流程】（如图1-4所示）

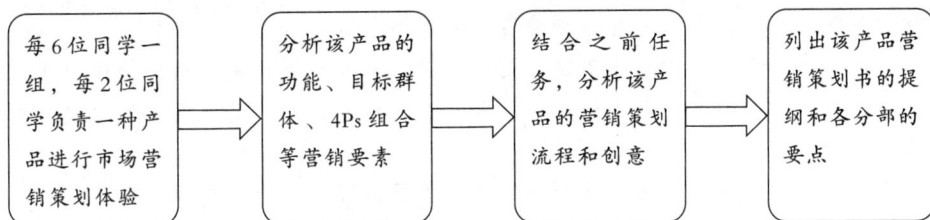

每6位同学一组，每2位同学负责一种产品进行市场营销策划体验 → 分析该产品的功能、目标群体、4Ps组合等营销要素 → 结合之前任务，分析该产品的营销策划流程和创意 → 列出该产品营销策划书的提纲和各分部的要点

图1-4　体验营销策划书的基本内容操作流程

【成果形式】

关于体验瓶装水（手机、空调）市场营销策划书的课业报告。

【效果评价】（见表1-4）

表1-4　　　　　　　　**体验××产品市场营销策划书的评分表**

评价指标 （分值）	标准	小组自评 （30%）	小组互评 （30%）	教师评分 （40%）	最后得分 （分）
调查企业表现 （20分）	调查一到两家企业，走访2位营销策划人员（每调查一位给5分，最多20分）				
梳理市场营销策划书过程体验 （30分）	根据企业营销策划活动，梳理市场营销策划书的基本结构；策划书的主要内容；策划书的编写思路说明（每小项10分）				
体验市场营销策划书的基本内容课业报告 （30分）	结构规范；梳理的策划书结构清晰；梳理的策划书内容完整；文字说明生动；成果展示有特色（每小项6分）				
体验市场营销策划书的基本内容，体验活动中的表现 （20分）	从活动准备、搜集资料、与人交流、与人合作、信息处理等方面评价（每小项4分）				
合计（100分）					
老师评语			签名：　　　日期：		
学生意见			签名：　　　日期：		

思考与练习

1.关键术语

策划：是指为了实现特定的目标，针对存在的问题提出的解决对策，通过制定具体可行的方案，达到预期效果的一种综合性创新活动。

市场营销策划：是指企业为实现某一营销目标或解决营销活动的问题，在对内外部环境全面分析的基础上，有效地调动企业的各种资源，对一定时间内的营销活动进行创新策略设计。

创意：是指一种创造新事物、新形象的思维方式和行为，是一个进行创造性思维的过程，创造性思维是创意的核心。

发散思维法：是指从一个目标或思维起点出发，沿着不同方向，顺应各个角度，提出各种设想，寻找各种途径，解决具体问题的思维方法。其包括横向思维法、纵向思维法、逆向思维法、侧向思维法、分合思维法、颠倒思维法、质疑思维法、克弱思维法、信息交合法、头脑风暴法等。

聚合思维法：是指从已知信息中产生逻辑结论，从现成的资料中寻求正确答案的一种有方向、有条理的思维方式。其包括求同法、求异法、同异并用法、共变法、剩余法、完全归纳法、简单枚举归纳法、科学归纳法和分析综合法等。

想象思维法：是指人体大脑通过形象化的概括作用，对脑内已有的记忆表象进行加工、改造或重组的思维活动。

2.选择题

〇 单项选择题

(1) 在市场营销活动中，为某一企业或某一商品或某一活动所做出的策略谋划和设计，这是（　　　）。

A.策划　　　　　　　　　　　　　B.市场营销策划

C.营销策划的方法　　　　　　　　D.营销策划的方案

(2) 市场营销策划的首要工作是（　　　）。

A.界定问题　　　B.市场调研　　　C.SWOT分析　　　D.确定目标

(3) "跑男"节目开播以来，受到年轻人的追捧，这个节目策划是依靠（　　　）取胜的。

A.创意性　　　　B.目标性　　　　C.可行性　　　　D.适应性

(4) 逆向思维法属于（　　　）的一种。

A.聚合思维法　　B.质疑思维法　　C.想象思维法　　D.发散思维法

(5) 管理专家对做窗帘的客户说："不，你做的不是窗帘生意，而是调节光线的生意。"这是（　　　）。

A.逆向思维法　　B.发散思维法　　C.想象思维法　　D.求异法

〇 多项选择题

(1) 市场营销策划的四个要素，即（　　　）。

A.目标性　　　　　B.创意性　　　　　C.可行性　　　　　D.适应性

(2) 按创意思维方式，把创意思维方法归纳为以下几类，即（　　）。

A.发散思维法　　　B.聚合思维法　　　C.想象思维法　　　D.头脑风暴法

(3) 营销策划文案撰写的原则有（　　）。

A.逻辑思维原则　　B.简洁朴实原则　　C.可操作原则　　　D.创意新颖原则

(4) 正文是营销策划书中最重要的部分，具体包括以下几方面内容（　　）。

A.营销策划的目的　　　　　　　　　B.市场状况分析

C.市场机会与问题分析　　　　　　　D.确定具体营销方案

(5) 营销策划书与一般的报告文章有所不同，它对可信度、可操作性以及说服力的要求特别高，以下说法错误的是（　　）。

A.寻找一定的理论依据　　　　　　　B.多多举例，每个观点都要有例证

C.不用数字说明问题　　　　　　　　D.图表影响策划书的效果

3.判断题

(1) 策划的工作内容是做什么，计划的工作内容是怎么做。　　　　　　（　　）

(2) 市场营销策划必须有目标。　　　　　　　　　　　　　　　　　　（　　）

(3) 好的点子就是创意。　　　　　　　　　　　　　　　　　　　　　（　　）

(4) 把广阔的思路聚集成一个焦点的方法是发散思维法。　　　　　　　（　　）

(5) 市场营销策划是一个创造性的思维活动过程。　　　　　　　　　　（　　）

4.案例分析题

葡萄酒SP策划抉择

背景与情境：

某葡萄酒新品，在新开拓市场表现不尽如人意。通过市场调查，了解到该产品的再次购买率比较低，原因是不符合大部分人的口味。于是公司在调整配方后，希望通过SP策划来提高再次购买率。

经过精心筹划，提出的备选方案有：让利销售、捆绑赠品、开瓶有奖、集N个瓶盖抽奖，以及购买该葡萄酒一瓶后凭小票可兑换10元超市购物赠券，要选取多家大型超市。

思考：

(1) 你准备采取哪种策划方案？你的依据是什么？

(2) 实施你的策划方案，还应在哪些方面做好准备？

分析要求：

(1) 根据你的策划方案依据，说明实施该SP策划案的效果。

(2) 查阅资料，了解近几年在超市里的葡萄酒销售基本情况，从购买葡萄酒的顾客构成、需求特点、消费观念更新、购买动机等方面，分析总结葡萄酒SP策划的一般规律。

项目二

审视现状——市场调研策划

项目概述

市场是企业的载体，现代企业是社会的经济细胞，是一个开放的系统，它的活动必然与社会的其他系统、与它所处环境的各个方面有着千丝万缕的联系。通过使用一定的方法研究企业内外部营销环境的变化，把握环境变化的趋势，识别由于环境变动而造成的机会和威胁，是营销人员的主要职责之一。在营销活动中，环境既是不可控制的，又是不可超越的因素。企业必须根据环境的实际与发展趋势，相应制定并不断调整营销策略，自觉地利用市场机会，防范可能出现的威胁，扬长避短，才能确保在竞争中立于不败之地。本项目将系统地阐述市场调研的对象和内容，市场调研的方法以及市场调研的实施策划。

项目结构

项目二内容结构如图2-1所示。

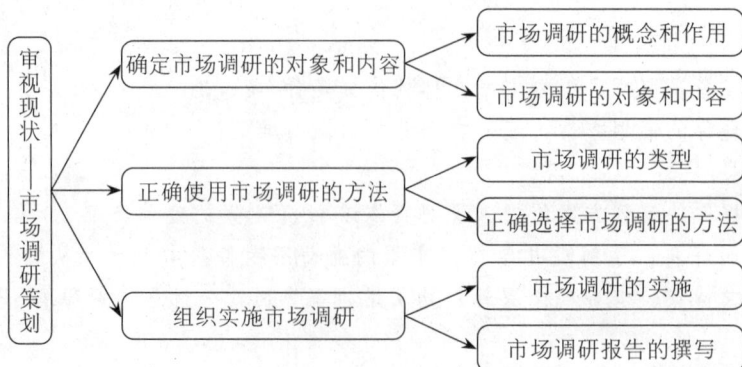

图2-1　项目二内容结构图

任务一 确定市场调研的对象和内容

【任务目标】

● 知识目标：认知有哪些市场环境对企业的经营有影响；掌握市场调研中宏观环境和微观环境中的影响因素，能够确定市场调研的对象和内容。

● 能力目标：通过学习训练，提高对市场调研方法的正确应用和处理能力。

● 素养目标：在案例学习和实践训练等活动中，让同学们在市场调研过程中关注营销职业道德和营销伦理问题；培养同学们与人合作、自我学习的能力。

【任务导入】

市场调研该从哪里开始

背景与情境：

地处广州的某服饰公司欲开发一种新的休闲服装，但是面对国内休闲服装市场品牌众多、市场竞争激烈的局面，公司决策层认为，要取得产品开发与市场推广的成功，需要对目前的市场环境有一个清晰的认识，从现有市场中发现机会，做出正确的市场定位。

因此，决策层决定委托市场调研机构开展市场调研与预测分析，通过对市场进行深入的了解，确定如何进行产品定位，如何制定价格策略、渠道策略、促销策略以及将各类因素进行有机的整合，发挥其资源的最优化配置，从而使新开发的服饰成功打入市场。

现在，某调研公司接受了该服饰公司的委托，欲承担该项目的市场调研任务，调研公司应当首先开展哪些工作呢？

思考：

（1）如果能够感知到市场有需求，那么还需要市场调研吗？市场调研解决什么问题呢？

（2）就像上述的问题一样，市场调研该从哪里着手呢？

资料来源 根据百度文库相关内容整理得来。

学一学

市场调研是市场营销的出发点，是提高市场营销效果的一种管理方法。通过市场调研，提出解决问题的办法，从而为公司制订产品计划和营销目标、决定分销渠道、制定营销价格、促进销售策略和检查经营的成果，提供科学的依据；在营销决策的贯彻执行中，市场调研为调整计划提供依据，起到检验和矫正的作用。本任务我们将学习市场调研的概念和作用、市场调研的原则、市场调研的对象、市场调研的内容等内容。

一、市场调研的概念和作用

（一）市场调研的概念

市场调研是指以科学的方法、客观的态度，明确研究市场营销有关问题所需要的信息，有效地收集和分析这些信息，为决策部门制定更加有效的营销战略和策略提供基础性的数据和资料。其有以下几层含义：

（1）市场调研是一种有目的、有计划的认识市场的活动。

（2）市场调研的具体对象是市场，重点调查对象是消费者市场。

（3）市场调研需要借助一套科学的方法，在科学的程序基础上选择正确的调查方法（文案调查法、观察法、询问法、实验法）。

（4）市场调研是为企业的市场预测和经营决策服务的。

市场调研对企业的市场营销管理的重要性主要表现在：首先，市场调研是市场营销运营的出发点。产品策略、价格策略、促销策略、流通策略构成了市场营销活动的四大支柱。而市场调研是先导，产品策略、价格策略、促销策略、流通策略必须以市场调研为出发点。这一方面说明了市场调研的重要性，同时也说明只有市场调研能为产品策略、价格策略、促销策略、流通策略提供决策的依据。其次，市场调研有助于企业营销管理目标的实现。市场营销管理的主要任务，就是要发现消费者的需求，捕捉市场机会，并制定与之相适应的营销策略来满足消费者的需求，换句话说，就是发现营销问题和解决营销问题。而其成功与否，在很大程度上有赖于市场调研活动的开展。

（二）市场调研的作用

由于受到来自以下因素的影响，市场调研的重要性更加突出。

（1）来自市场：一方面市场将愈加成熟，增长的空间狭小。在很多行业、很多产品种类中，市场占有率的竞争越来越激烈，这将在某种程度上改变市场调研的方式与目的。另一方面，市场的迅速变化发展，将使企业进行更加快速的市场调研，市场调研计划也需更加完善。

（2）来自产品：新产品更新换代的速度越来越快，在带来利润之前，新产品在上市后的三年内失败的可能性越来越大。因此，企业离开市场调研，就很难得以生存，尤其是在正在成熟的市场中；此外，还表现在新产品失败的代价将会更高。这就迫使管理人员将通过调研来帮助减少日益增加的广告成本、开发成本、管理成本等。

在提到了市场调研重要性的同时，也应该认识到市场调研存在的局限性，并非所有信息都可以通过市场调研获得，市场调研不是万能的；企业仅仅根据市场调研进行决策和生产，有时难免要迟到一步，可能会有一些不适应；市场调研获得的信息并不一定都是真实的，其结果也并不一定公正；此外，在大多数市场调研中，由于受到抽样方法及人为原因等一些主观、客观因素的影响，都会存在一定程度的误差。

因此，企业在开展市场调研时，应该对市场调研有一个比较清楚的认识：随着企业竞争的加剧、消费者行为的多变，使得市场调研的重要性更加突出；同时，也使得人们对信息的需求不断膨胀，而仅仅通过市场调研活动有可能使企业随波逐流，提供与其他企业相同的产品和服务。这就要求通过创造性的市场调研，满足多元化的信息需求，使企业准确地、及时地把握信息并制定相应的营销策略。

【教学互动2-1】

互动内容：

市场调研是企业市场营销策划的基础，这种说法对吗？

互动要求：

（1）结合有关市场调研的知识，发表个人见解，也可以和你的同伴简单沟通后回答。

（2）教师对学生的回答进行点评。

二、市场调研的对象和内容

市场调研作为企业营销活动的基础，是对企业所处的市场营销环境的调查、分析和预测。市场营销环境包括微观环境和宏观环境。微观环境是指与企业紧密相连，直接影响企业营销能力的各种参与者，包括企业本身、渠道企业、顾客、竞争者以及社会公众。宏观环境是指影响微观环境的一系列巨大的社会力量，主要是人口、经济、政治法律、科学技术、社会文化及自然生态等因素。微观环境直接影响与制约企业的营销活动，企业具有或多或少的经济联系，所以，也称直接营销环境，又称作业环境。宏观环境一般以微观环境为媒介去影响和制约企业的营销活动，在特定场合，也可直接影响企业的营销活动。宏观环境被称作间接营销环境。宏观环境因素与微观环境因素共同构成多因素、多层次、多变的企业市场营销环境的综合体（如图2-2所示）。

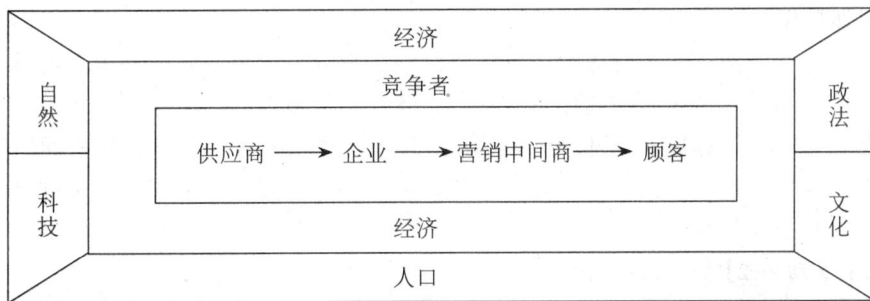

图2-2　市场营销环境

（一）宏观环境的调研

宏观环境是指那些给企业造成市场机会或环境威胁的主要社会力量，它们直接或间接地影响企业的经营管理，其中主要因素有：政治环境、经济环境、社会文化环境、技术环境、人口环境和自然环境。

1.政治环境

政治环境是指那些制约和影响企业发展的政治要素，如国家的政治制度、权力机构、国家颁布的方针政策以及政治形势等。这些因素对企业的生产经营活动具有控制和调节作用，它规定了企业可以做什么，不可以做什么，同时也保护企业的合法权益和合理竞争，促进公平交易。

2.经济环境

经济环境是指构成企业生存和发展的社会经济状况和国家经济政策，包括社会经济结构、经济体制、宏观经济政策等要素。衡量这些因素的经济指标有居民平均收入、平均消费水平、消费支出分配规模、真实国民生产总值等。

3.社会文化环境

社会文化环境是指企业所处的社会结构、社会风俗、习惯、信仰、价值观念、行为规范、生活方式、文化传统、人口规模与地理分布等因素。其中，人口因素是一个极为重要的因素，它制约着个人或家庭消费产品的市场规模，对食品工业影响尤其大。

4.技术环境

技术环境是指企业所处的科技时代、科技制度、科技法规等因素。科技的发展对经济发展有巨大的影响，不仅直接影响企业内部的生产和经营，还与其他环境因素互相依赖、互相作用，给企业营销活动带来有利与不利的影响。例如，一种新技术的应用，可以为企业创造一个明星产品，产生巨大的经济效益，也可以迫使企业一种成功的传统产品不得不退出市场。新技术的应用，会引起企业市场营销策略的变化，也会引起企业经营管理的变化，还会改变零售商业业态结构和消费者的购物习惯。

5.人口环境

市场由人口、购买力、购买动机三个因素有机构成，人口是构成市场的第一位因素，人口的多少直接影响市场的潜在容量。从影响消费需求的角度，对人口因素可从人口总量、年龄结构、地理分布、家庭组成、人口性别等方面进行分析。

6.自然环境

自然环境主要指营销者所需要或受营销活动所影响的自然资源。营销活动要受自然环境的影响，也对自然环境的变化负有责任。营销管理者当前应注意自然环境面临的难题和趋势，如很多资源短缺、环境污染严重、能源成本上升等，因此，从长期的观点来看，自然环境应包括资源状况、生态环境和环境保护等方面，许多国家政府对自然资源管理的干预也日益加强。

【**教学互动2-2**】

互动内容：

该如何进行市场调研设计？

互动要求：

（1）结合有关市场调研的知识，发表个人见解，也可以和你的同伴简单沟通后回答。注意选择市场调研内容的适用性。

（2）教师对学生的回答进行点评。

（二）微观环境的调研

企业的微观营销环境包括企业自身环境、市场营销渠道企业、消费者、竞争者和社会公众。营销活动能否成功，除营销部门本身的因素外，还要受这些因素的直接影响。

1.企业自身环境

企业为开展营销活动，必须设立某种形式的营销部门，而且营销部门不是孤立存在的，它还面对着其他职能部门以及高层管理部门（如图2-3所示）。企业营销部门与财务、采购、制造、研究与开发等部门之间既有多方面的合作，也存在争夺资源方面的矛盾。这些部门的业务状况如何，是否协调发展，对营销决策的制定与实施影响极大。高层管理部门由董事会、总经理及其办事机构组成，负责确定企业的任务、目标、方针政策和发展战略。营销部门在高层管理部门规定的职责范围内做出营销决策，营销部门所制订的计划也必须在高层管理部门批准后实施。

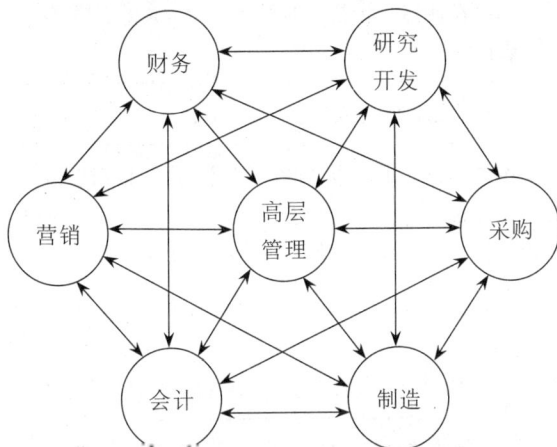

图2-3　企业内部环境

2.市场营销渠道企业

（1）供应商。供应商是向企业及其竞争者提供生产经营所需资源的企业或个人，包括提供原材料、零配件、设备、能源、劳务以及其他用品等。供应商对企业营销业务有实质性的影响，其所供应的原材料数量和质量将直接影响产品的数量和质量，所提供的资源价格会直接影响产品成本、价格和利润。在物资供应紧张时，供应商更起着决定性的作用。

（2）营销中间商。营销中间商主要指协助企业促销、销售和经销其产品给最终购买者的机构，包括商人中间商和代理中间商。

（3）辅助商。辅助商主要指为企业营销提供辅助服务的企业或机构，如物流公司、营销服务机构、财务中介机构等。

3.消费者

（1）消费需求量调研。①货币收入。消费者需求数量的大小要取决于其货币收入的多少。在拥有一定货币收入的条件下，消费者才可能挑选和购买自己所需的商品。货币收入主要来自以下几个方面：A.劳动收入：如职工的工资收入、奖金；农民出售农产品所获得的收入；从事兼职工作所获得的工资以外的收入；有偿转让或出售自己的发明专利所获得的收入等。这部分收入是消费者货币收入来源中最基本、最主要的部分，随着国家经济水平的发展，劳动生产率的进一步提高，这部分收入呈不断上升的趋势。B.从财政信贷系统获得的收入：如助学金、奖学金、救济金和储蓄利息等。C.其他方面的来源：如股息收入、亲属的赠与、接受的遗产等。②人口数量。人口数量是计算需求量时必须考虑的因素。因为人口数量多，对商品的需求量就大，尤其是日常食品和日用工业品这类商品，其需求也随着人口的增加必然增加。

（2）消费结构调研。

消费结构调研见表2-1。

表2-1 　　　　　　　　　　　　　　**消费结构调研**

调研名称	调研内容
人口构成	人口构成在性别、年龄、职业、文化程度、民族等方面的不同，其消费投向也会有很大的差异
家庭规模及构成	家庭规模就是家庭的人口数。家庭人口数多，对商品的需求就大
收入增长状况	经济增长，收入水平也会随之相应增加。根据恩格尔系数所测算的消费结构的比重变化，当人们收入增加时，用于吃、穿方面的支出比重会逐渐下降，而用于住、用方面的开支则会呈上升趋势
商品供应状况以及价格变化	商品供应状况指市场上商品的供应是否充足。当商品出于某种原因供应不足或限量供应时，消费者会将其消费投向转移到其他商品上去。当商品价格提高到一定幅度以后，消费者的消费投向又会转到另外的商品上去

（3）消费者行为调查。消费者的行为是市场调研中较难把握，而又带有不确定性的因素。它受多方面因素影响，如消费者心理、性格、宗教信仰、文化程度、消费习惯、个人偏好和周围环境等，这些因素都可以在一定程度上促成消费者的购买行为。消费者行为调查就是要了解这些主客观因素及发展变化对消费者购买行为的影响。

①消费者心理需要。消费者心理需要见表2-2。

表2-2 　　　　　　　　　　　　　　**消费者心理需要调研表**

名　称	内　容
习俗心理需要	由于消费者所处的地理环境、风俗习惯、宗教信仰、传统观念以及种族的不同，所存在的不同心理需要
同步心理需要	在社会风气、潮流、时尚的影响下，赶时髦、随潮流的心理需要
偏爱心理的需要	由于心理素质、文化程度、业余爱好、职业习惯和生活环境的影响，从而产生对某种商品特殊爱好的心理需要
经济心理需要	注重经济实惠、价廉物美、货价相配的心理需要
好奇心理需要	对新事物、新构想的求知心理及追求新颖、奇特的心理需要
便利心理需要	要求购买方便、迅速，服务周到、热情，商品易携带、维修和使用的心理需要
美观心理需要	要求商品美观、使人赏心悦目或产生舒适感的心理需要
求名心理的需要	为保证商品的质量以及体现一定的社会和经济地位而产生的挑选名牌、以品牌来决定购买的心理需要

②购买行为类型。消费者购买行为类型见表2-3。

表2-3　　　　　　　　　　　　　　消费者购买行为类型

名　称	内　容
习惯型购买	根据以往形成的习惯或效仿他人的经验而决定购买，表现为长期惠顾于一种型号的商品或几家商场，而不易受外界的干扰
理智型购买	根据自己的经验和学识判别商品，对商品进行认真的分析、比较和衡量后才做出决定，而且不愿意外人介入
感情型购买	在购买时，因感情因素的支配，容易受到某种宣传和广告的吸引，经常以商品是否能符合感官的需要而决定进行购买
冲动型购买	消费者为商品的某一方面（商标、样式、价格等）所强烈吸引，迅速做出购买决策，而不愿对商品作反复比较
经济型购买	消费者多从经济方面着眼考虑购买，特别是对价格非常敏感，购买高级商品以求"好"而购买低级商品以求"廉"的购买行为
随意型购买	消费者缺乏购买经验，或随大流或奉命购买，并乐于听取别人的指教

4.竞争者

企业不能独占市场，随时都会面对形形色色的竞争对手。企业要获得成功，必须在满足消费者需求和欲望方面比竞争对手做得更好。企业的营销系统总是被一群竞争者包围和影响着，必须识别和战胜竞争对手，才能在顾客心目中强有力地确立其所提供产品的地位，以获取战略优势。

从顾客做出购买决策的过程分析，企业在市场上所面对的竞争者，大体上可分为以下四种类型：

（1）愿望竞争者。愿望竞争者是指提供不同产品以满足不同需求的竞争者。消费者的需求是多方面的，但很难同时满足，在某一时刻可能只能满足其中的一个需求。消费者经过慎重考虑做出购买决策，往往是提供不同产品的厂商为争取该消费者成为现实顾客竞相努力的结果。

（2）属类竞争者。属类竞争者是指提供不同产品以满足同一种需求的竞争者。属类竞争是决定需求的类型之后的次一级竞争，也称平行竞争。例如，消费者为锻炼身体准备购买体育用品，他要根据年龄、身体状况和爱好选择一种锻炼的方法，是买羽毛球拍和羽毛球，还是买游泳衣，或是买钓鱼杆，这些产品的生产经营者的竞争，将影响消费者的选择。

（3）产品形式竞争者。产品形式竞争者是指满足同一需要的产品的各种形式间的竞争。同一产品，规格、型号不同，性能、质量、价格各异，消费者将在充分收集信息后做出选择。如购买彩电的消费者，要对规格、性能、质量、价格等进行比较后再做出决策。

（4）品牌竞争者。品牌竞争者是指满足同一需要的同种形式产品其不同品牌之间的竞争。如购买彩电的顾客，可在同一规格进口各品牌彩电以及国产的长虹、海尔、康佳、TCL等品牌之间做出选择。

产品形式竞争者和品牌竞争者是同行业的竞争者。在同行业竞争中，卖方密度、产品差异、进入难度都需要特别重视。卖方密度是指同一行业或同类产品生产经营者的数目，它直接影响着企业市场份额的大小和竞争的激烈程度；产品差异是指不同企业生产同类产品的差异程度，这种差异使产品各具特色而互相区别；进入难度是指企业试图进入某行业时所遇困难的程度，不同的行业所要求的技术与资金、规模等有差别，将决定能否进入。

根据迈克尔·波特的竞争理论，一个行业中的竞争远不只在竞争对手之间进行，而是存在五种基本竞争力量，它们是现有竞争者（包括行业间或企业间）、潜在竞争者、替代品的威胁、购买者讨价还价的能力、供应者讨价还价的能力，如图2-4所示。

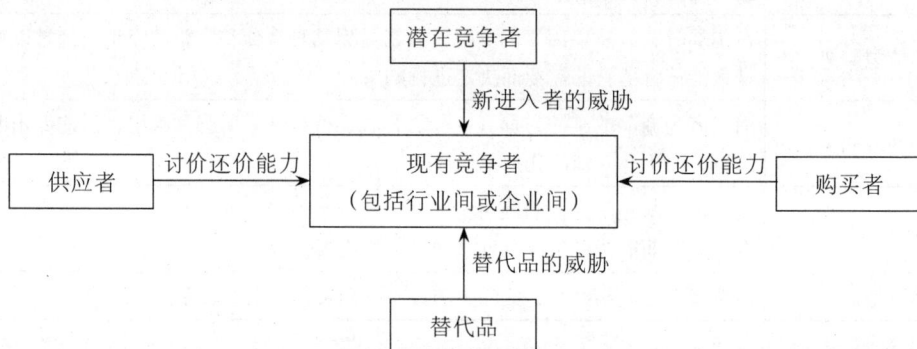

图2-4　行业中的竞争力量

在一个行业中，这五种基本竞争力量的状况及其综合强度最终决定着行业内部竞争的激烈程度和该行业获得利润的潜力。但是，五种力量的作用是不同的，常常是最强的某个力量或某几个力量处于支配地位，起决定作用。通过相关策略，企业可以很好地防御这五种竞争力量，或对其施加影响，使他们有利于自己。因此，企业在制定经营战略时，应当仔细分析各种竞争力量的来源，弄清企业生存的优势和劣势，寻求企业在本行业中的有利地位。

（1）现有竞争者之间（包括行业间或企业间）的抗衡。在一个产业中，企业最先关注的是现有的竞争对手以及竞争对手所采取的竞争行动，以随时调整自己的经营策略，继而保证在竞争中处于主动和优势地位。

（2）潜在竞争者的威胁。假如一个产业的新对手具备竞争力，带有获取市场份额的欲望，同时也常常带来可观的资源，结果是竞争商品的价格可能会被压低或导致该行业内企业的成本上升，收益下降。通常对于一个产业来讲，进入威胁的大小取决于该产业的进入壁垒以及准备进入者可能遇到的行业内现有企业的反击程度。如果壁垒较高或新进入者认为现有企业严阵以待，那么这种威胁就会变小。

（3）替代品的威胁。替代品是指那些与本行业的产品具有同样功能的其他产品，正因为其他产品与本行业的产品具有同样的功能，如果替代品的价格比较低，它投入市场就会使本行业产品的价格上限只能处于较低的水平，这就降低了本行业的利润率。替代品的价格越有吸引力，对本行业构成的威胁和压力也就越大，因此，本行业企业要采取适当的措施防止替代品带来的威胁。

（4）购买者讨价还价的能力。购买者讨价还价的能力形成的竞争作用力表现在：购买者可能要求降低购买价格，要求高质量的产品和企业提供更多的相关服务，其结果是使行业的竞争者们互相竞争，致使行业利润下降。

（5）供应者讨价还价的能力。某个产业中的企业受到的压力还可能来自原料供应者，原料供应者通过提价或降低所售原料产品的质量，从而对企业产生威胁。来自原料供应者的压力可能会导致一个产业中的企业，因为无法使价格跟上成本的增长而失去利润。

5.公众

公众是指对企业实现营销目标有实际或潜在利害关系和影响力的团体或个人。企业面对公众的态度，会协助或妨碍企业营销活动的正常开展。所有企业都必须采取积极的措施，树立良好的企业形象，力求保持和主要公众之间的良好关系。企业所面临的公众主要分为融资公众、媒介公众、政府公众、社团公众、社区公众、一般公众、内部公众。

案例解析2-1

如何开展市场调研

背景与情境：

（接本"任务导入"）调研公司的项目经理带领一名项目组成员，到了该服饰公司，与服饰公司初步沟通，双方就公司欲开发的休闲服装市场调研工作初步达成了共识。面对竞争市场，双方认为市场存在以下问题：

（1）品牌定位不清晰。

（2）服装款式同质化现象严重。

（3）服装板型差距大。

（4）市场推广手法雷同。

项目经理了解到服饰公司希望通过调研，了解相关品牌的特征、消费者的消费倾向，为新开发的××品牌男士休闲服装寻找新的市场空间和出路。

双方的接洽，使调研人员了解到企业决策者在企业经营管理中面临的问题，即"什么是决策者所要做的"问题。显然，市场调研与预测问题要受到经营管理决策问题的影响和制约，不理解委托方意图的调研方案，不是一个好的方案。

思考：

（1）为了使调研工作能够实现委托方的意图，什么信息是所需要的？

（2）回答完上面的问题，那么该如何获取这些信息呢？

讨论分析：

个人：请每位同学在固定的学习笔记本上列出问题，并进行分析。

小组：请同学每6个人为一小组，各自发表看法，然后小组成员共同讨论，形成小组意见，准备在班级交流。

班级：每个小组推选一位代表在班级交流，陈述本组见解。

老师：在黑板上把各小组分析的市场调研内容和方法做简要记录。各小组陈述完毕后，老师结合各小组内容进行总结，明确市场调研的内容和对象，强调应注意的问题。

资料来源 根据百度文库相关内容整理得来。

做一做

【典型业务实例 2-1】

欧莱雅男士护肤品的市场调研

背景与情境：

随着中国男士使用护肤品习惯的转变，男士对美容产品的需求逐渐上升。整个中国男士护肤品市场也逐渐走向成熟，近两年的发展速度更是迅猛，尤其是中国年轻男士护肤已从基本的清洁开始发展为护理，美容的成熟消费意识也逐渐开始形成。

思考：

（1）欧莱雅该如何了解上述市场呢？

（2）该案例对你有何启发？

【拓展空间 2-1】

（1）列出针对男士开发的5种护肤产品。

（2）结合其中一件产品试分析如何确定市场调研的目的、对象和内容？

【营销训练 2-1】

体验市场调研

背景与情境：

美的、海尔、格力是家电类产品中比较被大众熟悉的几个品牌，请走访某一品牌产品的市场营销人员，查找有关资料，了解该品牌的产品系列、用户满意度、竞争对手策略。

【训练目标】

通过市场调研，熟悉市场调研的目的、对象和内容的运用技巧，更好地理解市场调研的有关知识，掌握市场调研技能，进一步培养自己与人沟通、与人交流、解决问题的能力。

【操作流程】（如图 2-5 所示）

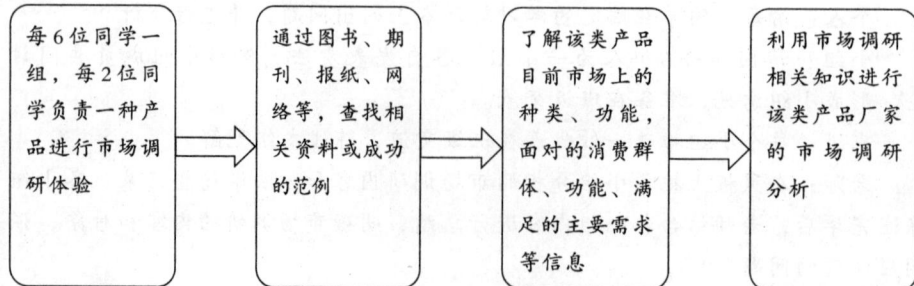

每6位同学一组，每2位同学负责一种产品进行市场调研体验 → 通过图书、期刊、报纸、网络等，查找相关资料或成功的范例 → 了解该类产品目前市场上的种类、功能，面对的消费群体、功能、满足的主要需求等信息 → 利用市场调研相关知识进行该类产品厂家的市场调研分析

图2-5 体验市场调研操作流程

【成果形式】

关于美的（海尔、格力）市场调研的课业报告。

【效果评价】（见表2-4）

表2-4
××产品市场调研评分表

评价指标 （分值）	标准	小组自评 （30%）	小组互评 （30%）	教师评分 40%）	最后得分 （分）
调查企业表现 （20分）	调查两家企业，走访4位营销人员 （每调查一位给5分，最多20分）				
市场调研 过程体验 （30分）	市场调研目的；顾客需求；顾客满意度；市场宏观环境；其他调研内容 （每小项6分）				
市场调研 课业报告 （30分）	格式规范；内容完整；调研内容明确；过程说明清晰；成果展示有特色 （每小项6分）				
市场调研 体验活动 中的表现 （20分）	从活动准备、与人交流、与人合作、问题解决、信息处理等方面评价 （每小项4分）				
合计（100分）					
老师评语	签名： 日期：				
学生意见	签名： 日期：				

▶ 任务二 正确使用市场调研的方法

【任务目标】

● 知识目标：认知市场调研的方法类型；掌握不同的市场调研方法，能够根据市场调研的内容和对象正确选择市场调研方法。

● 能力目标：通过学习训练，提高正确选择和熟练运用调研方法的综合能力。

● 素养目标：在案例学习和实践训练等活动中，让同学们在正确选择使用市场调研方法过程中关注营销职业道德和营销伦理问题；培养同学们与人合作、自我学习的能力。

【任务导入】

调研小组确定调研方法

背景与情境：

（上接"案例解析2-1"）项目组长召开项目组第二次会议，商讨制定该项目的市场调研方案。

项目经理：下面我们需要围绕调研的主题，设计项目的调研方案。大家认为，我们都需要搜集哪些资料、在哪些城市开展调查、调查哪些企业和消费者呢？

调查员：全国关于休闲服装生产与销售行业的经营情况的资料必须搜集。

项目经理：是的。这些资料可以让服饰公司给我们提供一些，也可以通过网络检索一些。

调查员：经理，服饰公司能给我们提供各地的零售商和代理商名册和联系方式吗？

项目经理：公司已经给我们了。

调查员：太好了，这样我们就可以很方便地找到他们，了解情况，收集资料。

项目经理：顾客的需求、消费者的情况是调研资料的主要部分，所以我们还需要抽查一些消费者和销售商。

调查员：经理，这家公司经营范围比较广，我们找哪些地方的经营者和消费者调查呢？

项目经理：考虑到这次项目的经费，另外时间也比较紧，我们就以公司所在城市为主要调查地，另外加上6~7个南方城市吧。

调查员：为什么只调查南方的城市呢？

项目经理：这家公司经营的服饰主要销往南方城市。

项目经理：再商量一下收集资料的方法吧，大家考虑一下面对零售商、代理商、消费者三类对象，我们该采取什么方法收集调查资料呢？

调查员：消费者调查肯定要设计问卷，通过访谈了解情况。零售商和代理商怎么办？

项目经理：我考虑事先拟定一个提纲，然后采取实地访谈和考察比较好。因为零售商等方面与代理商不仅可以为我们提供经营业绩方面的资料，还可以为我们提供竞争对手、消费者情况的资料，问卷调查很难完全获取想要的全部信息。

调查员：还需要收集其他资料吗？

项目经理：我们可以通过网络、文献等获取一些背景资料，也可以让服饰公司再提供一些竞争对手资料和宏观竞争市场资料。

思考：

（1）项目小组应如何确定市场调研的方法？

（2）调查问卷和经销商访谈该如何进行呢？

资料来源　根据百度文库相关内容整理得来。

学一学

市场调研在了解顾客需求、掌握市场动态、降低企业业务开展过程中可能遭遇的风险和不确定性因素等方面，发挥着无法替代的作用。

市场研究方法可以简单而准确地分为两大类：定量研究和定性研究。平时可见的各种市场研究方法，无论何种方式的抽样调查，还是座谈会、观察法等，都只是这两类方法框架下的一些具体操作方式而已。

一、市场调研的类型

（一）按研究性质分类

按市场调研的研究性质分，主要有探索性研究、描述性研究、因果关系研究等几种类型。

1.探索性研究

探索性研究的目的是提供一些资料，以帮助研究者认识和理解所面对的问题、探究和洞察研究对象的内部。此种研究常常用在大规模的正式调查之前，目的在于帮助研究者将问题定义得更准确些，将解决问题的方案定得更明确些，为问卷的设计提供更好的思路和更多的相关资料。一般采用没有什么代表性的小样本。

探索性研究的特征为：灵活的、多样性的、常常作为全部方案设计的前端部分。常用的方法有：专家咨询或调查、试点调查、个案研究、二手资料分析、定性研究等。

探索性研究得到的结果一般通过所谓的结论性研究来证实。结论性研究的基本目的是检验假设和考察变量间的关系。一般要以大规模的有代表性的样本为基础，所得的数据要做定量分析。结论性研究又可进一步细分为描述性的和因果关系的研究。

2.描述性研究

描述性研究的目的是描述市场总体的特征或功能。前提假定是，研究者事先已对所研究的问题有了许多相关的认识。一般以有代表性的大样本为基础。

描述性研究的特征为：有事先制定好的具体的假设，有事先设计好的、有结构的方案。常用的方法有：二手资料分析、抽样调查、固定样本连续调查、观察法、模拟法等。

3.因果关系研究

因果关系研究的目的是获取有关起因和效果之间关系的证据。管理部门常常根据一些假设的因果关系来作决策，例如"降价可以使销售量增加""现场广告可以促进冲动性购买"等。这些假设应该通过正式的因果关系研究来检验其有效性，因此，一般要了解哪些是起因变量，哪些是结果变量以及它们之间的相互关系的性质。因果关系研究的特征为：要处理一个或多个独立变量、要控制其他中间变量或间接变量。常用方法有：实验法等。

（二）按调研的对象分类

按市场调研的访问对象分类，有消费者调查和非消费者调查。在消费者调查中，调查的对象是购买商品、使用商品的消费者，或是有可能购买、使用商品的潜在消费者。当然这里的"消费者"和"购买"都应从广义的意义上去理解。例如，在媒介研究、广告研究中，听众、观众、读者（统称受众人群）就是使用媒介的消费者。非消费者调查指的是调查对象为"消费者"以外的其他对象的调查，包括企业的职员或雇员、政府或企业的领导者、舆论导向者（如新闻记者）等；还可能包括零售店、百货商店、工厂、银行等单位或企业。

（三）按调研的产品或服务分类

按调研的产品或服务分类，有快速变动的消费品或非耐用品调查、耐用品调查，行业或企业调查，批发和零售调查，金融服务调查，汽车调查，制药/医药调查，公用事业调查（如汽油、电、水等），电信和邮电服务调查（不管是共有的、私有的、还是混合的），农业调查（不包括政府），公共部门调查（包括中央和地方政府），社会调查（不包括公共部门），广播媒介调查（包括电视、无线电、有线等），其他媒介和出版调查，广告调查，其他专门业务或其他服务调查等。

（四）按资料的来源分类

按资料的来源分类，有文案调查和实地调查两种。文案调查也叫作二手资料分析或二手数据分析；它是通过收集已有的资料、数据、调查报告以及已发表的文章等有关的二手信息，加以整理和分析的一种市场调研方法，经常在探索性的研究阶段中使用。实地调查与文案调查不同，必须在制定详细的调查方案的基础上，由调查员直接地向被访者收集第一手资料，再进行整理和分析，从而写出调查报告。

【教学互动2-3】

互动内容：

根据市场调研的类型，该如何合理选择？

互动要求：

（1）结合市场调研的分类方法，尤其是对定量和定性分析法，发表个人见解，也可以和你的同伴简单沟通后回答。

（2）教师对学生的回答进行点评。

二、正确选择市场调研的方法

市场调研中具体研究方法的选择，首先取决于研究目的；换句话说，你的研究目的或者说需求基本可以决定你可以选择哪些方法。其次，就是各种实际情况也会对研究方法的选择有很大影响，如资金、时间、人力，还有可供利用的资源等，这些因素在现实中往往会给研究方法的选择带来非常明显的影响。

（一）影响市场调研的因素

1.调研对象

这主要表现在对总体特征和抽样方式的影响方面。调研对象总的文化水平即读写能力以及他们的一般合作和配合调研的态度，是选择调研方式时必须考虑的两个因素。如留置问卷法要求调研对象具有较强的读写能力，而面谈访问法则对调研对象受教育水平要求较低。调研对象的合作倾向是选择邮寄访问法必须认真考虑的问题，只有在调研对象具有较高的文化水平和较易合作的情况下，邮寄访问法才能发挥最大的作用。

具体的抽样方式也对选择调研方式有重要的影响，不同的抽样方式可能会使调研过程比较容易或非常困难。当以一个缺乏地址或电话号码的总体清单作为抽样载体时，采用邮寄、留置问卷、电话访问等方式显然会遇到很多麻烦。此外，抽样单位与调研对象单位的一致性也是制约调研方式的一个因素。当调研对象是个人、抽样单位是群体（如住户或单位）时，采用邮寄、留置问卷的调研方式就会失去对谁是最终回答者的控制，这时，配以调研人员的走访显然是很关键的手段。

2. 调研内容和提问形式

市场调研内容对选择调研方法的影响是客观存在的，但由于调研内容种类多，因而要表达清楚这种影响并不十分容易。国外很多的市场调研实践和实验表明，电话访问方式对于敏感性问题调研的能力较之留置问卷法或面谈访问方式要低得多，这与人们的想象不一致，因而当内容很敏感时，调研方式中至少应包括一次与调研对象面对面的接触。而对大量一般性问题的市场调研，采用搜集资料的方式则没有十分明显的影响。

市场调研内容对调研方式制约的另一种表现是，调研项目的多少及复杂程度的影响。一般来说，电话访问法由于调研时间短，因而适应性弱；面谈访问法以及观察法等其他调研方式的适应性则比较强一些。

与调研内容相比，提问方式或问卷形式对选择调研方式有更明显的影响。追寻原因的开放式问题，不要采用留置问卷法；而选择项很多的问题以及需要对多项内容进行排列顺序的问题，电话访问法则不适用；当提供必要的背景材料很关键时，或提问方式为"投射式"时（即补充完成某些提问时），留置问卷法是较合适的选择。

3. 搜集资料的要求

当把搜集资料的过程作为一个整体对待时，怎样才能很好地将数种方法有机地结合起来？一般来说，要对以下几个方面给予综合考察，并根据实际情况做出正确的选择：

（1）从回答率的角度看

回答率是进行调研方式选择时首先应注意的问题。没有一定的回答率，任何搜集资料的过程都不会成功。因此，搜集资料的方式不应拘泥于某一种，而应采取数种方式，以保证必要的回答率。从具体的调研方式来分析，面对面的座谈会的回答率最高，而观察法则没有回答率问题的干扰。

（2）从真实性的角度看

真实性也是搜集资料过程中极为重要的问题，失去真实性的保证，获得的资料再多也没有任何意义。观察法搜集的资料的真实性取决于调研人员的素质，而邮寄访问法最易从调研对象处得到真实的资料。

（3）从搜集资料的周期角度看

每种搜集资料的方法都需要一定的时间，但周期的长短不同。以调研周期为分析起点，同样可以得出调研周期是"第一重要"的结论。因为现代市场调研要讲求时效性，没有时效性也就失去了市场调研的全部意义。从具体方式上看，邮寄访问法一般要两个月左右的时间，因而在可比规模内，电话访问法可大大缩短调研周期。

（4）从调研费用支出角度看

每次市场调研的费用都是有限的，因此，对于效益也必须给予足够的重视，调研效益也可以说是调研中至关重要的因素。从具体调研方式上看，邮寄访问法较节约费用，但需要指出的是，计算调研费用要从调研整体上看。以邮寄访问法为例，不仅要计算邮资，还要注意写地址或清理地址所需的时间及打印问卷、补寄等费用。

（二）**市场调研方法运用的原则**

如果要保证市场调研的结果可信和有用，那么无论采取什么样的市场调研方法，都必须遵循以下原则：

1.科学性原则

市场调研不是简单地搜集情报、信息的活动，为了在时间和经费有限的情况下，获得更多更准确的资料和信息，就必须对调研的过程进行科学的安排。采用什么样的调查方式，选择谁作为调查对象，问卷如何拟定才能达到既明确表达意图、又能让调查者易于答复，这些都需要进行认真的研究；同时需要运用一些社会学和心理学等方面的知识，以便与被调查者更好地交流；在汇集调研资料的过程中，要使用计算机代替手工操作，对大量信息进行准确、严格的分类和统计，对资料所作的分析应由具有一定专业知识的人员进行，分析人员还要掌握和运用相关的数学模型和公式，从而将汇总的资料以理性化的数据表示出来，精确地反映调研结果。

2.准确性原则

市场调研收集到的资料，必须体现准确性原则。对调查资料的分析必须实事求是，尊重客观实际，切忌以主观臆想来代替科学的分析。同样，以偏概全也是不可取的。要使企业的经营活动在正确的轨道上运行，就必须要有准确的信息作为依据，才能瞄准市场、看清问题、抓住时机。

3.系统性原则

市场调研的系统性表现为应全面收集有关企业生产和经营方面的信息资料。市场调研既要了解企业的生产和经营实际，又要了解竞争对手的有关情况；既要认识到内部机构设置、人员配备、管理素质和方式等对经营的影响，也要调查社会环境的各方面对企业和消费者的影响程度。

4.时效性原则

市场调研的时效性表现为应及时捕捉和抓住市场上任何有用的情报、信息，及时分析、及时反馈，为企业在经营过程中适时地制定和调整策略创造条件。

5.经济性原则

市场调研是一件费时、费力、费财的活动。它不仅需要人的体力和脑力的付出，同时还要利用一定的物质手段，以确保调查工作顺利地进行以及调查结果准确。市场调研要讲求经济效益，力争以较少的投入取得最好的效果。

6.保密性原则

市场调研的保密性体现在两个方面：第一是为客户保密。许多市场调研是由客户委托市场调研公司进行的。因此市场调研公司以及从事市场调研的人员必须对调研获得的信息保密，不能将信息泄露给第三者。在激烈的市场竞争中，信息是非常重要的，不管是有意的还是无意的，也不管信息泄露给谁，只要将信息泄露出去就有可能损害客户的利益，同时反过来也会损害市场调研公司的信誉，所以市场调研人员必须特别谨慎。第二是为被调研者提供的信息保密。不管被调研者提供的是什么样的信息，也不管被调研者提供信息的重要性如何，如果被调研者发现自己提供的信息被暴露出来，不仅可能会给他们带来某种程度的伤害，而且会使他们失去对市场调研的信任。被调研者愿意接受调研是调研业存在的前提，如果市场调研不能得到被调研者的信任和配合，那么整个市场调研业的前景也是不堪设想的。

案例解析 2-2

"润妍"的市场调查

背景与情境：

"润妍"是宝洁公司旗下唯一针对中国市场原创的洗发水品牌，也是宝洁公司利用中国本土植物资源的唯一系列产品。曾几何时，"润妍"被宝洁寄予厚望，认为它是宝洁全新的增长点；曾几何时，无数业内、业外人士对它的广告与形象赞不绝口；曾几何时我们以为又到了黑发飘飘的春天；但到了2002年，"润妍"已经全面停产并退出市场，"润妍"怎么了？事情是这样的：

宝洁公司的调查人员在产品上市前做了大量的市场调研工作。在市场调研过程中，被访者不经意的一句话——总是希望自己"有一头乌黑的秀发，一双水汪汪的大眼睛"，打动了调查人员，这不正是传统东方美女的形象吗？于是，宝洁公司的让秀发更黑更亮，内在美丽尽释放的"润妍"洗发水就此诞生了。下面来具体介绍宝洁公司在"润妍"上市前，做的市场调查工作。

1. "贴身"调查——零距离贴身观察消费者

一个被称为"贴身计划"的商业摸底市场调查静悄悄地铺开。宝洁公司派人分头到各地选择符合条件的目标消费者，和他们48小时一起相处，进行"贴身"调查。从被访者早上洗脸梳头，到晚上洗发卸妆，包括女士们的部分生活起居、饮食、化妆、洗护发习惯尽收眼底。在调查中宝洁公司发现，消费者认为滋润又具有生命力的黑发最美。

有关市场调查表明，即使在北京、上海等大城市也只有14%左右的消费者会在使用洗发水后单独使用专门的润发产品，全国平均还不到10%。而在欧美、日本、中国香港等发达市场，约80%的消费者会在使用洗发水后单独使用专门的润发产品。这说明，国内大多数消费者还没有认识到专门润发步骤的必要性。因此，宝洁推出"润妍"，一方面是借"黑发"概念打造属于自己的一个新品牌，另一方面是把"润发"概念迅速普及。

2. 使用测试——根据消费者的意见改进产品

根据消费者的普遍需求，宝洁的日本技术中心研制出了冲洗型和免洗型两款"润妍"润发产品。产品研制出来后，并没有马上投放市场，而是继续请消费者做使用测试，并根据消费者的要求，再进行产品改进。最终推向市场的"润妍"是加入了独特的水润中草药精华、特别适合东方人发质和发色的倍黑中草药润发露。

3. 包装调查——设立模拟货架进行商店试销

宝洁公司专门设立了模拟货架，将自己的产品与不同品牌，特别是竞争品牌的洗发水和润发露放在一起，反复请消费者观看。然后调查消费者究竟记住和喜欢什么包装，忘记和讨厌什么包装，据此做进一步的调查与改进。最终推向市场的"润妍"倍黑中草药润发露的包装强调专门为东方人设计，在包装中加入了能呈现独特的水润中草药精华的图案，包装中也展现了东西方文化的融合。

4.广告调查——让消费者选择他们最喜欢的创意

运用电视广告——宝洁公司先请专业的广告公司拍摄一组长达6分钟的系列广告；再组织消费者来观看，请消费者选择他们认为最好的3组画面；最后，概括绝大多数消费者的意见，将神秘女性、头发芭蕾等画面进行再组合，成为"润妍"的宣传广告。其将飘扬的黑发和少女的"明眸"表现得淋漓尽致。广告片的音乐组合也颇具匠心，现代的旋律配以中国传统的乐器如古筝、琵琶等，进一步呼应了"润妍"产品体现现代"东方美"的定位。

5.网络调查——及时反馈消费者的心理

"润妍"是一个适合东方人用的品牌，又有倍黑中草药成分，所以主页设计上只用了黑、白、灰、绿这几种颜色，但以黑、灰为主，有东方的味道。网站上建立紧扣"东方美"、"自然"和"护理秀发"等主题的内页，以加深人们对"润妍"品牌的联想度。

6.区域试销——谨慎地迈出第一步

"润妍"的第一款新产品是在杭州面市的，是在这个商家必争之地开始进行区域范围内的试销调查的。杭州是著名的国际旅游城市，既有深厚的历史文化底蕴，又富含传统的韵味，还具有鲜明的现代气息。受此环境熏陶，兼具两种气息的杭州女性，与"润妍"要着力塑造的现代与传统结合的东方美女形象一拍即合。

7.委托调查——全方位收集信息

宝洁还委托第三方专业调查公司做市场占有率调查，通过问卷调查、消费者座谈会、进行与消费者的一对一访问，或者经常到商店里观察消费者的购物习惯，全方位地搜集顾客及经销商的反馈。

在经过了3年的市场调查之后，宝洁公司不遗余力地向市场推广"润妍"，瞄准目标市场进行品牌诉求、公关宣传和广告"轰炸"。但让人遗憾的是，其市场业绩平平，最终于2002年悄然退出市场。一个经历3年酝酿、上市还不到3年的产品就这样退出了市场，人们不禁要问，是什么原因导致这种结果出现的呢？

思考：

（1）宝洁公司在对"润妍"上市前所做的市场调查工作恰当吗？如果不恰当，是哪里出现了问题？

（2）上述案例给我们带来哪些启示以及经验教训？

讨论分析：

个人：请每位同学在固定的学习笔记本上列出宝洁公司对洗发水市场的调

研，然后评价宝洁公司的市场调研，并进行分析。

小组：请同学每6个人为一小组，各自发表看法，然后小组成员共同讨论，形成小组意见，准备在班级交流。

班级：每个小组推选一位代表在班级交流，陈述本组见解。

老师：在黑板上把各小组分析的市场调研评价做简要记录。各小组陈述完毕后，老师结合各小组内容进行总结，明确市场调研的正确方法，强调市场调研应注意的问题。

做一做

【典型业务实例2-2】

奶茶饮料的市场调研

背景与情境：

奶茶发源于我国台湾省，如今已遍布全球，是休闲饮品的主流之一，深受消费者的欢迎。细心的消费者肯定会发现，在琳琅满目的饮品货架上，奶茶类产品占据了很大一部分市场份额；其既有茶的清香，又有牛奶的营养，奶茶以其香浓美味的口感，赢得了众多的消费者，特别是年轻一代的好感。相比于传统的碳酸饮料、果汁类饮品，奶茶类饮品近年来的发展势头迅猛，而香飘飘、优乐美、立顿又是奶茶军团里的佼佼者。

"立顿"是全球最大的茶叶品牌。1850年出生在苏格兰格拉斯哥一个贫穷家庭的汤姆斯·立顿是这一品牌的创始人。1992年，"立顿"品牌进入了全球喝茶历史最悠久、饮茶人数最多的国家——中国。牛奶与茶的融合，产生了奶气茶香的奶茶。中国北方的蒙古族、哈萨克族、柯尔克孜族等均有制作奶茶的习惯。南方的港式奶茶又称为"丝袜"奶茶，以红茶混和浓鲜奶加糖制成，用乳量及糖分较多，冷热饮均可。

而"立顿"奶茶正是以南方的港式奶茶为根本而制成的。"立顿"奶茶何以在中国这样一个茶文化如此丰富的国家立足，成为很多人的疑问。针对"立顿"奶茶进行调研，可以使我们从根本上了解"立顿"奶茶，区别其与国内一些后起的"立顿式"奶茶的区别。

思考：

(1) 假设你是一家市场调研的企业，该如何做一个市场调研方案呢？

(2) 该案例对你有何启发？

【拓展空间2-2】

列出生产奶茶的5家企业，分析每一家企业的市场情况。结合其中一家企业，谈一谈该企业可能的市场调研过程，并正确确定市场调研的方法，前瞻性地分析该企业未来的市场变化。

【营销训练2-2】

体验市场调研方案选择

背景与情境：

在"营销训练2-1"中，你对家电产品市场不同企业的市场调研的内容和对象进行了设计，并描述了具体的内容。在此基础上，假设你是其中的一家企业，请你结合本任务所学知识，进行市场调研方案的选择操作。

【训练目标】

在市场调研内容和对象确定的基础上，通过选择正确的市场调研模式，对调研对象进行实际调研体验，更好地理解市场调研方法选择的有关知识，掌握市场调研相关技能，进一步培养自己与人沟通、与人交流、解决问题的能力。

【操作流程】（如图2-6所示）

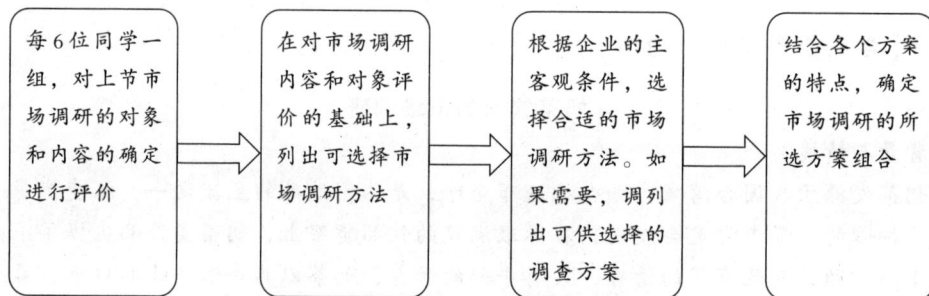

图2-6 体验市场调研方案选择操作流程

【成果形式】

××公司关于家电行业市场调研方案选择的课业报告。

【效果评价】（见表2-5）

表2-5 ××公司市场调研方案选择评分表

评价指标（分值）	标准	小组自评（30%）	小组互评（30%）	教师评分（40%）	最后得分（分）
各市场调研内容和对象的评价（30分）	合理对市场调研的对象和内容进行评价，包括消费者、竞争对手和宏观政策的评价，以及消费者需求、消费习惯和消费心理以及环境中各种因素的分析（每个方面的运用5分，最多30分）				
市场调研方案选择（30分）	根据企业的主客观条件，列出可选择的市场调研方案；不同方案的优劣；过程说明清晰；调研方法正确；结果具有说服力（每小项6分）				
正确选择市场调研方案（20分）	对比市场调研方案的差异；合理选择市场调研方案；思路清晰；策略得当（每小项5分）				

评价指标 （分值）	标准	小组自评 （30%）	小组互评 （30%）	教师评分 （40%）	最后得分 （分）
市场调研 体验活动 中的表现 （20分）	从活动准备、与人交流、与人合作、问题解决、信息处理等方面评价（每小项4分）				
合计（100分）					
老师评语			签名：　　日期：		
学生意见			签名：　　日期：		

任务三　组织实施市场调研

【任务目标】

● 知识目标：认知市场调研实施的程序；掌握市场调研的方法，能够结合市场调研的目的，进行有效的市场调研。

● 能力目标：通过学习训练，遵照正确的市场调研程序，提高对市场调研方法进行信息处理的能力。

● 素养目标：在案例学习和实践训练等活动中，让同学们在市场定位调研实施过程中关注营销职业道德和营销伦理问题；培养同学们与人合作、自我学习的能力。

【任务导入】

市场调研方案的实施和评价

背景与情境：

（上接任务二之"任务导入"）项目方案策划基本完成，会议结束前，项目组成员的话题如下。

调查员：请问项目经理，承接一个市场调研项目之后，进行项目的整体策划，通常需要考虑哪些问题，按照什么步骤进行呢？

项目经理：我们做的关于休闲服装市场的调研项目策划，代表了一般的工作思路。规划设计一个调研方案，应当围绕调研项目的基本要求，主要确定调研目标、资料收集的类型及方法、调研的范围与对象、问卷设计、资料的处理方法、组织安排计划等。可以参照下面的步骤进行：

（1）确定调查目的。调查者需要在分析调研问题与企业以及所属行业相关的各种历史资料和发展趋势（包括销售额、市场份额、营利性、技术、人口统计、生活方式等）的基础上，掌握企业的各种资源和面临的制约要素，分析决策者的目标；通过与决策者的讨论、会见专家、分析有关的二手资料、开展定性调查等，确定市场调研与预测的问题及其目标。

（2）确定调查的对象和调查单位。调查的对象是依据调查的任务和目的而确定的调查范围内需要调查的现象总体，而调查单位是相应的个体，这些是必须确定的。

（3）确定调查内容和调查表。这可以达到解决如何把已经确定了的调查课题进行概念化和具体化，解决调查内容如何转化为调查表的问题。

（4）确定调查方式和方法。根据调研项目所要解决的问题和所要实现的目标，考虑获取信息资料的成本，确定需要哪些信息资料，然后逐项考虑其可能的来源，结合调研与预测队伍的状况和预算，确定资料收集的方法。

（5）调查项目预算。根据调研工作量的大小，确定工作对调研人员的要求及需求规模，设定调研需要的必备物资，充分考虑到各项可能的开支因素，尽可能确切地估算可能需要的经费总额。

（6）数据分析方案。预先对资料的处理与分析进行设计，形成资料处理的计划，其中应包括确定资料处理的基本目标和要求、数据资料的处理技术、使用的分析软件、数据资料的处理结果及形式等。

（7）其他内容。包括确定调查时间，安排调查进度，确定提交报告的方式，调查人员的选择、培训和组织等。其中，调查时间规划必须在保证满足项目完工的日程要求的前提下，充分考虑各项工作的逻辑顺序、各项工作的难易程度、调研与预测力量的使用可能等因素，考虑到意外情况的出现，留有充分的时间余地，进行精心设计。

调查员：市场调研项目策划是对调研工作的整体构想，怎样才能保证策划的科学性、可行性，应该把握的关键问题在哪里？

项目经理：市场调研目标的实现，最关键的因素是准确地把握决策者需要了解的问题及信息资料，这需要调研人员与决策者（或委托方）在充分沟通的基础上，进行大量的前期资料查询，有时还需要进行一些前期的调研，才能较好地把握全局。另外，周密地策划调研对象与内容，才能确保收集的信息资料是必需的、正确的。

思考：

（1）对上述的市场调研实施，你的观点如何？

（2）你觉得如何评价调研小组的工作？

学一学

在明确市场调研的目的、市场调研的对象和内容的基础上，确定了市场调研的正确方法，就应该明确正确的市场调研顺序，然后按部就班地进行市场调研，并撰写市场调研报告。

一、市场调研的实施

（一）市场调研的程序

市场调研的流程可以分为五个阶段，每个阶段又有不同的内容，具体包括准备阶段、制订调研计划阶段、数据资料整理阶段、撰写市场调查研报告阶段、跟踪调研阶段。下面对这几个阶段分别进行大致的描述和解释：

1.市场调研的准备阶段

这一阶段的主要任务又包括以下几点：

（1）提出问题。为确定市场调研的目标，提出的问题要有针对性，并能对决策有所帮助，一般有：①经营问题，如经营中出现的困难、产品的积压、资金滞留、市场占有率下降等。②企业未来的发展方向问题，如市场规模和结构、新产品的开发问题、市场潜力和发展前景等。③竞争问题，如市场上各种竞争力量的分析与对比、竞争对手的弱点和优势等。

（2）确定目标。确定调研目标是调研工作进行的方向性问题，调研目标的确定需要先搞清以下几个问题：①为什么要调研。②调研中想了解什么。③调研结果有什么样的用处。④谁想知道调研的结果。

（3）确定调研项目。调研项目是为了获得统计资料而设立的，它必须依据调研的目标进行设置，应对所有相关因素进行取舍。具体要求是：对有关项目的重要程度进行比较，然后选择那些相关程度较高的项目；确保这些项目必须与调研主题关系密切而且意义明确，便于回答；根据经费的多少、统计能力和调研方式等情况，确定调研项目。

（4）确定信息来源。市场调研要求制定一个收集所需信息的最有效的方式，需要确定的有：数据来源、调研方法、调研工具、抽样计划及接触方法。如果没有适用的现成资料（第二手资料），原始资料（第一手资料）的收集就成为必要的步骤。采用何种方式收集资料，这与所需资料的性质有关。

（5）确定调研时间和费用。确定调研时间是指采用一年调研一次，还是反复多次地调研；是采用固定时间还是非固定时间进行调研。估算调研费用：一般说来，消费者调研、产品调研、渠道调研或销售调研等的费用支出都不一样。此外，调研的方式、规模、时间和项目的多少也直接影响费用的支出。

2.制订调研计划阶段

（1）确定调研内容和调研时间。对调研内容的说明，实际上是将各种调研的构想和操作明确化。它包括调研的目的、调研的方法和技术、资料的收集和整理、调研对象的选择、经费估算以及人员安排等具体内容。

（2）搜集文字资料、准备实地调研方案。该步骤的具体操作如下：

①搜集文字资料。对现有的文字资料进行调研和收集，即通过企业的各种报表、外部统计资料了解企业的生产、经营、销售及库存方面的情况。

②确定哪些资料还需要进行实地调研，同时准备实地调研方案，拟定抽样形式和抽样对象，准备调研问卷等。

3.数据资料整理阶段

这一阶段实际上就是按照准备阶段的要求，把市场调研的计划付诸实施。为确保市场调研的有效性，需要收集资料并对资料进行整理分析。

4.撰写市场调研报告阶段

市场调研报告是市场调研的成果，报告的写作应力求语言简练、明确、易于理解，内容讲求适用性，并配以图表进行说明。如果是技术性的报告，因其读者大多数是专业人员或专家，所以要力求推理严密，并提供详细的技术资料及资料来源说明，注重报告的技术性，以增强说服力。

5.跟踪调研阶段

跟踪调研是调研部门的售后服务。其目的是追踪了解调研报告中所提建议是否符合实际，所提数据是否准确、合理，以考察调研工作的成效；追踪调研结果是否被委托人完全采纳，没有采纳的原因是什么，调研报告未被采纳或被搁置是调研单位的责任还是委托单位的问题。

【教学互动2-4】

互动内容：

如何组织和实施市场调研？

互动要求：

（1）结合有关市场调研的实施办法，发表个人见解，也可以和你的同伴简单沟通后回答。

（2）教师对学生的回答进行点评。

（二）市场调研资料分析

1.资料整理与审查

资料整理是指根据调研目的，运用科学方法，对搜集的原始资料进行审核、汇总与初步加工，使之系统化、条理化，从而得到体现调研对象总体特征的综合资料的工作过程。在市场调研中，资料整理具有重要的意义和作用。第一，资料整理使资料的质量有了保证。第二，资料整理使资料分析有了可能。第三，资料整理使分析质量有了基础。第四，资料整理使资料保存有了条件。

文字资料的真实性审查也称可靠性审查，它包括三个方面：一是文字资料本身的真实性审查；二是文字资料内容的可靠性审查；三是文字资料的合格性审查。

文字资料本身的真实性审查，是指通过细究和考察以判明调研所得的文献资料、观察和访问记录等文字资料本身的真伪。它一般采用两种方法：第一种方法是外观审查，即从作（编）者、出版者、版本记录、印刷技术、纸张等外在情况来判断文献的真伪。第二种方法是内涵审查，即从文献的内容，使用的词汇、概念，写作的技巧和风格等内在情况来判断文献的真伪。观察和访问记录等文字资料的真实性审查，还可从记录的时间、地点、内容、语言、字迹、所使用的墨水等情况来判断其真伪。实践证明，那些内容贫乏、时间重叠或不填时间、语言雷同、字迹和墨水相同的记录，则可能是观察员、访问员伪造的记录。

文字资料内容的可靠性审查，是指通过细究和考察以判明文字资料的内容是否真实地反映了调研对象的客观情况。它一般采用三种方法：

①根据以往的实践经验来判断资料的可靠性，如果发现资料中有明显违反实践经验的东西，那么就应该重新调研或核实。

②根据资料的内在逻辑来检验资料的可靠性，如果发现资料内容有逻辑矛盾，或者违背事物发展的客观逻辑，那么就应该对这些资料重新核实或补充调研。

③根据资料的来源来判断资料的可靠性。一般地说，当事人反映的情况比局外人反映的情况可靠性大一些，多数人反映的情况比少数人反映的情况可靠性大一些，有文字记录的情况比在人群中口耳相传的情况可靠性大一些，多种来源互相印证的情况比单一来源反映的情况可靠性大一些，引用率高的文献比引用率低的文献可靠性大一些。

文字资料的合格性审查，主要是审查文字资料是否符合原设计的要求。如果对调研对象的选择违背了设计要求，调研指标的解释和操作定义的使用发生了错误，有关数据的计算公式不正确、计量单位不统一，或者对询问问题的回答不完整、不符合要求甚至答非所问，以及记录的字迹无法辨认等，都应该列入不合格的调研资料。

为了得到真实的、合格的调研资料，那些无法进行补充调研的资料，应该坚决剔除、弃之不用，以免影响整个调研资料的真实性和科学性。

2.分类和汇总

文字资料的分类，就是根据文字资料的性质、内容或特征，将相异的资料区别开来，将相同或相近的资料合为一类的过程。文字资料的分类有两种方法，即前分类和后分类。

前分类就是在设计调研提纲和表格时，按照事物或现象的类别设计调研指标，然后再按照分类指标调研资料、整理资料。这样，分类工作在调研前就安排好了。例如，有结构设计的卡片、标准化访问的记录等大都采取前分类方法。后分类是指在调研资料搜集起来之后，再根据资料的性质、内容或特征将它们分别集合成类，如文献调研的资料。

分类是否正确，关键在于如何确定分类的标准。正确确定分类标准的原则是：①科学性原则，即分类标准必须符合科学原理。②客观性原则，即分类标准必须符合客观实际。

3.处理调研数据

处理调研数据的时候，多采用表格化和图示化。但是调研数据资料整理需要遵循一定的标准，简单地说就6个字："真""准""整""统""简""新"。

"真"是指调研数据资料必须真实，不能弄虚作假，主观杜撰。对收集到的调研数据资料要根据实践经验和常识进行辨别，看其是否真实可靠地反映了调研对象的客观情况。一旦发现有疑问，就要再次根据事实进行核实，排除其中的虚假成分，保证调研数据资料的真实性。如果整理出来的调研数据资料不真实，这样比没有调研数据资料更危险。因为没有调研数据资料，顶多做不出结论，而资料不真实，就会做出错误的结论，这比做不出结论更有害。因此，"真"是整理资料时应遵循的首要标准。

"准"是指调研数据资料必须准确，不能模棱两可、含混不清，更不能自相矛盾。如果某位被调研者在年龄栏内填写的是30岁，而在工作年限栏内填写的是21年，这显然是不合乎逻辑的，对类似的调研数据资料都应认真审核处理。同时，对搜集来的各种统计图表应重新计算复核。对被利用的历史资料更要注意审查文献的可靠性。

"整"是指调研数据资料必须完整，不能残缺不全，更不能以偏概全。检查调和事项是否都已经查询无漏。如果调研数据资料残缺不全，就会降低甚至失去研究的价值。

"统"是指调研数据资料必须统一。主要指调研指标的解释、计量单位、计算公式之间的统一。检查各项调研资料是否按规定要求收集，是否能够说明问题，对所研究的问题是否起到应有的作用。在较大规模的调研中，对于需要相互比较的材料更要审查其所涉及的事实是不是具有可比性。如果调研数据资料没有统一标准，就无法进行比较研究。

"简"是指调研数据资料必须简明，不能庞杂无序。经过整理所得的调研数据资料要尽可能简单、明确，并使之系统化、条理化。否则，就会给以后的研究工作增加许多困难。

"新"是指调研数据资料应尽可能地新颖。在调研数据、整理资料时，要尽可能从新的角度来审视调研数据资料、组合调研数据资料，尽量避免按照陈旧的思路考虑问题，更不能简单重复别人的老路。只有从调研数据资料的新组合中发现新情况、新问题，才能为创造性研究打下良好的基础。需要强调的是：在整理调研数据资料时要首先做到真实、准确、完整、统一、简明，而后才是新颖。

二、市场调研报告的撰写

1.市场调研报告的格式和内容

市场调研报告的格式并不唯一，但一般包括以下几个部分：

（1）题目。题目包括市场调研题目、报告日期、委托方、调查方，一般应打印在扉页上。关于题目，一般是通过标题把被调研单位、调研内容明确而具体地表示出来，如：关于北京市居民收支、消费及储蓄情况的调研。有的调研报告还采用正、副标题形式，一般正标题表达调研的主题，副标题则具体表明调查的单位和问题，如："上帝"眼中的《北京青年报》——《北京青年报》读者调查总体研究报告。

（2）目录。提交调研报告，如果调研报告的内容、页数较多，为了方便读者阅读，应当使用目录或索引形式列出报告所包括的主要章节和附录，并注明有关章节和附录的编号及页码。

（3）概要。概要主要阐述课题的基本情况，它是按照市场调研课题的顺序将问题展开，并对调研的原始资料进行选择、评价、做出结论、提出建议的原则等。主要包括三方面内容：①简要说明调研的目的，即简要地说明调研的由来和委托调研的原因。②介绍调研对象和调研内容，包括调研时间、地点、对象、范围、要点及所要解答的问题。③简要介绍调研的方法。

（4）正文。正文是市场调研分析报告的主要部分。正文部分必须准确地阐明全部有关论据，包括问题的提出到引出的结论、论证的全部过程、分析研究问题的方法。还应当有可供市场活动的决策者进行独立思考的全部调研结果和必要的市场信息，以及对这些情况和内容的分析、评论。

（5）结论和建议。结论和建议是撰写综合性分析报告的主要目的。这部分包括对引言和正文部分所提出的主要内容的总结，提出如何利用已证明为有效的措施以及某一具体问题可供选择的方案与建议。结论和建议与正文部分的论述要紧密呼应，不可以提出无论据的结论，也不要没有结论性意见的论证。

（6）附件。附件是指调研报告正文包含不了或没有提及的，但与正文有关，必须附加说明的部分。它是对正文报告的补充或更详尽的说明。

2.市场调研报告的可行性分析和评价

市场调研报告成文后，需要对其质量进行评估，主要从可行性和评价两个方面进行。

（1）市场调研报告可行性分析的方法

①经验判断法。经验判断法是指通过组织一些有丰富市场调查经验或者相关领域的专家，对初步设计的市场调研报告凭借经验进行评估，以确定该方案是否具备科学性和可行性。

②逻辑分析法。逻辑分析法是指从正常的逻辑层面对市场调研报告进行把关，考察其是否符合逻辑和常理。

③试点调查法。试点调查法是指小范围地选择部分调查单位进行试验性调查，对市场调研报告进行实地检验，以确定可行性。试点调查法的目的在于对调查方案进行实地检验。试点调查法还可以理解成实战前的演习，可以让我们在大规模推广应用之前及时了解我们的调查工作哪些是合理的、哪些是工作的薄弱环节。

（2）市场调研报告设计的总体评价

市场调研报告设计的总体评价涉及以下三个方面：①方案设计是否体现调查的目的。②调查方案是否具有可操作性。③方案是否科学和完整。

◉ 做一做

【典型业务实例2-3】

奶茶饮料的市场调研汇总与调研报告

背景与情境：

奶茶发源于我国台湾省，如今已遍布全球，是休闲饮品的主流之一，深受消费者的欢迎。细心的消费者肯定会发现，在琳琅满目的饮品货架上，奶茶类产品占据了很大一部分市场份额。其既有茶的清香，又有牛奶的营养，奶茶以其香浓美味的口感，赢得了众多的消费者，特别是年轻一代的好感。相比于传统的碳酸饮品、果汁类饮品，奶茶类饮品近年来的发展势头迅猛，而香飘飘、优乐美、立顿又是奶茶军团里的佼佼者。

"立顿"是全球最大的茶叶品牌。1850年出生在苏格兰格拉斯哥一个贫穷家庭的汤姆斯·立顿是这一品牌的创始人。1992年，"立顿"品牌进入了全球喝茶历史最悠久、饮茶人数最多的国家——中国。牛奶与茶的融合，产生了奶气茶香的奶茶。中国北方的蒙古族、哈萨克族、柯尔克孜族等均有制作奶茶的习惯。南方的港式奶茶又称为"丝袜奶茶",以红茶混和浓鲜奶加糖制成,用乳量及糖分较多,冷热饮均可。

而"立顿"奶茶正是以南方的港式奶茶为雏形而制成的。"立顿"奶茶何以在中国这样一个茶文化如此丰富的国家立足,成为很多人的疑问。针对"立顿"奶茶进行调研,可以使我们从根本上了解"立顿"奶茶,区别其与国内一些后起的"立顿式"奶茶的区别。

思考:

(1) 在［典型业务实例2-2］的调研方案基础上,该如何进行市场调研的实施呢?

(2) 如何根据调研结果,分析并撰写市场调研报告?

【拓展空间2-3】

列出生产奶茶的5家企业,总结每一家企业的市场调研情况。结合其中一家企业,设计该企业市场调研的实施过程,并对市场调研结果进行分析。

【营销训练2-3】

体验市场调研方案实施与分析

背景与情境:

在"营销训练2-2"中,你对家电产品市场不同企业的市场调研的方法进行了确定,并设计出了市场调研方案。在此基础上,假设你是其中的一家企业,请你结合本任务所学知识,进行市场调研方案的实施操作。

【训练目标】

在市场调研方案确定的基础上,通过确定正确的市场调研步骤,确定正确的调研目标。对调研过程实施进行实际体验,更好地理解市场调研步骤实施的有关知识,掌握市场调研和结果分析的相关技能,进一步培养自己与人沟通、与人交流、解决问题的能力。

【操作流程】(如图2-7所示)

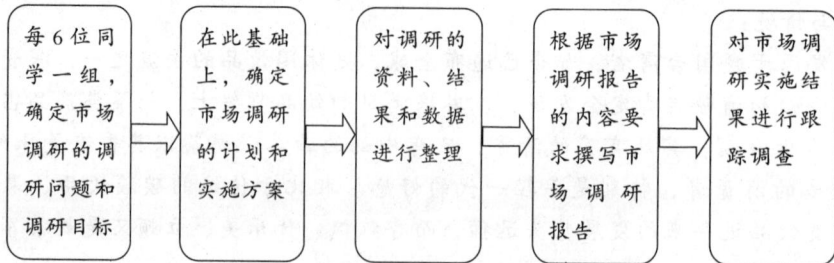

图2-7 体验市场调研方案实施操作流程

【成果形式】

××公司关于家电行业市场调研方案实施的课业报告。

【效果评价】(见表2-6)

表2-6

××公司市场调研方案实施评分表

评价指标 （分值）	标准	小组自评 （30%）	小组互评 （30%）	教师评分 （40%）	最后得分 （分）
各市场调研问题和目标的评价 （30分）	合理地对市场调研的问题和目标进行评价，包括企业经营问题、发展问题和竞争问题分析，确定即将进行的调研目标（每个方面5分，最多30分）				
市场调研计划的制订 （30分）	根据企业的主客观条件，确定市场调研的时间；确定市场调研的开展程序；市场调研正确；过程说明清晰；结果具有说服力（每小项6分）				
市场调研资料的收集和报告撰写 （20分）	采用合适的方法，收集市场调研所需的各项数据和资料；对数据进行分析并做出结论；调研报告思路清晰；策略得当（每小项5分）				
市场调研过程评价 （20分）	从调研步骤的实施、与人交流、与人合作、问题解决、信息处理等方面评价（每小项4分）				
合计（100分）					
老师评语		签名： 日期：			
学生意见		签名： 日期：			

思考与练习

1.关键术语

市场调查：是指以科学的方法、客观的态度，明确研究市场营销有关的问题所需要的信息，有效地收集和分析这些信息，为决策部门制定更加有效的营销战略和策略提供基础性的数据和资料。

宏观环境：是指那些给企业带来市场机会或环境威胁的主要社会力量，它们直接或间接地影响着企业的经营管理，其中主要因素有：政治环境、经济环境、社会文化环境、技术环境、人口环境和自然环境。

经济环境：是指构成企业生存和发展的社会经济状况和国家经济政策，包括社会经济结构、经济体制、宏观经济政策等要素。衡量这些因素的经济指标有居民平均收入、平均消费水平、消费支出分配规模、真实国民生产总值等。

技术环境：是指企业所处的科技时代、科技制度、科技法规等因素。科技的发展对经济发展有巨大的影响，不仅直接影响企业内部的生产和经营，还同时与其他环境因素互相依赖、互相作用，给企业营销活动带来有利与不利的影响。

2.选择题

○ 单项选择题

(1) 对市场历史与现状的客观情况，如实地加以反映的一种调研方法是（　　）。

A.探测性调查　　　B.描述性调查　　　C.因果性调查　　　D.决策性调查

(2) 下列不属于二手资料优点的是（　　）。

A.资料来源多　　　B.资料收集费用少　　C.资料针对性强　　D.资料收集时间短

(3) 下列调查方法比较灵活、科学的是（　　）。

A.询问法　　　　　B.观察法　　　　　C.实验法　　　　　D.网上调查法

(4)（　　）是调查工作的行动计划和纲领。

A.调研目的　　　　B.调研方案　　　　C.调研组织计划　　D.调研预算

(5) 原始资料的缺点有（　　）。

A.缺乏针对性　　　　　　　　　　B.信息资料有一定主观性

C.缺乏真实性　　　　　　　　　　D.缺乏可得性

○ 多项选择题

(1) 现代市场调研的特点有（　　）。

A.目的性　　　　　　B.经济性　　　　　　C.系统性

D.真实性　　　　　　E.风险性

(2) 市场环境调研包括（　　）。

A.政治与经济环境　　B.渠道环境　　　　　C.竞争环境

D.自然地理与社会文化环境　　　　　　　　E.商品环境

(3) 市场调研方案设计的原则有（　　）。

A.可行性　　　　　　B.经济性　　　　　　C.系统性

D.真实性　　　　　　E.灵活性

(4) 市场调查的步骤包括（　　）。

A.收集信息　　　　　B.确定问题和调研目标　　C.分析信息

D.制订调研计划　　　E.提出调查结论

(5) 在调查方案的设计中，调查所要达到的具体目标和明确"向谁去调查"分别是确定（　　）。

A.调查目的　　　　　B.调查对象　　　　　C.调查内容

D.调查组织　　　　　E.调查费用

3.判断题

(1) 设计调查问卷最基础、最关键的一步是明确调查目的、把握调查主题。（　　）

(2) 为帮助管理者全面地把握问题，调研目的的定义要尽可能宽些。　　　　（　　）

(3) 定性方法是从总体中按随机方式抽取样本取得资料，其研究结果或结论可以进行推论；而定量研究侧重于对问题的性质以及未来趋势的把握，而不是研究对总体数量特征的推断。　　　　　　　　　　　　　　　　　　　　　　　　　（　　）

(4) 调查方案是调查工作的行动计划和纲领。　　　　　　　　　　　　　（　　）

(5) 定性调查的代表性不如定量调查，很难有把握地断定参加座谈会的消费者或专家能够代表他们所属的群体。 （　　）

4.案例分析题

市场调研究竟做了什么

背景与情境：

20世纪初，美国有一家出口公司，向印度出口小五金制品，畅销产品是一种挂锁。该公司几乎每月都有一船的产品运往印度。但是，这种挂锁不太牢靠，用力一拉就开了，或者用一枚大头针也可以撬开它。1990年以后，印度人民的生活水平不断提高，而这种锁的销量却大幅度下降。

出口公司的老板认为，可能是锁的质量问题影响了销路，于是对它进行了技术改造。但是事与愿违，改造后的锁根本就卖不动。4年后该公司破产了，被一个原来规模只有其1/10的小公司所取代。小公司了解到：原来，挂锁向来是印度人神圣的象征，没有任何小偷敢去开启这种挂锁。因此，钥匙从来没有被使用过，而且经常丢失。而对于新生的中产阶级来说，挂锁的功能又明显地无法满足安全需求，销量自然就减少了。

小公司于是生产了两种锁：一种是没有锁头和钥匙，只有一个拉栓的锁，其售价不到原来的1/3；另一种则相当牢靠，配有3把钥匙，而售价是原来的2倍。结果两种产品的销量都很好。

思考：

(1) 从该案例你得到了什么启示？

(2) 假设你打算在中东某国开设一家中餐馆，应该进行哪些方面的市场调查？

项目三

卖给谁？——目标市场选择和定位策划

项目概述

　　企业市场营销要解决的一个中心问题，就是如何制定市场营销战略。而目标市场是企业营销战略制定的核心，企业要确立目标市场，就必须进行市场细分。企业只有进行合理的市场细分，准确地选择目标市场，并具有独特和明确的市场定位，才能将自身的优势与消费者的需求更好地结合起来，从而制定出切实有效的市场营销战略和策略。本项目将系统地阐述分割市场发现机会，选择目标市场，以及市场定位的基本概念、操作原理和实践方法。

项目结构

项目三内容结构如图3-1所示。

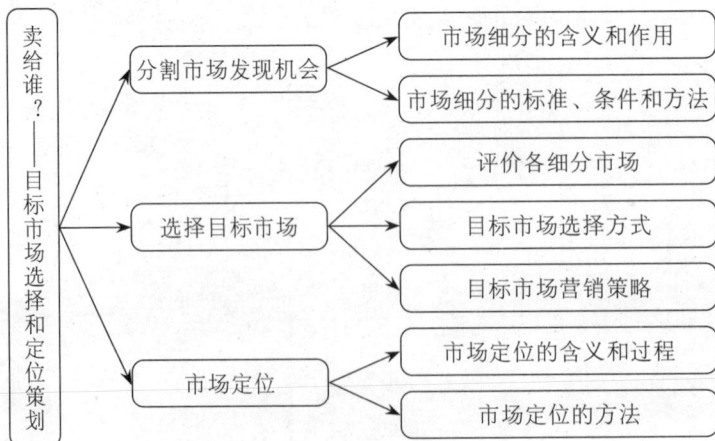

图3-1　项目三内容结构图

任务一 分割市场发现机会

【任务目标】

● 知识目标：认知什么是市场细分，为什么要进行市场细分；掌握市场细分的标准、条件和方法，能对消费者市场进行有效的细分。

● 能力目标：通过学习训练，提高对市场细分问题的分析和处理能力。

● 素养目标：在案例学习和实践训练等活动中，让同学们在市场细分过程中关注营销职业道德和营销伦理问题；培养同学们的与人合作、自我学习的能力。

【任务导入】

精准诉求——细分市场下的饮料战

背景与情境：

近日，百事公司宣布与京东商城签署战略合作，将在京东商城正式全面推出首款乳饮品——桂格高纤燕麦乳饮品。在便利店的饮料货架上，统一的"小茗同学""小酪"奶茶、百事的"维动力"、康师傅的"海晶柠檬""水漾"等饮料新品今夏扎堆亮相。一时间，似乎各饮料企业都在积极地推陈出新。然而不难发现，它们都有一个共同点——专注于各细分市场。

消费者对饮料的消费诉求，已从"方便""好喝""甜""解渴"等向"健康""养生""功能化"等方向转变，以一种面向大众市场的"爆款"打天下的时代已经过去了。

与任何产品一样，若要在细分市场立足，精准地找到其产品利益诉求点则显得尤为重要。以今年卖得比较好的"小茗同学"为例，它的定位便是清爽不苦涩的冷泡茶，它主要是从口味上与以前的冰红茶等区别，主要针对的是年轻学生族群。而"微食刻"主要面向女性白领，包装以黄、橙、红为主色调，并印有"醒""衡""清"三个主题分别对应7—10点、12—15点、19—24点三个消费时间，每款产品都由7种果蔬搭配而成，倡导"给一日三餐加点果蔬微餐，调正健康饮食"。

思考：

（1）饮料市场是如何进行市场细分的？

（2）统一的"小茗同学"冷泡茶饮料，是如何通过市场细分发现市场机会的？

资料来源 根据云南网2015年8月21日相关内容整理得来。

学一学

市场由消费者组成，而消费者之间总有或多或少的差别，他们会有不同的欲望、不同的资源、不同的地理位置、不同的购买态度、不同的购买习惯等。通过市场细分，公司将庞大而多变的市场划分为小的细分市场，并将与客户的特殊需求相一致的产品和服务更有效地输送到上述市场。本任务我们将学习市场细分的含义和作用，市场细分的标准、条件和方法等内容。

一、市场细分的含义和作用

（一）市场细分的含义

市场细分是指依据消费者的需要和欲望、购买行为和购买习惯等方面的差异，把某一市场划分为若干消费者群的分类过程。在理解市场细分的含义时应注意以下几点：

1.市场细分的客观基础

市场细分的客观基础是消费者需求的异质性。消费者需求的异质性决定了消费者的需求偏好各有不同，而非一个完整的整体。企业所面对的广大消费者，他们的大多数需求不可能是完全一致的，正是由于消费者存在着这种需求异质性，企业的营销必须研究消费者的异质性，再在异质性中探求规律和共性，进行市场细分，寻求并发现市场机会。

2.市场细分的实质

市场细分的结果就是在各个异质市场中寻求需求一致的顾客群，市场细分的实质就是在异质市场中求同质。市场细分的目标是为了聚合，即在需求不同的市场中把需求相同的消费者聚合到一起。

3.市场细分的目的

市场细分的目的是使同一细分市场内个体间的固有差异减少到最小，使不同细分市场之间的差异增加到最大。通过市场细分，企业可以针对不同的消费群体采取独特的市场营销组合战略，以求获得最佳收益。

【教学互动3-1】

互动内容：

市场细分就是对市场进行分解的过程，这种说法对吗？

互动要求：

（1）结合有关市场细分的知识，发表个人见解，也可以和你的同伴简单沟通后回答。

（2）教师对学生的回答进行点评。

（二）市场细分的作用

在现代企业的营销活动中，不进行市场细分，就难以发现市场机会，就会失去营销目标，就会分散企业有限的营销资源，从而难以取得竞争优势。因此，市场细分在营销策划中的具体作用体现在：

其一，市场细分有利于企业发现市场机会。合理的市场细分是企业发现市场机会的有效途径，通过市场细分往往会发现未被满足的细分市场，这些细分市场通过企业的分割和选择，可以为后续的营销过程提供明确的方向。

其二，市场细分有利于企业更好地满足特定消费群体的需求。企业可以按照各细分市场需要的不同，调整产品的功能和产品的组合。

其三，市场细分有利于企业提高营销资源的使用效率。企业可以根据细分市场的不同，相应地调整和安排产品、价格、渠道和促销组合，顺利地、迅速地进入目标市场。

二、市场细分的标准、条件和方法

市场细分的基础是顾客需求的差异性，所以凡是使顾客需求产生差异的因素都可以作为市场细分的标准。由于各类市场的特点不同，因此市场细分的标准也有所不同。

（一）消费品市场的细分标准

消费品市场的细分标准可以概括为地理因素、人口统计因素、心理因素和行为因素四个方面，每个方面又包括一系列的细分变量，见表3-1。

表3-1 消费品市场细分标准及变量一览表

细分标准	细分变量
地理因素	地理位置、城镇大小、地形和气候、交通状况、人口密度等
人口统计因素	年龄、性别、职业、收入、民族、宗教、文化程度、家庭人口、家庭生命周期等
心理因素	生活方式、性格、购买动机、态度等
行为因素	购买时间、购买数量、购买频率、购买习惯，对品牌的忠诚度，对服务、价格、渠道、广告的敏感程度等

1.按地理因素的细分

地理因素主要包括消费者所居住的地区以及这些地区的自然特点，如不同区域、城市乡村、人口密度、气候、城市规模等。企业之所以可以按照地理标准来细分市场，关键在于生活在具有不同地理特征地区的消费者，对同一类产品往往会有不同的需要与偏好，他们对于企业制定的营销策略往往也会产生不同的反应。目前，现代市场营销学中强调的"本土化营销"理念，其目的就是适应本地区顾客的需求。

（1）地理位置。可以按照行政区划来进行细分，如在我国，可以划分为东北、华北、西北、西南、华东和华南几个地区；也可以按照地理区域来进行细分，如划分为省、自治区、市、县等，或内地、沿海，或城市、农村等。在不同地区，消费者的需求显然存在较大差异。

（2）城镇大小。可划分为大城市、中等城市、小城市和乡镇。处在不同规模城镇的消费者，在消费结构方面存在较大差异。

（3）地形和气候。按地形可划分为平原、丘陵、山区、沙漠地带等；按气候可分为热带、亚热带、温带、寒带等。防暑降温、御寒保暖之类的消费品就可按不同的气候带来划分。如在我国北方，冬天气候寒冷干燥，加湿器很有市场；但在江南，由于空气中湿度大，基本上不存在对加湿器的需求。

2.按人口统计因素的细分

人口因素的细分是把目标市场的顾客，按年龄、性别、职业、收入、民族、宗教、文化程度、家庭人口、家庭生命周期等，根据其特征因素，分成不同的子市场，人口因素在细分顾客市场中的应用比较多，见表3-2。

表3-2   **人口因素主要变量与营销要点一览表**

	主要变量	营销要点
性别	男女构成情况	了解男女构成及消费需求特点
年龄	婴儿、儿童、少年、青年、成年、老年	掌握年龄结构、比重及各档次年龄的消费特征
收入	高收入、中等收入和低收入者	掌握不同收入层次的消费特征和购买行为
家庭生命周期	单身阶段、择偶阶段、新婚阶段、育儿阶段、空巢阶段、寡鳏阶段	研究各类家庭处在哪一个阶段、不同阶段的消费需求的数量和结构
职业	工人、农民、军人、学生、干部、教育工作者、文艺工作者等	了解不同职业的习惯特点及消费差异
文化程度	文盲、小学、中学、大学等	了解不同文化层次人群的购买种类、行为、习惯及结构
民族	汉族、满族、回族、蒙古族等	了解不同民族的文化、宗教、风俗及不同的消费习惯

3.按心理因素的细分

消费者在消费商品时，不仅仅追求功能的满足。随着消费层次的提高，消费者会更加追求心理层面的满足，所以，对消费者进行心理因素的细分就显得尤其重要。心理因素的细分就是根据顾客的社会阶层、生活方式、性格等因素的不同所导致的心理因素差异进行市场细分。

（1）社会阶层因素。社会阶层是指在某一社会中具有相对同质性和持久性的群体。处于同一阶层的成员具有类似的价值观、兴趣爱好和行为方式，不同阶层的成员则在上述方面存在较大的差异。很显然，识别不同社会阶层的顾客所具有的不同特点，对于很多产品的市场细分将提供重要的依据。

（2）生活方式的因素。人们生活在不同的社会环境中，会逐渐养成不同的生活方式和价值观念，随着生活水平的不断提高，人们的生活方式也发生了明显的变化。

（3）性格因素。性格是人的特有的心理特征，存在理智、冲动等性格。由于性格的不同，会导致对所处环境做出不同的反应，见表3-3。

表3-3   **不同性格消费需求特点一览表**

性格	消费需求特点
习惯型	偏爱、信任某些熟悉的企业或品牌，消费时注意力集中，定向性强，反复购买
理智型	不易受广告等外来因素影响，消费时头脑冷静，注重对企业或产品的了解和比较
冲动型	容易受信息、产品的外表或促销的刺激而产生消费，对企业或产品的评价以直观为主，在消费前并没有明确目标
想象型	感情丰富，善于联想。重视企业或产品的外观及命名，以自己的丰富想象去联想产品的意义
时髦型	易受相关群体、流行时尚的影响，以标新立异、赶时髦为荣，消费时注重引人注意或显示身份和个性
节俭型	对产品的价格比较敏感，力求以较少的钱换来更多的利益，消费时精打细算、讨价还价

4.按行为因素的细分

行为因素的细分是根据顾客对产品的使用程度、品牌忠诚度、购买后的反应等因素，按照一定的特征进行的细分。

（1）购买习惯。即使在地理环境、人口状态等条件相同的情况下，由于购买习惯不同，仍可以细分出不同的消费群体。购买习惯标准，就是根据顾客产生需要购买或使用产品的时间来细分市场的。例如，欢度中秋节时，人们总是要购买月饼，家庭团聚；春节前商品及团圆饭的预订达到高峰。从购买地点习惯看，一般日用品消费者愿意去超市、便利店购买，这就为企业市场定位提供了依据。

（2）利益因素。顾客总是希望其某种需要尽量地被满足，其寻找一种商品、服务或是环境，也许是满足心理上的感觉。根据顾客对产品的态度、追求的利益的类型进行市场细分，越来越受到营销工作者的重视，被广泛地推广使用。

（3）顾客状况。根据顾客是否使用和使用的情况来细分市场，一般可分为经常性消费的顾客、首次消费的顾客、潜在的顾客、非顾客等。大企业往往注重将潜在的顾客转变为实际的顾客，小型企业则注重于保持现有的顾客，并设法将使用竞争者产品的顾客转变为自己企业的顾客。

（4）品牌忠诚程度。企业还可根据顾客对产品的忠诚程度细分市场，有些顾客经常变换品牌，有些顾客则在较长时期内专注于某一或少数几个品牌。通过了解顾客的品牌忠诚度情况，以及品牌忠诚者与品牌转换者的各种行为与心理特征，不仅可为企业细分市场提供基础，同时也有助于企业了解为什么有些顾客忠诚于本企业产品，而另外一些顾客则忠诚于竞争企业的产品，从而为企业选择目标市场提供启示。

【教学互动3-2】

互动内容：

手机市场可按什么标准进行市场细分？

互动要求：

（1）结合有关市场细分的知识，发表个人见解，也可以和你的同伴简单沟通后回答，注意选择市场细分依据的适用性。

（2）教师对学生的回答进行点评。

（二）有效的市场细分的条件

一般而言，成功、有效的市场细分应当满足以下几个条件：

1.可衡量性

可衡量性是指细分出来的市场不仅范围明确，而且对其容量的大小也能大致做出判断。有些细分变量，如具有"依赖心理"的青年人，在实际中是很难测量的，以此为依据细分市场就不一定有意义。

2.可进入性

可进入性是指细分出来的市场，是企业通过努力能够使产品进入并对顾客施加影响的市场。一方面，有关产品的信息能够通过一定媒体顺利地传递给该市场的大多数消费者；另一方面，企业在一定时期内有可能将产品通过一定的分销渠道运送到该市，否则，该细分市场的价值就不大。

3.规模性

规模性是指细分出来的市场，其容量要大到足以使企业获利。进行市场细分时，企业必须考虑细分市场上顾客的数量，以及他们的购买能力和购买产品的频率。如果细分市场的规模过小，市场容量太小，细分工作烦琐，成本耗费大，获利小，就不一定值得企业去开发。

4.对营销策略反应的差异性

对营销策略反应的差异性是指各细分市场的消费者对同一市场营销组合方案会有差异性的反应。如果不同细分市场的顾客对产品的需求差异不大，则行为上的同质性远大于其异质性，此时，企业就不必费力对市场进行细分。此外，对于细分出来的市场，企业应当分别制定出独立的营销方案。

（三）市场细分的方法

1.单一因素细分法

单一因素细分法是指根据影响消费者需求的某一个重要因素进行市场细分。例如，奶粉企业按年龄细分市场，可分为婴儿、儿童、中老年等奶粉。

2.系列因素细分法

系列因素细分法是指为了使细分市场更有效、更切合实际，往往需要以多种因素为标准，利用多因素组合来进行市场细分，由粗到细，由浅入深。例如，对服装市场进行细分，就可以利用与服装最密切的地区、性别、年龄、个人收入等因素进行划分，如图3-2所示。

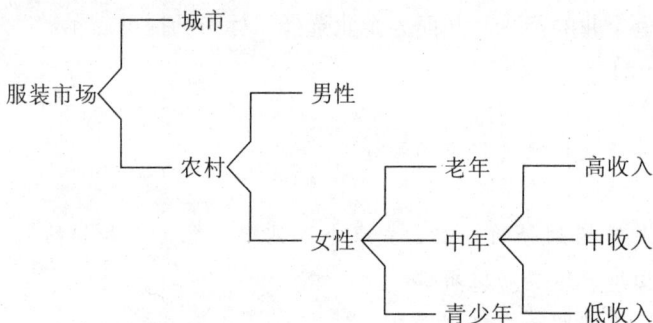

图3-2　系列因素细分法示意图

3.综合因素法

综合因素法是指根据同时影响消费者需求的两种或两种以上的因素进行市场细分。如运动鞋企业，同时按性别和品类两个变量细分出男性篮球鞋和女性篮球鞋市场、男性排球鞋和女性排球鞋市场。

做一做

【典型业务实例3-1】

欧莱雅男士护肤品的市场细分

背景与情境：

随着中国男士使用护肤品习惯的转变，男士对美容产品的需求逐渐上升。整个中国男士护肤品市场也逐渐走向成熟，近两年的发展速度更是迅猛，尤其是中国年轻男士护肤已从基本的清洁开始发展为护理，美容的成熟消费意识也逐渐开始形成。

思考：

（1）欧莱雅该如何进行市场细分呢？

（2）该案例对你有何启发？

【拓展空间3-1】

列出针对男士开发的5种护肤产品。结合其中一种产品，分析如何通过市场细分，发现市场机会，提高该产品的市场竞争力。

【营销训练3-1】

体验市场细分

背景与情境：

空调、饮料、洗化用品是你比较熟悉的几种产品，请通过调查其中一种产品的消费者、生产厂家以及市场营销人员，并查找有关资料，根据市场细分的标准和变量，选择恰当的细分方法，对其进行市场细分。

【训练目标】

通过市场细分实际体验，熟悉市场细分的标准和条件，运用具体市场细分方法，更好地理解市场细分的有关知识，掌握市场细分技能，进一步培养自己与人沟通、与人交流、解决问题的能力。

【操作流程】（如图3-3所示）

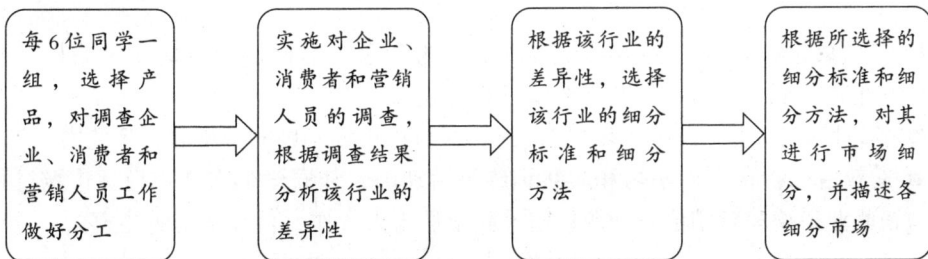

```
每6位同学一组，        实施对企业、        根据该行业的        根据所选择的
选择产品，对调查企     消费者和营销        差异性，选择        细分标准和细
业、消费者和营销人     人员的调查，        该行业的细分        分方法，对其
员工作做好分工    →    根据调查结果  →    标准和细分    →    进行市场细分，
                      分析该行业的        方法                并描述各细分
                      差异性                                  市场
```

图3-3 体验市场细分操作流程图

【成果形式】

关于空调（饮料、洗化用品）市场细分的课业报告。

【效果评价】（见表3-4）

表3-4   ××产品市场细分体验评分表

评价指标（分值）	标准	小组自评（30%）	小组互评（30%）	教师评分（40%）	最后得分（分）
产品差异调查表现（20分）	调查2家以上企业、3类以上消费人群、3位不同企业营销人员（每调查一项给3分，最多20分）				

评价指标 （分值）	标准	小组自评 （30%）	小组互评 （30%）	教师评分 （40%）	最后得分 （分）
市场细分 过程体验 （30分）	市场细分标准选择；市场细分方法选择；市场细分过程实施；各细分市场描述（每小项8分，最多30分）				
市场细分 课业报告 （30分）	格式规范；内容完整；细分标准明确；过程说明清晰；成果展示有特色（每小项6分）				
市场细分体验 活动中的表现 （20分）	从活动准备、与人交流、与人合作、问题解决、信息处理等方面评价（每小项4分）				
合计（100分）					
老师评语		签名：		日期：	
学生意见		签名：		日期：	

▶ 任务二　选择目标市场

【任务目标】

● 知识目标：认知目标市场与市场细分的联系；掌握目标市场选择的标准和方法，能够在有效细分的基础上准确选择目标市场。

● 能力目标：通过学习训练，提高对选择目标市场问题的分析和处理能力。

● 素养目标：在案例学习和实践训练等活动中，让同学们在选择目标市场过程中关注营销职业道德和营销伦理问题；培养同学们与人合作、自我学习的能力。

【任务导入】

顺丰将转向农村市场

背景与情境：

从2014年5月起，顺丰将进入一个与其传统形象背道而驰的领域——农村市场。顺丰公司已经开始鼓励员工去我国华中、华西、华北地区的部分乡镇创业，让他们成为公司的合作加盟商。

顺丰如果仅聚焦于高端业务，可能会蕴含着风险。况且在快递行业中，比拼的一个重点就是业务的覆盖广度。而这一方面，三四线城市甚至更下沉的渠道无疑很关键。但正如一家电商公司负责物流业务的管理者所说，"乡镇市场的规模远大于一线市场，同时覆盖成本也很高"。虽然顺丰表示，"不排斥去任何地方"，但对于乡镇网点的选择

"肯定会很谨慎"。公司为此建立了很多评测参数，包括人口密度、咨询业务量、交通设施、中转匹配效率，以及员工对当地情况的了解程度等。有快递从业者估计，顺丰在农村市场可能会主要开展农产品运输业务，并且已开始尝试"物流普运"业务，即价格低廉的大宗货物运输。

思考：

（1）请说明顺丰是如何对快递市场进行细分的的。

（2）如何评价顺丰选择农村市场去开展业务？

资料来源 佚名. "高大上"的顺丰为何转向农村了？[EB/OL]. [2014-05-14]. http://www.yingxiao360.com/htm/2014514/11513.htm.

学一学

目标市场是企业营销资源集中的方向，目标市场选择的前提是有效的市场细分。在市场细分的基础上，企业将对各个细分市场进行合理评价，然后根据企业目标和自身的营销资源进行目标市场选择。

一、评价各细分市场

企业要确定目标市场，必须解决如何评价不同细分市场的价值问题。很明显，并非所有的细分市场都会成为企业的目标市场。一般来说，评价细分市场至少应该包括以下几个方面的指标：

（1）市场规模。细分市场要有一定的市场规模，这是企业决定是否进入该细分市场的主要因素。

（2）市场前景。信息技术的发展颠覆了很多传统的产业和市场，快速地改变着消费行为，推动着对传统资源进行有效的整合。在这样的背景下，市场前景对目标市场选择提出了新的要求。

（3）市场吸引力。一个具有适度规模和良好潜力的细分市场，如果存在所需的原材料被一家企业所垄断、退出壁垒很高、竞争者很容易进入等问题，想必它对企业的吸引力会大打折扣。因此，对细分市场的评价除了要考虑其规模和发展潜力外，还要对其吸引力做出评价。波特认为，有5种力量决定着整个市场或其中任何一个细分市场的长期内在吸引力。这5种力量是：现有竞争者（包括行业间或企业间）、潜在竞争者、替代品、购买者和供应者。细分市场的吸引力分析就是对这5种威胁本企业长期盈利的主要因素做出评价。

（4）结合企业的目标和能力。理想的目标市场，还必须结合企业的目标与能力来考虑。某些细分市场也许有较大的吸引力，但却不符合企业的长远目标，甚至会分散企业的精力。同时，企业还必须考虑自身是否拥有在该市场获胜所需的技术和资源。无论在什么样的市场，企业要在其中取得成功，都必须具有某些条件。如果企业在该市场中不具有优势，就不可贸然进入。

【教学互动3-3】

互动内容：

电子商务的发展和应用对细分市场的评价产生了什么样的影响？

互动要求：

（1）结合市场细分评价的指标，尤其是对市场前景的评价，发表个人见解，也可以和你的同伴简单沟通后回答。

（2）教师对学生的回答进行点评。

二、目标市场选择方式

目标市场是指企业打算进入的细分市场，或打算满足的具有某一共同需求的顾客群体。企业在选择目标市场时有五种可供选择的模式，如图3-4所示。

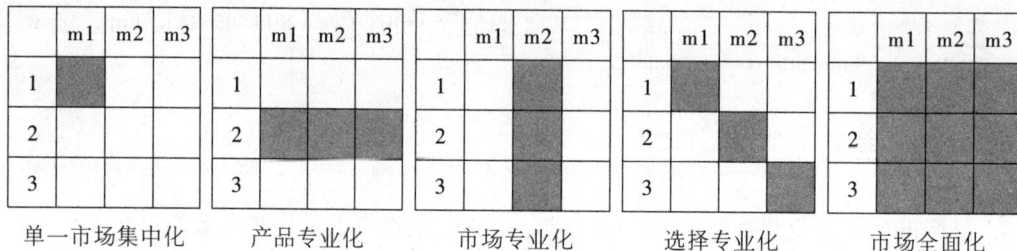

	m1	m2	m3
1	■		
2			
3			

	m1	m2	m3
1			
2	■	■	■
3			

	m1	m2	m3
1		■	
2		■	
3		■	

	m1	m2	m3
1	■		
2		■	
3			■

	m1	m2	m3
1	■	■	■
2	■	■	■
3	■	■	■

单一市场集中化　产品专业化　市场专业化　选择专业化　市场全面化

图3-4　目标市场选择方式图

（1）单一市场集中化。单一市场集中化模式是指企业只选择一个细分市场，只生产一种产品，满足一个细分市场的需求。例如，某服装生产企业只选择儿童服装市场，并且只生产儿童服装中的上衣或某一品类。

单一市场集中化模式使企业能够集中力量，在一个细分市场上有较大的市场占有率，而不会在较大市场上占有太低的市场份额。但是，这种模式风险较大。由于目标市场范围狭窄，一旦市场情况突然变坏，如顾客偏好发生转移、价格猛跌或者出现强有力的竞争者等，企业就可能陷入困境。

（2）产品专业化。产品专业化是指企业生产一种产品，向各类顾客销售。例如，许多冰箱生产厂家同时向家庭、科研单位实验室、饭店餐馆等渠道销售。通过这种模式，不仅可以分散风险，有利于企业发挥生产、技术潜能，而且可以在某个产品领域树立很高的声誉。该模式通常出现在实施单一市场集中化模式之后的阶段。

（3）市场专业化。市场专业化是指企业面对一个细分市场，生产、经营它们所需的各种产品。这样可以分散风险，并在这一类顾客中树立良好声誉。例如，许多电器厂家专门生产各种家用电器，从电冰箱、洗衣机到电视机、录像机和家庭组合音响，应有尽有。市场专业化经营的产品类型众多，能有效地分散经营风险。该模式是单一市场集中化模式后续发展的另外一个方向。

（4）选择专业化。选择专业化是指企业选择若干个细分市场为目标市场，其中每个分市场都能提供有吸引力的市场机会，但是彼此之间很少或根本没有任何联系。实际上这是一种多角化经营的模式，可以较好地分散企业的风险。即使企业在某个分市场失利，也能在其他分市场得到弥补。该模式通常是产品专业化和市场专业化的后续发展模式。

（5）市场全面化。市场全面化是指企业生产各种产品或一种产品，以满足市场上所有顾客群体的需求，希望覆盖整个市场，实力雄厚的大企业大多选用这种模式。例如，美国通用汽车公司在汽车市场上采用的便是这种目标市场战略。

【教学互动3-4】

互动内容：

一个普通大学的餐馆，如果专门开设一个西餐馆，满足少数师生酷爱西餐的需求，或开设一个回族饭菜供应部，满足少数民族同学的饮食习惯，哪一个更可行？

互动要求：

结合所学的知识回答，注意符合目标市场选择的方式。

三、目标市场营销策略

目标市场营销策略通常有3种形式：

（1）无差异性营销（Undifferentiated Marketing）。无差异性营销通常也叫作无差异目标市场策略。这种策略着眼于满足整个市场的共同需要，而舍弃在细分市场中所表现的某些差异。以整个市场为目标市场，推出一种产品，以一种市场营销组合，力求满足整个市场的某种需求。

这种策略最大的优点是生产集中，品种单一，批量大，生产成本很低；其所面对的市场选择能力不强，不需作大量广告宣传，从而营销费用相对较少。例如，美国的可口可乐公司，由于拥有世界性的专利，在相当长的一段时间内，仅生产一种口味、一种规格和形状的瓶装可口可乐，来满足世界各地消费者对饮料的共同需求。但是，如在同一细分市场上有几家企业都采取无差异性营销，必将导致竞争日趋激烈，给企业带来较大的风险。注重需求的差异性及较小细分市场的开发，将会给企业带来营销成功的机会。

（2）差异性营销（Differentiated Marketing）。**差异性营销**也叫作差异性目标市场策略。通过市场细分，选择几个子市场为目标市场，并针对每个子市场的不同需求特征，设计不同的产品和采用几种不同的营销组合。例如，在饮料市场竞争激烈的压力下，可口可乐公司改变了原来的目标市场策略，而针对各地区消费者的不同口味、消费习惯等特征，设计出不同的饮料，并采用不同形式、大小的包装容器；针对各地区消费者的文化习惯设计出不同的广告形式和广告用语，从而确保了其在世界饮料市场的霸主地位。

这种策略的优点在于迎合消费者的不同需求，增加了销售机会，有利于市场的拓展。可以使企业在几个细分市场同时占据优势，提高企业声誉，树立良好形象，从而有利于在竞争中夺取更大的市场占有率。这种策略的缺陷是同时经营几个细分市场，会使企业资源过于分散，从而失去竞争优势。这种策略会导致生产成本和营销费用的增加，降低营销活动效益。

（3）集中性营销（Concentrated Marketing）。**集中性营销**也叫作密集性目标市场策略，是指企业选择一个或几个子市场作为目标市场，集中力量争取在这些子市场上占有大份额。对于一些资源条件较差的小企业，其市场营销决策者的指导思想是：与其在一个大市场或几个细分市场上占据一个较小的份额，不如在一个细分市场中占据较大的份额。因此，企业应选择一个细分市场为目标市场，集中企业的资源，实行专业化经营。采用这种策略，可为企业带来的好处是：

其一，由于集中经营，对目标市场的需求调研也可较为深入，从而采取针对性较强的营销手段，使企业在这一细分市场中占据有利的地位。

其二，集中经营专业化程度的提高可相对降低产品生产成本和营销费用。

其三，可使企业对自己产品的质量精益求精，提高产品品牌和企业的声誉。但是，要看到这种策略选择市场较为狭小，风险也较大。例如，市场需求发生变化、竞争者的出现都可能导致目标市场收益的滑坡，国内诸如此类现象举不胜举。为此，企业可同时选择几个细分市场作为目标市场，实施集中性与差异性相结合的营销方式。这样，当某一目标市场失去吸引力时，企业仍能从其他目标市场上获利。

对比上述三种策略，前两种是以整个市场为目标，以满足整个市场的共同需求或几种不同的需求为策略的指导思想；而最后一种，则是以一个或几个细分市场为目标市场，满足一小部分需求为指导思想来制定的策略。

案例解析3-1

安踏开辟儿童市场

背景与情境：

2008年8月，安踏针对儿童的第一家门店在成都伊藤洋华堂正式开业，安踏成为第一家进军儿童市场的国内体育用品品牌。

2011年，管理团队将安踏儿童产品的消费群定位下移至7~14岁，在消费群覆盖上向少儿群体下探。2012年，管理团队又将安踏儿童产品的消费群集中于3~7岁儿童，在消费群覆盖上向幼儿下移。2013年开始，安踏儿童产品将消费群锁定在3~14岁的消费者，产品拥有运动、生活类别，按年龄段划分为3~6岁和7~14岁两个阶段。

经过六载有余的辛勤耕耘，2014年6月底，安踏儿童产品拥有门店987家。2014年底安踏儿童产品迎来千店时代。从无到有，安踏童装的成长经历成为本土品牌多元化扩张的新样本。

经过市场的洗礼和经销商的反馈，安踏儿童产品团队开始全方位地调整和完善。比如在安踏儿童产品的空间设计上，引入橙色色调，突出儿童的快乐、活泼形象；在风格上，安踏儿童产品的配色更加丰富，图案突出童趣，店内的POP广告，也更贴近儿童的视角。在加盟政策上，安踏儿童产品比"大货"更为宽松；一方面有一定比例的退换货率，另一方面调整了进货折扣，对开店面积要求亦有所调整。以前开设一家安踏儿童产品店需要60平方米以上面积，而现在只要位置得到相关部门的认可，40平方米的店铺也可以开设。用零售商的话说，这比以往更为务实，更像在做生意；不像以前对店铺的形象过分看重，而忽略了市场的容量和商品的满意度。在零售研究上，安踏儿童产品团队也在持续地进步；比如，以往安踏的"大货"是冬天到了就销售冬天的服装，很应季。而针对儿童产品，在秋天的时候就会销售冬天的服装，提前消费。在招聘导购上，也由原来招聘年轻的小姑娘调整为优先招聘新晋妈妈，理由是她们有带孩子的经验，更富有母爱，与消费者更易沟通。这些宝贵的经验，是安踏儿童产品团队通过不断地探索和实践得来的，这也成为安踏儿童产品后期扩张的有力保障。

思考：

（1）安踏公司的目标市场选择经历了哪些模式？

（2）根据案例材料，分析安踏公司的目标市场营销策略。

讨论分析：

个人：请每位同学在固定的学习笔记本上列出安踏公司对儿童运动服饰的市场细分，然后列出安踏公司的目标市场选择模式，并进行分析。

小组：请同学每6个人为一小组，各自发表看法，然后小组成员共同讨论，形成小组意见，准备在班级交流。

班级：每个小组推选一位代表在班级交流，陈述本组见解。

老师：在黑板上把各小组分析的细分依据做简要记录。各小组陈述完毕后，老师结合各小组的内容进行总结，明确市场细分的依据，强调市场细分时应注意的问题。

⊘ 做一做

【营销训练3-2】

体验目标市场选择

背景与情境：

在上面的学习内容中，你根据市场细分的标准，对空调、家政服务、牙膏等熟悉的行业进行了市场细分，并描述了各细分市场。在此基础上，假设你所在的公司是一家中小企业，请你结合本任务所学知识，进行目标市场选择的操作。

【训练目标】

在市场细分的基础上，通过运用市场细分的评价体系，结合目标市场的选择模式，对目标市场选择进行实际体验，更好地理解目标市场选择的有关知识，掌握选择目标市场的技能，进一步培养自己与人沟通、与人交流、解决问题的能力。

【操作流程】（如图3-5所示）

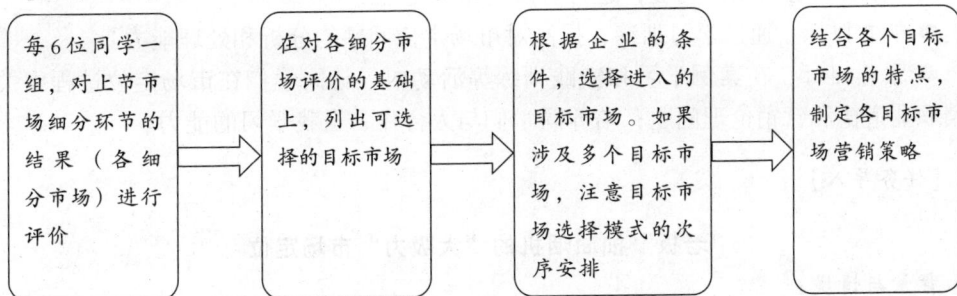

每6位同学一组，对上节市场细分环节的结果（各细分市场）进行评价 → 在对各细分市场评价的基础上，列出可选择的目标市场 → 根据企业的条件，选择进入的目标市场。如果涉及多个目标市场，注意目标市场选择模式的次序安排 → 结合各个目标市场的特点，制定各目标市场营销策略

图3-5 体验目标市场选择操作流程图

【成果形式】

××公司关于空调（饮料、洗化用品）行业目标市场选择的课业报告。

【效果评价】（见表3-5）

表3-5 　　　　　　　　　　××公司目标市场选择体验评分表

评价指标（分值）	标准	小组自评（30%）	小组互评（30%）	教师评分（40%）	最后得分（分）
各细分市场的评价（20分）	合理运用细分市场评价的4个标准（每个标准的运用5分，最多20分）				
目标市场选择模式（30分）	根据企业的主客观条件，运用目标市场选择模式；目标市场选择模式的次序安排；方法运用正确；过程说明清晰；结果具有说服力（每小项6分）				
目标市场选择体验课业报告（30分）	格式规范；内容完整；细分市场评价准确；目标市场选择模式得当；成果展示有特色（每小项6分）				
目标市场体验活动中的表现（20分）	从活动准备、与人交流、与人合作、问题解决、信息处理等方面评价（每小项4分）				
合计（100分）					
老师评语	签名：　　　　　　日期：				
学生意见	签名：　　　　　　日期：				

▶ 任务三　市场定位

【任务目标】

● 知识目标：认知什么是市场定位，为什么要进行市场定位；掌握市场定位的方法，能够结合目标市场的特征，进行有效的市场定位。

● 能力目标：通过学习训练，提高对市场定位问题的分析和处理能力。

● 素养目标：在案例学习和实践训练等活动中，让同学们在市场定位过程中关注营销职业道德和营销伦理问题；培养同学们与人合作、自我学习的能力。

【任务导入】

"老板"抽油烟机的"大吸力"市场定位

背景与情境：

定位战略在老板抽油烟机的发展历程中发挥了重大作用。老板抽油烟机的定位战略历经几个阶段。

首先,明确品类。"老板"一直是一个善于"聚焦"的企业,从"老板电器"聚焦到"老板厨房电器",并在行业中率先提出聚焦"高端厨房电器"的创意。在此基础上,老板公司确立了"聚焦吸油烟机,以吸油烟机为核心带动灶具成套销售"的战略。对外以传播"老板吸油烟机"为主,而非"老板电器"或"老板厨房电器"。其次,从竞争和认知当中找到自己的位置。老板公司做了大量的市场调研,发现消费者购买吸油烟机的时候,非常关注吸力,因为这个产品本身的功能就是"吸油烟"。还有,老板公司开始研究竞争对手,老板公司发现,当时老板公司的品牌宣传重点在于"免拆洗",而竞争对手方太讲究设计,它们觉得外观很重要,而消费者最需要的却是大吸力。通过市场调研,老板公司发现在消费者的认知当中,老板吸油烟机的吸力是最好的。所以,最终确定了"大吸力油烟机"的品牌定位。

找到定位之后,还需要把理念迅速地传播出去,让消费者青睐。首先是确定广告的核心理念:"35年专注高端",这样就把历史传达了出来;然后是"老板电器推出首台大吸力油烟机""今天,中国每卖10台大吸力油烟机,就有6台是老板"。但是一条广告是远远不够的,竞争对手会很快跟进。为了加强消费者对"大吸力油烟机"的认知,老板公司还与一些强势电视栏目进行了合作,例如《非诚勿扰》《中国好声音》等。还运用了一些公关传播手段,比如,2013年老板公司在鸟巢国家会议中心举办了"重新定义大吸力油烟机"发布会,会上提出了拢吸、强滤、速排、节能的标准,并宣告老板公司将全面停产小吸力的油烟机。老板公司还专门设计了一个实验,用老板吸油烟机吸一块15斤重的木板,让"大吸力"被消费者看得见。

思考:

(1) 老板抽油烟机的成功因素是什么?

(2) 你是如何理解市场定位的?

◎ 学一学

在企业目标市场上,可能同时有多家企业在开展市场营销活动,如何成为众多竞争企业中的佼佼者,靠什么去吸引目标市场上的消费者? 这就要求企业必须具备清晰、准确的市场定位。

一、市场定位的含义和过程

(一)市场定位的含义

市场定位是指企业为其产品或企业创造一定的有别于其他产品或市场的特色,努力使自己的产品或企业在消费者的心目中树立良好的市场形象的过程。靠特色吸引消费者,靠形象形成企业的竞争优势,这是市场定位的精髓,也是企业竞争的有力武器。这种特色和形象可以是实物方面的,也可以是心理方面的,或者两方面兼而有之。

(二)市场定位的过程

市场定位过程可以通过三个步骤来实现:第一,识别可能的竞争优势,列出与竞争者的差异点；第二，选择合适的竞争优势，这些优势必须具有独特性、感知性、盈利性等特征；第三，传播并送达选定的市场定位，用相应的营销组合策略予以配合。

（1）识别潜在竞争优势。识别潜在竞争优势是市场定位的基础。通常企业的竞争优势表现在两方面：成本优势和产品差别化优势。成本优势是企业能够以比竞争者低廉的价格销售相同质量的产品，或以相同的价格水平销售更高一级质量水平的产品。产品差别化优势是指产品独具特色的功能和利益与顾客需求相适应的优势。为实现此目标，首先必须进行规范的市场研究，切实了解目标市场需求的特点以及这些需求被满足的程度，这是能够取得竞争优势，实现产品差别化的关键。其次，要研究主要竞争者的优势和劣势，知己知彼，方能战而胜之。

（2）企业核心竞争优势定位。企业核心竞争优势是与主要竞争对手相比，企业在产品开发、服务质量、销售渠道、品牌知名度等方面所具有的可获取明显差别利益的优势。应把企业的全部营销活动加以分类，并将主要环节与竞争者相应的环节进行比较分析，以识别和形成核心竞争优势。

（3）制定发挥核心竞争优势的战略。企业在市场营销方面的核心能力与优势，不会自动地在市场上得到充分的表现，必须制定明确的市场战略来加以体现。例如，通过广告传导核心优势，逐渐形成一种鲜明的市场概念，这种市场概念能否成功，取决于它是否与顾客的需求和追求的利益相吻合。

二、市场定位的方法

在具体进行市场定位时，大致有7种方法可供选择。

（1）特色定位。特色定位即从企业和产品的特色上加以定位，如言之"正宗凉茶就喝加多宝"。

（2）功效定位。功效定位即从产品的功效上加以定位，如"海飞丝"定位于"去头屑"。

（3）质量定位。质量定位即从突出产品的高质量加以定位，如言之"好空调，格力造"。

（4）利益定位。利益定位即从突出顾客获得的主要利益上加以定位，如娃哈哈奶强调"喝了娃哈哈，吃饭就是香"。

（5）使用者定位。使用者定位即根据使用者的不同加以定位，如言之"百事可乐，年轻一代的选择"。

（6）竞争定位。竞争定位即根据企业所处的竞争位置和竞争态势加以定位，如光大银行强调"不求最大，但求最好"。

（7）价格定位。价格定位即从产品的价格上加以定位，如格兰仕定位在以最低的价格出售最好的产品。

市场定位的重要目的，就是为本企业产品建立有别于竞争者的形象，其方法不局限于以上7种。只要能够在消费者心目中留下独特的感觉和印象，就达到了市场定位的目的。

【教学互动 3-5】

互动内容：

如何区分目标市场和市场定位？

互动要求：

（1）结合有关市场定位的含义，发表个人见解，也可以和你的同伴简单沟通后回答。

（2）教师对学生的回答进行点评。

● 做一做

【典型业务实例 3-2】

片仔癀化妆品的市场定位

背景与情境：

片仔癀，一个"绝密级"的中成药。片仔癀具备杰出的消炎、抗菌功效，"癀"的意思就是各种炎症，名称的意思就是吃一片即可退"癀"。片仔癀，对不少炎症有着显著的疗效，因为疗效神奇，被海外侨胞、港澳同胞称为"神丹妙药"！它拥有500多年的历史，闽南人视其为"镇宅之宝"。

近几年，片仔癀药业成功跨界日化行业，成为家喻户晓的"黄种人"专属美肤品！自古以来，中国人以白为美，素有"一白遮百丑"的传统观念。黄种人肤色本身偏黄，尤其在成熟的女性中，祛黄是美白的一个必要步骤。片仔癀对去黄气、缓解暗黄、斑点有明显疗效。很显然，片仔癀化妆品本身就是一款为"黄种人"量身定制的祛黄、美白的产品！至此，片仔癀化妆品的定位逐渐浮出水面：片仔癀化妆品是一款"集东方智慧、适合黄种人美肤、非常规的功效性化妆品"！

思考：

（1）分析片仔癀市场定位的过程。

（2）片仔癀市场定位的方法是什么？

【拓展空间 3-2】

（1）列出你所熟悉的5种化妆品，逐一列出它们的市场定位。

（2）结合化妆品行业，你认为市场定位的方法可以有哪些？

【营销训练 3-3】

体验市场定位

背景与情境：

通过前面的学习内容，你对一家空调、饮料或洗化企业进行了目标市场选择。下面请你结合目标市场的需求特征以及竞争对手的市场定位，提出本企业该产品的市场定位。

【训练目标】

在目标市场选择的基础上，通过深刻理解市场定位的概念，结合企业自身、目标市场的需求特征和竞争对手的市场定位，运用合理的市场定位方法，对市场定位进行实际体验，掌握市场定位技能，进一步培养自己与人沟通、与人交流、解决问题的能力。

【操作流程】（如图3-6所示）

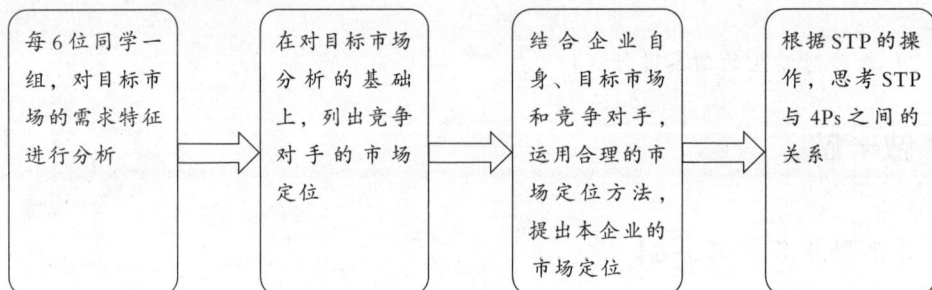

每6位同学一组，对目标市场的需求特征进行分析 ➡ 在对目标市场分析的基础上，列出竞争对手的市场定位 ➡ 结合企业自身、目标市场和竞争对手，运用合理的市场定位方法，提出本企业的市场定位 ➡ 根据STP的操作，思考STP与4Ps之间的关系

图3-6 体验市场定位操作流程图

【成果形式】

××公司关于空调（饮料、洗化用品）产品市场定位的课业报告。

【效果评价】（见表3-6）

表3-6　　　　　　××产品体验市场定位评分表

评价指标（分值）	标准	小组自评（30%）	小组互评（30%）	教师评分（40%）	最后得分（分）
目标市场需求特征和竞争对手市场定位分析（20分）	列出目标市场的诉求点、消费行为、需求层次；列出主要竞争对手，分析竞争对手市场定位的差异（每个要点的分析10分，最多20分）				
市场定位方法运用（30分）	根据企业的主客观条件，结合目标市场需求和竞争对手市场定位；合理运用市场定位的方法；提出鲜明的市场定位；过程说明清晰；结果具有说服力（每小项6分）				
市场定位体验课业报告（30分）	格式规范；内容完整；目标市场竞争对手分析准确；市场定位方法选择模式得当；市场定位特色鲜明（每小项6分）				
市场定位体验活动中的表现（20分）	从活动准备、与人交流、与人合作、问题解决、信息处理等方面评价（每小项4分）				
合计（100分）					
老师评语		签名：　　　　　　日期：			
学生意见		签名：　　　　　　日期：			

思考与练习

1.关键术语

市场细分：是依据消费者的需要和欲望、购买行为和购买习惯等方面的差异，把某一市场划分为若干消费者群的分类过程。

目标市场：是指企业打算进入的细分市场，或打算满足的具有某一共同需求的顾客群体。

差异性营销：是指将整体市场划分为若干细分市场，针对每一细分市场分别设计不同的产品和营销方案。

集中性营销：也叫作密集性目标市场策略，是指企业选择一个或几个子市场作为目标市场，集中力量争取在这些子市场上占有大份额。

市场定位：是指企业为其产品或企业创造一定的有别于其他产品或市场的特色，努力使自己的产品或企业在消费者的心目中树立良好的市场形象的过程。

2.选择题

○ 单项选择题

(1) 市场细分的客观基础是（　　）。

A.需求的差异性　　　B.需求的同质性　　　C.需求的客观性　　　D.需求的有效性

(2) 某制鞋厂选择青年这一消费群，向他们提供所需的各种皮鞋，这种策略属于（　　）。

A.产品市场集中化　B.选择性专业化　　C.产品专业化　　　　D.市场专业化

(3) 消费者对某种产品的需求和爱好差异较大，企业在选择目标市场策略时可采取（　　）。

A.无差异性营销策略　　　　　　　B.差异性营销策略

C.集中性营销策略　　　　　　　　D.密集性营销策略

(4) 一家玩具公司欲对玩具市场进行细分，用（　　）作为细分标准比较合理。

A.年龄、性别、家庭收入水平　　　B.性格、职业、生活态度

C.购买时机、购买动机、用途　　　D.购买频率、追求利益、年龄

(5) 下列有关市场定位的说法，正确的是（　　）。

A.产品在市场上所处的位置　　　　B.产品在消费者心目中所处的地位

C.产品的销售对象选择　　　　　　D.产品的销售渠道选择

○ 多项选择题

(1) 目标市场策略主要包括（　　）。

A.无差异性营销策略　　　　　　　B.集中性营销策略

C.差异性营销策略　　　　　　　　D.多元化营销策略

(2) 无差异性目标市场营销策略的优点是（　　）。

A.成本的经济性　　B.规模经济效益　　C.实施的便利性　　D.策略的针对性

(3) 企业在进行市场定位时，可以根据（　　）来定位。

A.产品的特点　　　　B.竞争对手的情况　　C.顾客得到的利益　　D.批发商和零售商

（4）有效市场细分应具备以下（　　）条件。

A.可衡量性　　　　　B.可接近性　　　　　C.差异性　　　　　D.同质性

（5）生产资料市场的细分依据，除了使用消费者市场细分的依据外，还要符合其自身的特点，补充标准有（　　）。

A.用户的规模　　　B.用户的性质　　　C.产品最终用途　　　D.用户的地理位置

3.判断题

（1）凡是使消费者需求产生差异的因素，都可以作为市场细分的标准。（　　）

（2）企业在选择目标市场营销策略时，应考虑到产品的同质性，像照相机、服装和一些机械产品这种可以有多种设计、多种式样和质量的产品，企业应采用差异性营销策略。（　　）

（3）无差异性营销策略追求的不是在较大市场上占有较少的份额，而是在较小的市场上占有较大的份额。（　　）

（4）每一个消费者就是一个细分市场，每个细分市场都是由需求和欲望相同的消费者组成的。（　　）

（5）目标市场营销是从市场定位开始的。（　　）

4.案例分析题

专业化经营有无必要

背景与情境：

在某城市，有一位食品公司副经理认为，发展专业化的保健食品店、营养饮食店、精美食品店能吸引到新的顾客，使销售额不断增加。据他的调查分析，2015年产品供应区内有65岁以上的老年群体26万人，而到2016年这个数字将增加到32万人。所以，保健食品的销售额将会不断提高，应该在商业中心区专门设立保健食品店，经营各种不同品种或具有特色的保健食品，这样可以吸引老年顾客，满足他们对高、精、美食品的需要。

另一位副经理则不同意上述看法，他认为，老年保健食品和儿童需要的食品相似，无须再专门经营什么老年保健食品；而且大多数老年顾客思想保守、勤俭持家，对食品的品种、质量要求并不太讲究，追求的是一种较简单的生活方式，所以，一般对保健食品的需求也不会太多。因此，不必细分经营市场。

思考：

（1）两位副经理对食品市场细分采取什么样的目标市场策略？他们的依据是什么？

（2）近几年，老年人的需求和购买力有什么变化？设立保健食品店对老年人是否有吸引力？

分析要求：

（1）根据两位副经理的看法，说明一下他们分别采用的目标市场策略。

（2）查阅资料，了解近几年我国人口资料的变化情况，从老年人的数量、需求特点、消费观念更新、购买动机等方面，分析老年人市场的特点。总结专业化经营究竟有无必要。

项目四

"对症下药" ——产品策划

项目概述

产品策划是企业市场营销策划的重要体现，也是目标市场获得满足的重要手段。产品策划首先涉及的就是如何从营销的角度理解产品，产品策划要注重广告策划的运用。由于目标市场需求的差异和竞争的需要，通常企业要进行产品组合的策划、恰当的品牌策略和相应的价格策划。本项目将系统地阐述产品整体概念、价格策划以及品牌和产品组合策划的基本概念、操作原理和实践方法。

项目结构

项目四内容结构如图4-1所示。

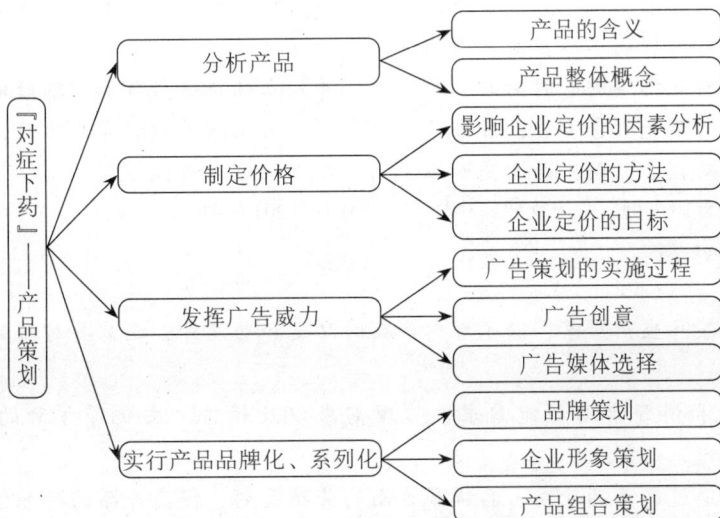

图4-1 项目四内容结构图

任务一 分析产品

【任务目标】

● 知识目标：理解营销策划中的产品定义；掌握产品整体概念；能够对产品整体概念进行有效划分。

● 能力目标：通过学习训练，提高对营销策划中产品的分析能力。

● 素养目标：在案例学习和实践训练等活动中，让同学们在分析产品过程中关注营销职业道德和营销伦理问题；培养同学们与人合作、自我学习的能力。

【任务导入】

学习立顿好榜样

背景与情境：

"立顿红茶"是汤姆斯·立顿爵士1890年在英国创造的，如今行销全球120多个国家，在袋泡红茶市场上拥有80%的市场份额。

立顿的产品做到了基本的标准化，不界定产地、不界定季节。立顿把各种茶的品种分割成不同的产品品类，不断创造出新的口味和用户体验，瞄准消费者方便快速地喝一杯茶的需求，吸引了大量年轻人和办公室白领。在官方网站上，立顿在动态的茶园中放上几段幽默的视频，向消费者告知喝茶可以达到的目的有：保持轻盈体态、再现青春、净化心灵、摆脱疲劳、延年益寿，各种不同功能、不同口味的产品满足不同年龄、不同需求的消费者。

立顿的产品在保存和携带上也很方便，使用（冲泡）更是简单和便利。立顿的产品价格走的是大众化的路线，加上使用小装量和简约化的包装，使大众消费者对其价格更加感觉亲近，大大提高了消费者购买的随意性和冲动性。

立顿的品牌是都市的、时尚的、亲民的，并且立顿将这种时尚化很好地做到了向上兼容。立顿品牌不是古色古香、奢侈的、历史的、文化深重的和学究味的，立顿红茶直接和当代生活对接了，而不是曲高和寡、高高在上却远离当代生活。

资料来源 欧阳道坤. 学习立顿好榜样［EB/OL］.［2013-04-22］. http：//www.cmmo.cn/article-139368-1.html .

思考：

（1）作为茶叶生产厂家，除了考虑产品的品质和功能外，还需要对产品做哪些更深层次的了解？

（2）产品和消费者的功能需求、心理需求以及精神、文化等方面的需求有哪些联系？

（3）如何通过新产品开发、品牌等方面的营销策划，提高产品的附加值，更好地满足消费者的需求？

学一学

消费者对企业的认可，需要通过企业的产品来实现。产品策划是营销策划中4Ps策划的重要基础，是企业STP策划实现的重要手段之一。

一、产品的含义

人们通常理解的产品是指具有某种特定物质形状和用途的物品，是看得见、摸得着的实物，这是一种狭义的定义。从市场营销策划的意义上讲，产品是指通过占有、使用、消费等手段，来满足某种欲望和需要而提供给市场的一切载体。它既可以是有形载体，也可以是无形载体。

二、产品整体概念

产品是指一个整体概念，产品整体概念包含核心产品、有形产品、附加产品和心理产品四个层次，如图4-2所示。

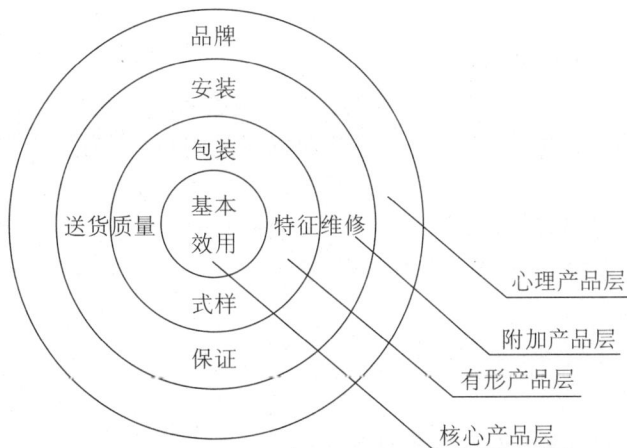

图4-2 产品整体概念构成图

（1）核心产品。核心产品也称实质产品，是指消费者购买某种产品时所追求的利益。消费者购买某种产品，并不是为了占有或获得产品本身，而是为了获得能满足某种需要的效用或利益。例如，消费者购买钻头不是为了获得钻头，而是为了用钻头钻孔。因此，企业在进行产品策划时应明确消费者所追求的核心利益，确定产品能提供的实质利益，提升产品的吸引力。

（2）有形产品。有形产品是核心产品借以实现的形式，即向市场提供的实体和服务的形式。产品的基本效用必须通过某些具体的形式才能得以实现。产品的有形特征主要指质量、款式、特色、包装等。例如，自行车的有形产品不仅仅指自行车的骑行功能，还包括它的质量、造型、颜色等内容。营销策划者应着眼于顾客购买产品时所追求的核心利益，提供完美的有形产品，以求满足顾客需要。

（3）附加产品。附加产品是指顾客购买有形产品时所获得的全部附加服务和利益，包括提供信贷、免费送货、相关保证、安装、售后服务等。消费者购物的目的是满足某种需要，因而他们希望得到与满足该项需要有关的一切载体。随着竞争的加剧，竞争不仅发生在各个公司生产什么产品，而且还发生在其产品能提供何种附加利益，例如服务、广告、顾客咨询、融资、送货、仓储及具有其他价值的形式。

（4）心理产品。心理产品是指产品的品牌和形象提供给顾客心理上的满足。产品的消费是生理消费和心理消费相结合的过程，随着人们生活水平的提高，人们对产品的品牌和形象看得越来越重，因而它也是产品整体概念的重要组成部分。

心理产品层对产品策划具有十分重要的意义。心理产品层更好地满足了消费者精神的需求。通过对产品整体概念的理解可以知道消费者在消费一件商品时，不仅仅追求功能的满足，而且要追求精神的满足。消费层次越高，对精神满足的追求通常就会越强烈，如果一件产品通过广告、材质、造型等营销手段的应用，塑造了良好的心理产品层，那么，该产品就会更好地满足消费者的精神需求。

随着竞争的加剧、技术水平的提高，厂商要维持产品功能的垄断，变得越来越困难，这就迫使厂商在产品整体概念中的心理产品层上做文章。通过恰当的营销手段，使功能相似的产品在心理产品层上出现巨大差异，从而有效地与竞争对手区别开来，以此获得竞争优势，谋取超额利润。

心理产品层的获得手段多样，其目的是营造消费者对该产品认知上的差异。例如，通过广告，可口可乐、百事可乐分别塑造出时尚与经典的心理差别。当然，也可以通过材质的不同来表现，同样的一把匙子，取材于木头，还是使用金属，则分别代表了中西方不同的文化元素，从而体现出心理差异。由此可见，心理产品层塑造的手段非常丰富。塑造不同的心理感受，满足不同的精神追求，与竞争对手严格区别开来，是营销的主要目的。

【教学互动4-1】

互动内容：

消费者购买产品看重的就是产品的品质，这种说法对吗？

互动要求：

（1）结合有关产品整体概念的知识，发表个人见解，也可以和你的同伴简单沟通后回答。

（2）教师对学生的回答进行点评。

做一做

【典型业务实例4-1】

电影衍生品的产品整体概念

背景与情境：

近期电影院上映的国产电影气场都"萌萌哒"，无论是《大圣归来》还是《捉妖记》，电影主角都以"萌萌哒"的形象而深入人心。尤其是《捉妖记》，更是颠覆了传统印象中妖怪可怕的形象，完全以"萌神"形象出现。不少观众在看完电影后直呼"想有一只胡巴",而商家也抓住了这个机遇,顺势推出了各类电影衍生产品。

打开淘宝网,输入关键字"胡巴",可以看到关键字下的类目分布相当广泛。有毛绒玩具、摆件、水杯、抱枕、坐垫、手机壳、钥匙链等,从生活用品到时尚饰品,"胡巴"相关产品充斥在各个领域。连ThinkPad也一改往日的风格,让小黑与《捉妖记》里的"胡巴"一起"卖萌"。在此次跨界合作中,ThinkPad也特别推出了《捉妖记》私人订制限量笔记本及其衍生品。

思考:

(1)如何理解电影衍生品的产品整体概念?

(2)结合STP策划,分析产品整体概念中的心理产品层及其塑造的方法。

【拓展空间4-1】

结合儿童动漫产业情况,分析儿童玩具的产品整体概念。

【营销训练4-1】

体验营销视角分析产品

背景与情境:

请选择服饰、钟表、食品等行业的典型产品,通过走访该产品的市场营销人员和消费者,查找有关资料,根据产品整体概念,对其进行核心产品层、有形产品层、附加产品层和心理产品层的分析。

【训练目标】

通过产品整体概念分析的实际体验,熟悉产品整体概念中的核心产品层、有形产品层、附加产品层和心理产品层分析的具体技巧,更好地从营销的视角理解产品,掌握分析产品的技能,进一步培养自己与人沟通、与人交流、解决问题的能力。

【操作流程】(如图4-3所示)

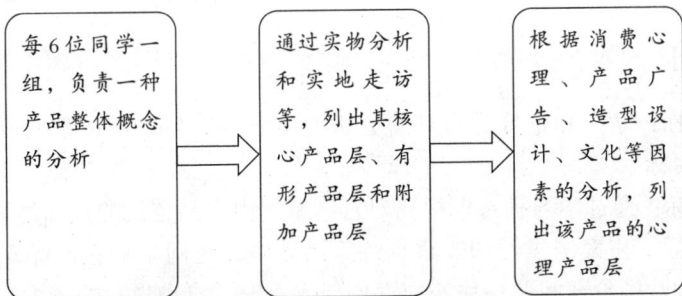

图4-3 体验营销视角分析产品的操作流程图

【成果形式】

关于××产品整体概念分析的课业报告。

【效果评价】(见表4-1)

表4-1   **营销视角分析××产品体验的评分表**

评价指标（分值）	标准	小组自评（30%）	小组互评（30%）	教师评分（40%）	最后得分（分）
调查典型产品的表现（20分）	选择服饰、钟表、食品等行业的典型产品，调查该产品的4位市场营销人员和消费者（每调查一位给5分，最多20分）				
产品分析过程体验（30分）	结合调研结果对典型产品进行核心产品层、有形产品层、附加产品层和心理产品层的分析（前三项每项5分，最后一项15分）				
产品分析课业报告（30分）	格式规范；内容完整；过程说明清晰；产品整体概念分析准确；成果展示有特色（每小项6分）				
产品分析体验活动中的表现（20分）	从活动准备、与人交流、与人合作、问题解决、信息处理等方面评价（每小项4分）				
合计（100分）					
老师评语		签名：　　　　日期：			
学生意见		签名：　　　　日期：			

▶ 任务二　制定价格

【任务目标】

● 知识目标：学习和把握定价环境分析的主要内容与依据；掌握产品定价的具体方法、策略和目标。

● 能力目标：通过学习训练，提高对营销策划中产品定价的操作能力。

● 素养目标：在案例学习和实践训练等活动中，让同学们在产品定价过程中关注营销职业道德和营销伦理问题；培养同学们与人合作、自我学习的能力。

【任务导入】

大量新车挺进SUV细分市场

背景与情境：

随着紧凑型SUV布局的完成，最近一两年，各大主流合资车企纷纷将"战火"烧至小型SUV和中大型SUV战场。2014年下半年以来，佛山出现了多款影响市场格局的车型，具体包括广汽本田的缤智、东风本田的XRV、东风本田的启辰T70、福特锐界、别克昂科威等。换代车型方面，佛山车市迎来了全新奇骏、汉兰达等重磅级的SUV车型。其他全新车型方面，还包括雪铁龙的C3-XR、斯柯达小型SUV车型Yeti和上海通用五菱的宝骏560等。新一轮的SUV争夺战正悄然打响。

中国汽车工业协会最新发布的消息称，2015年7月，乘用车共销售126.86万辆，环比下降16.07%，同比下降6.58%；可是，SUV仍保持高增长。7月，运动型多用途乘用车（SUV）销售39.31万辆，环比下降12.31%，同比增长34.16%。

业内人士分析，大量新车挺进SUV细分市场，带来最直接的后果就是车价的下降，价格战必然会愈演愈烈。某日系品牌负责人坦言，当年CRV和途观创造持续数年的加价风潮，前提是建立在车源供应不足的情况下。而在近几年，汽车产能早已供大于求，随着更多的竞争者进入，降价只是时间的问题。

思考：

（1）如何分析大量新车低价挺进SUV细分市场或将掀起价格战的环境因素？

（2）如果你是车企的营销人员，该如何制定SUV的价格呢？

资料来源 罗林. 大量新车低价挺进SUV细分市场或将掀起价格战〔EB/OL〕.〔2015-08-21〕. http://union.china.com.cn/car/txt/2015-08/21/content_8175584.html.

学一学

市场营销组合由四个基本要素组成，企业通过产品、促销、分销三个要素在市场中创造价值，通过定价从创造的价值中获取收益。在营销组合中，价格是能够给企业带来收入的唯一要素，其他要素只产生成本。价格是最灵敏、最灵活的要素，能够向市场传递企业所期望的价值定位。随着营销环境的日益复杂，价格策划的难度越来越大，不仅要考虑成本补偿问题，还要考虑消费者的接受能力和市场竞争状况。

一、影响企业定价的因素分析

（一）目标市场对价格的敏感程度

目标市场对价格变动的敏感程度主要通过产品的需求价格弹性加以衡量。所谓需求价格弹性，是指由于价格的相对变动，而引起的需求相对变动的程度。通常需求价格弹性大的商品适用于薄利多销，而需求价格弹性小的则适用于高质高价。

（二）企业生产产品的成本

通常情况下，市场需求决定了企业制定价格的上限，成本则决定着价格的下限。企业的产品价格只有高于成本，才能补偿生产上的耗费，从而获得一定盈利。

成本是构成价格的主要因素，企业定价时，不应将成本孤立地对待，而应同产量、销量、资金周转等因素综合起来考虑。

（三）竞争对手

竞争态势对定价有着巨大的影响，所有企业都必须考虑竞争环境和竞争对手之间的力量对比，这样才能找到正确的定价战略。竞争对手可能是同类档次的公司及直接竞争对手，可能是更高端的公司，也可能是比我们低一个档次的公司，这些属于潜在的竞争对手。我们必须了解谁是我们的竞争对手，他们的战略是什么、优势是什么，还应该了解他们的成本、价格以及可能对企业定价做出的反应。

（四）消费者心理和习惯

价格的制定和变动在消费者心理上的反映也是价格策略必须考虑的因素。在现实生活中，很多消费者存在"一分价钱一分货"的观念。消费者在"货比三家"时，常常从价格上判断商品的好坏，凭经验把价格同商品的使用价值挂钩。消费者心理和习惯上的反应是很复杂的，某些情况下会出现完全相反的反应。因此，在研究消费者心理对定价的影响时，要持谨慎态度，要仔细了解消费者的心理及其变化规律。

（五）企业目标

企业定价要明确定价的目标是什么。定价的目标有很多，包括增加市场份额、改善企业收入、最大化利润、塑造企业形象和其他目标。如果营销部门已经对公司目标有了一个清晰的把握，那么确定价格在内的营销组合，便是一件相对容易的事情。相反，如果定价与公司的目标相背离，可能花了很大精力，结果并不是公司想要的。因此，定价成功与否很大程度上取决于定价决策和公司目标的契合度。

（六）企业或产品的形象因素

根据经营理念和企业形象设计的要求，企业需要对产品的价格做出限制。在企业要树立热心公益事业形象的情况下，会将某些有关公益事业的产品价格定得较低；当企业要构建贵族化的品牌形象时，必然把某些产品价格定得较高。

二、企业定价的方法

（一）成本导向定价法

成本导向定价法是以产品单位成本为定价的基础，再加上预期利润来确定价格的方法。成本是企业生产经营过程中所发生的实际耗费，客观上要求通过商品的销售得到补偿。以产品单位成本为基本依据，是中外企业最常用、最基本的定价方法。成本导向定价法常用的有两种，即成本加成定价法和目标收益定价法。

（二）需求导向定价法

需求导向定价法是根据市场需求状况和消费者心理作为定价的依据，来确定价格的方法：

1.感知价值定价法

感知价值是消费者对某种商品价值的主观评判，也称"理解价值"或"认知价值"。感知价值定价法是指企业以消费者对商品价值的理解为定价依据的方法。

2.需求差别定价法

需求差别定价法是指产品价格的确定以消费者需求的不同特性为依据，对同一商品制定两个或两个以上价格的方法，其基本原理为价格歧视。这种产品价格之间的差异反映了产品需求弹性的差异，并不反映成本的差异。其好处是可以使企业定价最大限度地符合市场需求，促进商品销售，有利于企业获取最大的经济效益。

3.逆向定价法

逆向定价法是重点依据需求状况来确定价格的方法。该方法依据消费者能够接受的最终销售价格，逆向推算出中间商的批发价和生产企业的出厂价格。采用逆向定价法，价格能反映市场需求情况，有利于维护企业与中间商之间的良好关系，保证中间商的正常利润，使产品迅速向市场渗透和拓展，并可根据市场供求情况及时调整，运作方式较为灵活。

（三）竞争导向定价法

在买方市场条件下，同行业企业之间的竞争愈来愈激烈。竞争导向定价法是企业通过研究竞争对手的生产条件、服务状况、价格水平等因素，依据自身的相关情况来确定商品价格的方法。竞争导向定价方法通常有随行就市定价法、渗透定价法和撇脂定价法。

（四）其他定价方法

1.捆绑销售定价法

捆绑销售定价法是指把自己公司的不同产品捆绑起来一起定价，或者把自己的产品和别的公司的产品捆绑在一起定价的方法。

2.投标定价法

投标定价法是指由招标方出示标的物，投标方在相互独立的条件下投标竞争，产生最终成交价格的方法。投标定价法一方面可以使企业低价采购到满意的产品和服务，另一方面也可以帮助企业处理积压的商品或二手货物。

3.高标低走法

高标低走法是指有的企业制定了统一的销售价格、批发价格，然后给予经销商返利，通过这样的方式，稳定和激励经销商。而在其商店里，产品则采用高标价，然后通过与消费者的讨价还价，最后在低价以上任何价位成交。

4.价格分割法

价格分割法是指为了迎合买方的求廉心理，将商品的计量单位细分化，然后按照最小的计量单位报价的策略。价格分割是一种心理策略。卖方报价时，采用这种报价策略，能使买方对商品价格产生心理上的便宜感，容易为买方所接受。企业对产品进行定价的时候，采用这种价格分割法，无疑能够让消费者在心理上产生价格便宜的错觉，进而调动消费者购买的积极性。

案例解析4-1

东阿阿胶5年9次涨价

背景与情境：

从2010年到2014年，在未满5年的时间中，东阿阿胶发布了9次涨价公告。最近的一次，则是2014年9月13日，上调阿胶出厂价53%。

对于东阿阿胶屡屡提价，不少市场人士认为这是"自杀"，频频提价的结果，是将市场拱手让人。一个佐证是，近年来，除山东本土的山东福胶集团扩产外，同仁堂、太极药业、佛慈制药等一批上市公司也纷纷加码阿胶行业。

"不少人认为我们这是将市场拱手让人，实际上我是期待更多的企业加入这个行业。"东阿阿胶总裁秦玉峰对记者说。近年来驴皮供应紧张，导致阿胶竞争压力加剧，其深层次的问题是，必须将阿胶的产业链建好，发展养驴产业。

东阿阿胶近年来不断加大养驴基地的投入，目前内蒙古的百万头毛驴养殖基地已经形成一定规模。让秦玉峰高兴的是，大部分阿胶生产企业已经开始跟进，太极药业也已经开始在内蒙古筹建养驴基地。"养驴产业的问题，实际上是阿胶行业的生死问题。"秦玉峰告诉本报记者，前些年毛驴存栏量逐年下降，如果没有企业参与到养驴产业的发展中，接下来阿胶行业就是消失。

在秦玉峰的心目中，竞争者实际上就是基础市场的维护者，用他的话说就是"借势行业主导，加强引领竞争"。

从2006年出任东阿阿胶总裁开始，秦玉峰便将包括啤酒产业在内的诸多看上去盈利能力很强的产业彻底放弃，实施单焦点多品牌的聚焦战略，专注于阿胶。让秦玉峰自豪的是，2013年东阿阿胶已经成为OTC市场销售额最大的单品。

"任何一家企业，只有成为行业的真正领先者，才具备了真正的竞争优势，东阿阿胶的战略无疑是正确的。聚焦一个行业，有助于实现行业主导，构筑经营壁垒。相反，进入多行业领域，进入别人把持的领域，会被竞争者主导，被别人的标准牵制，被已有壁垒阻滞。"特劳特（中国）战略定位咨询公司品牌研究总监李湘群分析道。

资料来源 佚名. 东阿阿胶5年9次涨价 [EB/OL]. [2014-10-23]. http://www.cmmo.cn/article-185908-1.html.

思考：
（1）影响东阿阿胶产品定价的因素有哪些？
（2）试分析东阿阿胶产品定价的效果。

讨论分析：

个人：请每位同学首先搜集相关资料，在固定的学习笔记本上列出影响东阿阿胶产品定价的因素和效果，并进行分析。

小组：请同学每6个人为一小组，各自发表看法，然后小组成员共同讨论，形成小组意见，准备在班级交流。

班级：每个小组推选一位代表在班级交流，陈述本组见解。

老师：在黑板上把各小组分析的影响东阿阿胶产品定价的因素做简要记录。各小组陈述完毕后，老师结合各小组的内容进行总结，明确影响东阿阿胶产品定价的因素。

三、企业定价的目标

企业定价有很多的目标，不同的企业在不同的时期、不同的业务部门会有不同的目标。一个公司或一个部门对它的目标越清楚，它制定价格就越容易。一般而言，主要有以下几个目标：最大利润定价、最大市场占有率定价、打击竞争对手、维护企业形象和维持生存等目标。

（一）最大利润定价

最大利润定价目标是指企业追求在一定时期内获得最高利润额。利润额最大化取决于合理价格所推动的销售规模，因而，追求最大利润的定价目标并不意味着企业要制定最高单价。最大利润既有长期和短期之分，又有企业全部产品和单个产品之别。

（二）最大市场占有率定价

最大市场占有率定价目标也称市场份额目标，即把保持和提高企业的市场占有率（或市场份额）作为一定时期的定价目标。市场占有率是一个企业经营状况和企业产品在市场上竞争能力的直接反映，关系到企业的兴衰存亡。较高的市场占有率，可以保证企业产品的销路，巩固企业的市场地位，从而使企业的利润稳步增长。

（三）打击竞争对手

如果企业具备雄厚的实力和优越的条件，可以主动出击打击竞争对手，获取更大的市场份额。实力较强的企业主动挑战竞争对手，扩大市场占有率，可采用低于竞争者的价格出售产品；实力雄厚并拥有特殊技术或产品品质优良或能为消费者提供更多服务的企业，可采用高于竞争者的价格出售产品；为了防止其他竞争者加入同类产品的竞争行列，在一定条件下，往往采用低价入市，迫使弱小企业无利可图而退出市场或阻止竞争对手进入市场。

（四）维护企业形象

企业形象是企业的无形财产，为了维持企业形象，定价目标要考虑价格水平是否与目标顾客的需求相符合，是否有利于市场定位的实施。

（五）维持生存

当企业面临生产力过剩、激烈竞争或消费者的需求改变时，则把维持生存作为其主要目标。

【教学互动4-2】

互动内容：

企业制定价格就是要盈利，这种说法对吗？

互动要求：

（1）结合有关企业定价的知识，发表个人见解，也可以和你的同伴简单沟通后回答。

（2）教师对学生的回答进行点评。

做一做

【营销训练4-2】

体验产品定价

背景与情境：

请选择服饰、钟表、食品等行业的典型产品，分析影响其定价的因素，确定其定价的方法，明确其定价的目标。

【训练目标】

通过产品定价分析的实际体验，掌握影响产品定价的因素，运用产品定价的方法，明确定价的目标，进一步培养自己与人沟通、与人交流、解决问题的能力。

【操作流程】（如图4-4所示）

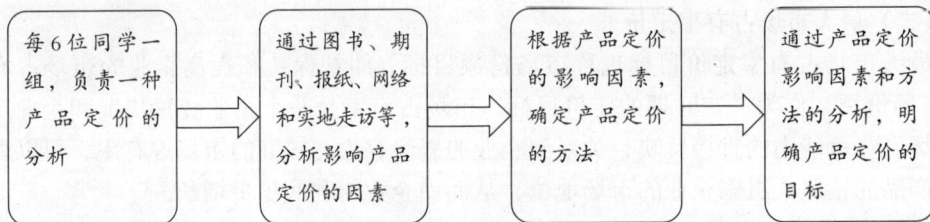

| 每6位同学一组，负责一种产品定价的分析 | → | 通过图书、期刊、报纸、网络和实地走访等，分析影响产品定价的因素 | → | 根据产品定价的影响因素，确定产品定价的方法 | → | 通过产品定价影响因素和方法的分析，明确产品定价的目标 |

图4-4 体验产品定价操作流程图

【成果形式】

关于××产品定价的分析课业报告。

【效果评价】（见表4-2）

表4-2   体验××产品定价的评分表

评价指标（分值）	标准	小组自评（30%）	小组互评（30%）	教师评分（40%）	最后得分（分）
调查典型产品定价的表现（20分）	调查典型产品的定价环境（主要包括企业自身、消费者和竞争对手）（每调查一项给6分，最多20分）				
产品定价分析过程的体验（30分）	结合调研结果，对典型产品定价的影响因素、定价方法和定价目标进行分析（每项10分）				
产品定价分析的课业报告（30分）	格式规范；内容完整；定价分析明确；过程说明清晰；成果展示有特色（每小项6分）				
产品定价分析体验活动中的表现（20分）	从活动准备、与人交流、与人合作、问题解决、信息处理等方面进行评价（每小项4分）				
合计（100分）					
老师评语				签名：　　　　日期：	
学生意见				签名：　　　　日期：	

▶ 任务三　发挥广告威力

【任务目标】

● 知识目标：学习和把握广告策划的流程；掌握广告创意的形式、广告媒体的选择和广告效果的评价。

● 能力目标：通过学习训练，提高对营销策划中广告策划的操作能力。

● 素养目标：在案例学习和实践训练等活动中，让同学们在广告策划过程中关注营销职业道德和营销伦理问题；培养同学们与人合作、自我学习的能力。

【任务导入】

广告的威力

背景与情境：

随着三伏天的到来，全国各地迎来了今年最大强度的高温天气。2014年8月2日，在中国传统的"七夕"情人节，北京地铁1号线列车惊现逼真的3D"沙滩"和"海浪"。逼真的3D图画，给整列地铁营造出海边的蓝天和沙滩环境，让人犹如置身大海。该广告创意来自统一企业旗下的国内首款海盐果味饮料——海之言。

一走进车厢，浓浓的海洋气息便扑面而来。无论从车厢地面到天花板，还是从车门到车窗，都被一片亦真亦幻的3D海洋沙滩场景所包围，令人仿佛置身于大海之内。在炎热的夏季，给踏上这辆列车的乘客带来了不一样的感受，并吸引了众多乘客的围观和合影拍照。

8月份的北京，已经进入"烧烤"模式，持续高温不下的天气让人心情不安和烦躁。而地铁1号线"海洋列车"的创意，尤其是那些逼真的沙滩、海浪，加上车厢内本身的空调，令人犹如感受到吹来一丝丝凉爽的海风，酷热一扫而光，顿时让心情也凉爽和放松下来。

资料来源 佚名. 北京惊现海洋列车，海之言刮起海扫酷热旋风 [EB/OL]. [2015-07-22]. http：//www.meipo360.com/html/Article/2015/0722/2015072217232770.shtml.

思考：

（1）海之言公司的海洋列车广告对其产生了哪些影响？

（2）如何理解海洋列车广告的广告创意、广告市电和广告媒体的选择？

◎ 学一学

一、广告策划的实施过程

广告策划，实际上是对广告活动过程进行的总体策划，是流程的控制和实施。广告策划的实施过程，如图4-5所示。

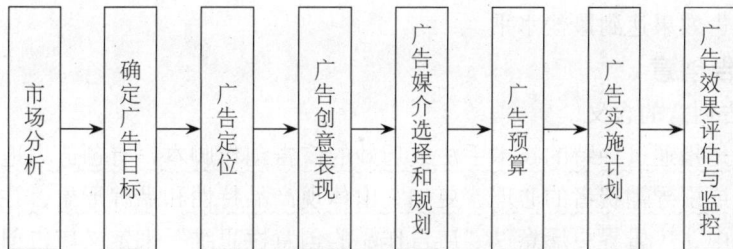

图4-5 广告策划流程图

（一）市场分析

广告市场分析基于市场调查，通过一系列的定量和定性分析得出本企业和竞争对手在市场的地位，为后续的策划工作提供依据。

（二）确定广告目标

广告活动要有广告目标，并且尽可能是可测量的。广告目标通常要明确三个问题：

其一，市场占有率提高的百分比及销售额或销售量提高的百分比。

其二，广告活动后，企业或产品的知名度及美誉度提高的百分比。

其三，消费者对企业品牌和产品形象认同感提高的百分比。

广告目标的确立要在理性和感性、长期和短期等目标的选择中取得均衡。

（三）广告定位

通过广告定位可以为企业塑造与众不同的形象，从而使消费者形成品牌忠诚。

（四）广告创意表现

广告创意表现是对广告定位的反映，良好的广告创意表现可以使企业形象和品牌形象在公众心目中更加清晰化。

（五）广告媒介选择和规划

广告媒介选择要针对既定的目标受众人群，在一定的预算约束条件下利用各种媒体，把广告信息有效地传递给目标受众人群。广告媒介规划主要包括媒体的选择、广告发布的日程和广告方式的确定等内容。

（六）广告预算

广告是一种付费活动，如果不对广告活动进行科学合理的预算，广告费将不能得到有效的控制。广告预算的制定会受到各方面因素的制约，如产品生命周期、竞争对手、广告媒介和发布频率以及产品的可替代性等。

（七）广告实施计划

广告实施计划是在上述各主要内容的基础上，为广告活动的顺利实施而制定的具体措施和手段。广告实施计划的主要内容包括：广告应在什么时间、什么地点发布出去，发布的频率如何；广告推出应采取什么样的方式；广告活动如何与企业整体促销策略相配合等内容。

（八）广告效果评估与监控

广告发布出去之后，要衡量是否达到广告的目的，就要对广告效果进行全面的评估与监控。通过广告效果的评估，可以了解到消费者对整个广告活动的反应，对广告主题是否突出、诉求是否准确有效以及媒体组合是否合理等结果做出科学判断，然后通过反馈和修正使广告效果达到最佳水平。

二、广告创意

（一）广告创意的含义

广告创意是指通过独特的技术手法或巧妙的广告创作脚本，有创造力地表达出品牌内涵，以迎合或引导消费者的心理，更加突出体现产品特性和品牌形象，并以此促进产品销售。现实中，广告界更愿意以"广告作品的创意性思维"来定义广告创意。

从广告创意的含义来看，广告创意首先是广告策略的表达，其目的是创作出有效的广告，促成购买；其次，广告创意是创造性的思维活动，必须以消费者心理为基础，这是创意的本质特征；品牌（市场）定位是广告创意的前提，定位先于广告创意，广告创意是定位的表现。广告是使顾客了解本产品的途径，其最终作用是使顾客通过广告购买产品，促成交易的达成。

（二）广告创意的原则

1.新奇性原则

新奇是广告作品引人注目的奥秘所在，也是一条不可忽视的广告创意规律。有了新奇，才能使广告作品波澜起伏、引人入胜；有了新奇，才能使广告主题得到深化、升华；有了新奇，才能使广告创意远离自然主义，向更高的境界飞翔。

2.内涵性原则

吸引人们眼球的是形式，打动人心的是内容。独特醒目的形式必须蕴含耐人思索的深邃内容，才能拥有吸引人一看再看的魅力。这就要求广告创意不能停留在表层，而要使"本质"通过"表象"显现出来，这样才能有效地挖掘读者内心深处的渴望。

3.简单性原则

一个好的广告创意表现方法包括二个方面：清晰、简练和结构得当。简单的本质是精练化。广告创意的简单，除了从思想上提炼，还可以从形式上提纯。简单明了绝不等于无须构思的粗制滥造，构思精巧也绝不意味着高深莫测。平中见奇、"意料之外，情理之中"往往是传媒广告人在创意时渴求的目标。

4.情感性原则

随着产品同质化的严重，消费者对产品的需求从功能性满足上升到情感满足和个人价值的实现上。因此，相对于理性诉求的广告，情感性诉求的广告更能迎合消费者，吸引消费者。也正因为这样，情感性诉求的广告着眼于消费者的情绪或情感反应，传达出商品带给他们的附加值或情绪上的满足，使消费者形成积极的品牌态度。

（三）广告创意的表现形式

1.夸张表现

把握商品中最有特征的部分，抓住一点，不遗余力地加以夸张，使其特征更加鲜明、更加突出。夸张是在"一般中求新奇"，通过虚构，把对象的特点和个性中"美"的方面进行夸大，赋予人们一种新奇与变化的情趣。通过夸张手法的运用，为广告的艺术美注入了浓郁的感情色彩，使产品的特征鲜明、突出、动人。

2.比喻表现

比喻就是平常说的打比方。用某一物象或情景来比喻产品，使产品形象更深刻易记。比喻是在设计过程中选择两个各不相同，而在某些方面又有些相似性的事物，比喻的事物与主题没有直接的关系，但是在某一点上与主题的某些特征有相似之处。因而，可以借题发挥，进行延伸转化，从而获得艺术表现的效果。

3.联想表现

使用与产品有关联的形象，引起消费者"由此及彼"的联想，这种联想在人们的审美心理活动中，往往起到很重要的作用。一幅作品，留给观众可供联想的空间越广阔，越使人有看头，感到言有尽而意无穷。例如，要表现儿童用品，便会使用到幼苗、花朵、米老鼠、小动物、童话故事及天真活泼孩子们的形象等。

4.象征表现

用一种形象，去表达某种寓意，例如以鸳鸯象征爱情、桃子象征长寿、鱼象征年年有余、牡丹花象征繁荣富强、橄榄叶象征和平等。

5.突出表现

运用各种方式抓住、强调产品的主题本身与众不同的特征，并把它鲜明地表现出来。将这些特征置于广告画面的主要视觉部位或加以烘托处理，使观众在接触画面的瞬间很快地感受到，并对其产生视觉兴趣，以达到刺激购买欲望的促销目的。

6.写实表现

用写实的绘画技法，对商品的造型、色彩、质感、体积等作深层的描绘。为达到理想的效果，作者可进行加工、提炼，使广告形象更完美、更真实。这种表现可使广告具有真实感、可信感，从而达到较好的宣传效果。

7.重复表现

重复表现是指将相同的元素或相似的元素重复排列，以增强视觉效果，形成一定的韵律，去突出主题形象。

三、广告媒体选择

"媒体"一词源自于英文中的"Media"。从传播学角度看，媒体通常是指传达、增大、延长人类信息的物质形式。被运用于向消费者传递广告信息的媒体，就是广告媒体。广告媒体能够及时、准确地把广告主的商品、劳务和观念等方面的信息传送给目标消费者，刺激其需求，指导其消费，还能够唤起受众人群对媒体的兴趣。

（一）广告媒体的分类

广告媒体可以分成很多类。根据受众规模的不同，把传统媒体分为大众传播媒体和小众传播媒体两大类。随着科学技术的进步，新媒体崛起后成为传播广告信息的一支生力军。

1.大众传播媒体

大众传播是社会媒介组织通过文字（报纸、杂志、图书）、电波（广播、电视）、电影、电子网络等大众传播媒介，向社会大众公开地传递信息。大众传播媒体主要是指报纸、杂志、广播、电视、电影等媒体。特别是前四种，是广告传播活动中最经常运用的媒体，通常被称为四大广告媒体。

2.小众传播媒体

小众传播媒体相对于大众传播媒体，传播范围小，受众人群少，故称为小众传播媒体。小众传播媒体由于受众人群的针对性，往往可以直接影响消费者的购买行为。进行促销，能够弥补和配合大众传播媒介的传播活动。小众传播媒体包括户外媒体、销售点媒体、交通媒体，还包括直邮和电话等广告媒体。

（1）户外广告。户外广告是指设置在室外的广告，其传播主旨鲜明、形象突出、主题集中、引人注目，能够不受时间的限制；但是，到达对象有限，传递信息量有限。

（2）销售点广告。在商店、建筑物内外，能够促进销售的广告物，或其他提供有关商品信息、服务、指示、引导的标志，如店内悬挂物、橱窗陈列物、产品特征标示物和散发的海报等等，都称为销售点广告或销售现场广告，简称POP广告。

（3）直邮广告。直邮广告的英文为Direct Mail Advertising，简称DM，也称为邮政广告和函件广告。其直接通过邮件的方式发送通知、广告等信息，它的特点简单地说就是："定位准确、成本低、见效快。"

（4）交通广告。利用公交车、地铁、飞机、船舶等交通工具及其周围的场所等媒体做广告，这就是交通广告。

（5）黄页广告。黄页广告被称为定向媒体，黄页广告会告诉目标受众人群到哪里可以买到该产品或其服务。

（6）植入广告。植入广告是把产品及具有代表性的品牌符号融入影视或舞台作品中的一种广告方式。植入广告是随着电影、电视、游戏等发展而兴起的一种广告形式，把商品融入这些娱乐方式的做法，往往会达到潜移默化的宣传效果。

（7）电话广告。电话广告具有即时性、直接性和机密性，它没有版面的限制，同时还有双向沟通的优势。

3.新媒体

新媒体（New Media）是一个相对的概念，是在报刊、广播、电视等传统媒体以后发展起来的新兴媒体形态。新媒体利用数字技术、网络技术，通过互联网、宽带局域网、无线通信网、卫星等渠道，以及电脑、手机、数字电视机等终端，向用户提供信息、娱乐和服务的传播。

新媒体具有交互性与即时性、海量性与共享性、多媒体与超文本、个性化与社群化等特征。它迎合了人们休闲、娱乐、时间碎片化的需求。由于工作与生活节奏的加快，人们的休闲时间呈现出碎片化倾向，新媒体正是迎合了这种需求而生的，其满足了随时随地地互动性表达、娱乐和信息传递的需要。

（二）广告媒体选择的影响因素

1.产品特征

各种产品的性能特点、使用价值和流通范围都不尽相同，因此对媒体的选择也有所不同。如生产资料、耐用消费品等需要向消费者作详细的文字说明，以便告知产品的结构、性能、使用规范等，可选用报纸、杂志等平面媒体；品种规格繁多的时装、日用品等则宜选择图文并茂、声像并举的电视、网络等媒体，向消费者直接展示产品的性能、效果和用途，以求达到效果立体、直观、形象。

2.目标市场

目标市场是进行媒体选择需要重点考虑的因素。目标市场的不同会有不同的消费行为，消费行为的不同决定了目标市场接触广告媒体的不同。因此，在选择广告媒体时要充分考虑目标市场的差异。如农药的消费群体集中在农村地区，通过互联网等传播方式就不十分合适，而墙体广告或流动性较强的宣传单式广告就更有效。

3.广告媒体的数量和质量

这里的数量和质量主要是指媒体接触面、频率和影响力。例如，一般而言，中央电视台的媒体接触面和影响力就远远大于地方电视台，因此，选择中央电视台投放广告的效果更好。

4.企业的支付能力

广告是一种有偿的促销活动，并且各种媒体的收费标准也有所差别。因此，广告主应该从自己的支付能力出发，从产品的可能消费量和消费范围中，选择费用与效果相适应的媒体，避免出现因超出自己支付能力去投放广告而导致负债倒闭的悲剧结局。一般来说，竞争力和支付能力强的企业，可选择宣传范围广、影响力大的媒体；中小型企业宜选择一种或少数几种收费低而有效的媒体。

案例解析4-2

未来的广告是按"人"卖的

背景与情境：

"我知道我的广告费有一半都浪费了，可我不知道浪费的是哪一半。"在过去，这被认为是一个无法解决的难题。今天，随着互联网广告投放技术和数据应用技术的不断提高，被浪费的那一半钱正在不断地被找回。

现在大数据应用技术可以做到"推荐的就是你喜欢的或者需要的"。比如，推广一种药品，不需要每个人都看到我的广告，只要那些有这样症状或者生这种病的人看到就行，否则就是浪费。通过分析大数据，你将知道应该跟谁讲什么话，不该跟谁讲什么话。

对于消费者，这是广告体验的提升；对于广告主，这是成本的节省；对于提供广告平台的媒体，则是流量变现的满足。大数据的精准应用，能让整个营销链的每一方都高兴。原来广告是按天卖的，而现在数据能够为每个人打上标签，标注人群的属性和兴趣，所以整个互联网广告行业都在往程序化的方向发展。也就是说，以后的广告都是针对"人"的交易。对于广告费来说，我选中这个人一次，就付一次钱；你可以给我推荐一万人，但我只选择其中的八千人，剩下的两千人我认为不是我的受众人群，可以不需支付广告费。这种程序化的购买，会让广告效果变得更好，让数据的力量体现得更加淋漓尽致，这就是一个优选的过程。

思考：

新媒体和大数据技术的应用对广告媒体的选择产生了什么影响？

讨论分析：

个人：请每位同学首先搜集相关资料，在固定的学习笔记本上列出新媒体和大数据技术的应用对广告媒体的选择产生的影响和对应的相关资料，并进行分析。

小组：请同学每6个人为一小组，各自发表看法，然后小组成员共同讨论，形成小组意见，准备在班级交流。

班级：每个小组推选一位代表在班级交流，陈述本组见解。

老师：在黑板上，把各小组分析的新媒体和大数据技术的应用对广告媒体的选择产生的影响做简要记录。各小组陈述完毕后，老师结合各小组内容进行总结。

资料来源 佚名. 未来的广告是按"人"卖的 [EB/OL]. [2015-05-03]. http://www.cmmo.cn/article-190917-1.html.

做一做

【营销训练4-3】

体验广告策划

背景与情境：

请选择服饰、钟表、食品等行业的典型产品，结合STP策划和产品整体概念的分析，走访该产品的市场营销人员，分析目标市场的消费行为，对选择的产品进行广告创意策划、广告媒体选择、广告预算安排。

【训练目标】

通过广告策划的实际体验，了解广告策划的流程，熟悉广告创意的方法和形式，掌握广告媒体的分类及其选择的影响因素，进一步培养自己与人沟通、与人交流、解决问题的能力。

【操作流程】（如图4-6所示）

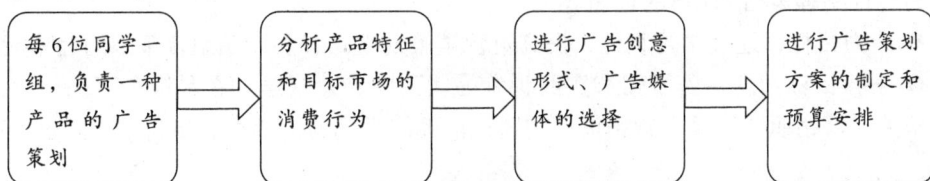

图4-6 体验广告策划操作流程图

【成果形式】

关于××产品广告策划体验的课业报告。

【效果评价】（见表4-3）

表4-3　　　　　　　××产品广告策划体验的评分表

评价指标（分值）	标准	小组自评（30%）	小组互评（30%）	教师评分（40%）	最后得分（分）
调查产品和消费行为的表现（20分）	选择服饰、钟表、食品等行业的典型产品，调查产品的特征和消费行为等广告策划的影响因素（每调查一项给10分，最多20分）				
广告创意（20分）	结合调研结果，对典型产品进行广告创意形式的选择（广告创意和广告创意形式分别占10分）				

营销策划

续表

评价指标 （分值）	标准	小组自评 （30%）	小组互评 （30%）	教师评分 （40%）	最后得分 （分）
广告媒体选择 和预算安排 （20分）	结合调研结果和广告创意形式，进行媒体选择和预算安排（每项10分，共20分）				
广告策划课业 报告 （20分）	格式规范；内容完整；广告策划分析明确；过程说明清晰；成果展示有特色 （每小项4分）				
广告策划体验 活动中的表现 （20分）	从活动准备、与人交流、与人合作、问题解决、信息处理等方面评价（每小项4分）				
合计（100分）					
老师评语		签名： 日期：			
学生意见		签名： 日期：			

▶ 任务四　实行产品品牌化、系列化

【任务目标】

● 知识目标：理解营销策划中的品牌定义；掌握产品组合策划；能够结合产品组合策划进行品牌策略和 CIS 的运用。

● 能力目标：通过学习训练，提高对营销策划中品牌和产品组合策划的运用能力。

● 素养目标：在案例学习和实践训练等活动中，让同学们在品牌和产品组合策划过程中关注营销职业道德和营销伦理问题；培养同学们与人合作、自我学习的能力。

【任务导入】

宛西集团的品牌策略

背景与情境：

宛西集团实现"仲景"品牌化和产品系列化。2009年3月11日，宛西集团董事长孙耀志宣布推出"仲景牌"香菇酱。宛西集团所在的西峡，有"中国香菇之乡"的美誉，出口量占全国出口量的1/3，"仲景牌"香菇酱以西峡香菇做原料，独创香菇专利发酵技术，锁住香菇的营养，保证了香菇自然的鲜香。

虽然"仲景牌"香菇酱在产品品类里抢了先，但是要让消费者快速地接纳该产品，却需要合理的品牌策略。"仲景牌"六味地黄丸等药品有着被广大消费者深度认知的"药材好，药才好"做药理念，那么突出原料的优质，可以起到很好的品牌延伸作用。仲景做酱用料地道，品质肯定差不了。"300粒香菇，21种营养"为"仲景香菇酱，真香真营养"的品牌口号找到了有力的支撑。

资料来源　娄向鹏. 仲景香菇酱小产品大未来 [EB/OL]. [2011-09-14]. http://www.cmmo.cn/article-61539-2.html.

思考：

（1）宛西集团采用的品牌策略是什么？

（2）宛西集团的产品组合策略有哪些？

（3）宛西集团通过品牌化和产品系列化起到了哪些效果？

🅥 学一学

随着竞争的加剧和技术的发展，产品同质化程度越来越高。竞争的层次逐步由产品实物形态的竞争，过渡到产品所附着的文化和精神层次的竞争，而品牌恰恰是产品精神和文化的很好载体，品牌策划于是就成为营销策划中的重要一环。

一、品牌策划

（一）品牌的概念

1.品牌的定义

品牌是一种名称、术语、标记、符号或图案，或是它们的相互组合，用以识别企业提供给某个或某一群消费者的产品或服务，并使之与竞争对手的产品或服务相区别。

2.与品牌相关的概念

（1）品牌符号。品牌符号是区别产品或服务的基本手段，包括名称、标志、标准色、口号、象征物、代言人、包装等。这些识别元素形成一个有机结构，对消费者施加影响。它是形成品牌概念的基础，成功的品牌符号是公司的重要资产，在品牌与消费者的互动中发挥作用。

（2）品牌形象。品牌形象是指消费者基于能接触到的品牌信息，经过自己的选择与加工，在大脑中形成的有关品牌的印象总和。

（3）品牌文化。品牌文化是指品牌在经营中逐步形成的文化积淀，代表了企业和消费者的利益认知、情感归属，是品牌与传统文化以及企业个性形象的总和。

（4）商标。**商标**是一种法律用语，是具有显著特征的标志。商标由文字、图形或者其组合构成。在商标右上角加注圆圈 R，是"注册商标"的标记，表示该商标已在国家商标局进行注册申请并已经商标局审查通过，成为注册商标。在商标右上角加注的 TM 也是商标符号，但不一定已经注册。TM 是英文 Trademark 的缩写，它与 R 不同，TM 表示的是该商标已经向国家商标局提出申请，并且国家商标局也已经下发了"受理通知书"，进入了异议期，这样就可以防止其他人提出重复申请，也表示现有商标持有人有优先使用权。商标与品牌既有密切联系又有所区别，严格地说，商标是一个法律名词，而品牌是一种商业称谓，品牌要注册成商标必须具备法律规定的条件。

3.品牌策略

（1）品牌化策略。品牌化策略是指企业决定是否使用品牌的策略。在当前很少有企业使用无品牌的策略，除非当使用品牌的成本高于使用品牌所获得的收益时，无品牌策略才会被采用。

（2）品牌使用者策略。品牌使用者策略是指企业决定使用谁的品牌的策略，例如，企业决定使用本企业（制造商）的品牌，还是使用经销商的品牌，或两种品牌同时兼用。通常，品牌是制造商的产品标记，近年来，经销商的品牌日益增多。西方国家许多享有盛誉的百货公司、超级市场、服装商店等都使用自己的品牌，有些著名商家（如美国的沃尔玛）经销的很多商品都使用自己的品牌。

制造商品牌和经销商品牌之间的竞争，本质上是制造商与经销商之间实力的较量。在制造商具有良好的市场声誉，拥有较大市场份额的条件下，多使用制造商品牌，无力经营自己品牌的经销商只能接受制造商品牌。相反，当经销商品牌在某一市场领域中拥有良好的品牌信誉及庞大的、完善的销售体系时，利用经销商品牌也是有利的。

（3）品牌数量策略。品牌数量策略是企业决定使用多少个品牌的策略。

①个别品牌策略。个别品牌策略是企业为其生产的不同产品分别使用不同的品牌。采用个别品牌策略，为每种产品寻求不同的市场定位，有利于增加销售额和对抗竞争对手，还可以分散风险，使企业的整个声誉不致于因某种产品表现不佳而受到影响。

②统一品牌策略。统一品牌策略是企业生产经营的所有产品均使用同一个品牌。对于那些享有高声誉的著名企业，全部产品采用统一品牌名称策略可以充分利用其名牌效应，使企业所有产品畅销。同时，企业宣传介绍新产品的费用开支也相对较低，有利于新产品进入市场。

③分类品牌策略。分类品牌策略是企业依据一定的标准将其产品进行分类，并分别使用不同的品牌。企业使用这种策略，一般是为了区分不同大类的产品，一个产品大类下的产品再使用共同的品牌，以便在不同大类产品领域中树立各自的品牌形象。

④企业名称加个别品牌策略。企业名称加个别品牌策略是企业生产经营的各种不同的产品分别使用不同的品牌，且每个品牌之前都冠以企业的名称。进行新产品开发时，企业可采用此种策略。在新产品的品牌名称上加上企业名称，可以使新产品享受企业的声誉，而采用不同的品牌名称，又可使各种新产品显示出不同的特色。

（4）品牌延伸策略。品牌延伸策略是企业利用其成功品牌的声誉来推出改进产品或新产品。品牌延伸并非只借用表面上的品牌名称，而是对整个品牌资产的策略性使用。推出新产品时使用新品牌或延伸旧品牌是企业必须面对的品牌决策。品牌延伸一方面在新产品上实现了品牌资产的转移，另一方面又以新产品形象延续了品牌寿命，因而成为企业的现实选择。

品牌延伸具有减少新产品的市场风险、强化新产品的品牌效应和注入品牌时尚元素等优点；但是，也存在有悖于消费者固有的心理和品牌认知模糊化等不利因素。

（5）多品牌策略。多品牌策略是企业对同一类产品使用两个或两个以上的品牌。应用多品牌策略的企业可能同时经营两种或两种以上相互竞争的品牌，多品牌策略虽然会使原有品牌的销售量减少，但几个品牌加起来的总销售量却可能比原来一个品牌时要多。

这种策略由宝洁公司首创。一种品牌树立之后，容易在消费者当中形成固定的印象，不利于产品的延伸，尤其是像宝洁这种横跨多种行业、拥有多种产品的企业更是如此。多品牌策略的最佳结果应是企业的品牌逐步挤占竞争者品牌的市场份额，或多品牌策略所增加的利润应大于因为相互竞争所造成的利润损失。

（6）品牌重新定位策略。品牌重新定位策略是指由于某些市场情况发生变化，企业对产品品牌进行重新定位。当竞争者品牌逼近，使企业品牌的独特性逐渐消失，或消费者转向其他品牌时，即使某一个品牌在市场上的最初定位很好，随着时间的推移也必须重新定位，赋予品牌新的内涵。

二、企业形象策划

企业形象策划又名企业识别系统，**企业识别系统（Corporate Identity System）**简称CIS，是运用统一的识别设计来传达企业特有的经营理念和活动，从而提升和突出企业形象。使企业形成自己内在独特的个性，最终增强企业整体竞争力。企业形象策划是品牌建设的重要组成部分，通过企业识别系统的建立可以对品牌形象起到立竿见影的效果。

（一）企业形象策划的组成部分

企业形象策划的直接目标是塑造统一的系统的企业形象，突出企业自身特点。企业形象策划的最终目标是通过树立统一化的企业形象，从而提高企业的整体竞争力。它由以下三个方面的要素构成：理念识别（Mind Identity，MI）、行为识别（Behavior Identity，BI）、视觉识别（Visual Identity，VI）。

（二）企业形象策划中的理念识别系统

理念识别是企业识别系统的精神内涵，是企业文化的经典概括。企业理念相当于企业的"脑"，用以规范企业日常的行为和管理，指导企业长远的发展。

（三）企业形象策划中的行为识别系统

企业行为识别是企业在内部协调和对外交往中应该遵守的规范性准则。这种准则具体体现在全体员工的日常行为中。员工的行为举动应该是一种企业行为，能反映出企业的经营理念和价值取向，而不是独立的随心所欲的个人行为。企业的行为识别是企业处理和协调人、事、物的动态运作系统，是一种动态的识别形式。它通过各种行为或活动将企业理念进行执行和实施。

（四）企业形象策划中的视觉识别系统

视觉识别是企业所独有的一整套识别标志，是企业理念识别的外在的、形象化的表现。视觉识别系统由两大要素组成，一为基础要素，它包括企业名称、企业标志、标准字体、企业标准用色等内容；二为应用要素，即上述要素经规范组合后，在企业各个领域中的展开运用。诸如办公用品、建筑及室内外环境、衣着服饰、广告宣传、产品包装、展示陈列和交通工具等。

案例解析4-3

品牌建设的有效工具——视觉锤

背景与情境：

随着营销实践以及对消费心理研究的不断深入，人们发现，消费者的大脑分为左脑和右脑两个部分，右脑负责处理视觉信息，左脑负责处理文字信息，两者相互影响。而视觉往往先于文字被大脑接受，最容易留下深刻的印象。

视觉锤理论诞生于高度竞争的市场中，产生在屏幕化视觉时代对定位成功的新案例的提炼。视觉锤的战略价值，是帮助品牌用最简洁、最快速的方式进入心智。视觉锤不能像普通设计公司设计一个Logo那么机械式地理解，而是可能蕴含在广告里、包装里，甚至植入产品。

作为中国碱性电池的第一品牌，南孚占据碱性电池市场70%的份额。作为品类领导者，它通过"1∶6，一节更比六节强"这个电视里的动态视觉锤，成功地将品牌定位为"耐用电池"，而反定位普通碳性电池为不耐用的电池品类。更为难得的是，他们创造出了"聚能环"这个植入产品的可视化的差异点，使品牌在产品层面得以视觉化地体现出来。

白加黑在感冒药大品类里开创日夜分服，受到了广大消费者的喜爱以及医药专家的推荐。白天的感冒药不添加使人感到有睡意的成分，保证工作、学习的效率；晚上添加一些有助于睡眠的成分，提高睡眠质量。"黑白药片"成为其视觉锤，它形象而生动地传达了这种新型感冒药的治疗理念。

每到2月14日情人节，在全国大小媒体上你都能看到"此刻尽丝滑"的德芙巧克力广告。德芙抢先占据巧克力品类的第一属性——丝滑，丝滑是一种味觉体验，怎样能使消费者感知？德芙选用了一块褐色的丝绸作为视觉锤，在电视动态画面和杂志静态画面上，利用丝绸的柔美动态，充分展示巧克力在舌尖上的丝滑感受。

资料来源　李亮. 如何理解视觉锤［EB/OL］.［2013-03-27］. http：//www.cmmo. cn/article-134826-1.html.

思考：

（1）企业品牌体现在哪些方面？

（2）通过案例，分析视觉识别、行为识别和理念识别之间的关系。

讨论分析：

个人：请每位同学首先搜集相关资料，在固定的学习笔记本上列出VI、BI和MI三者之间的关系，并进行分析。

小组：请同学每6个人为一小组，各自发表看法，然后小组成员共同讨论，形成小组意见，准备在班级交流。

班级：每个小组推选一位代表在班级交流，陈述本组见解。

老师：在黑板上把各小组分析的要点做简要记录。各小组陈述完毕后，老师结合各小组内容进行总结，明确VI、BI和MI三者之间的关系。

三、产品组合策划

产品组合是一个企业在一定时期内生产经营的各种不同产品的组合。产品组合策划就是企业根据市场需求、竞争形势和企业自身能力对产品组合的宽度、长度、深度和相关性方面做出的决策。

通常产品组合的策略大体分为四种：一是扩大产品组合策略，就是开拓产品组合的宽度和加强产品组合的深度；二是缩减产品组合策略，就是削减产品线或产品项目，特别是要取消那些获利小的产品，以便集中力量经营获利大的产品线和产品项目；三是向上延伸策略，就是在原有的产品线内增加高档次、高价格的产品项目；四是向下延伸策略，就是在原有的产品线中增加低档次、低价格的产品项目。四种策略的优缺点见表4-4。

表4-4 产品组合策略分析表

产品组合策略	策略的优点	策略的缺点
扩大产品组合策略	满足不同消费者的需要、提高占有率 完善产品系列、扩大市场规模 分散风险	不利于专业化 较高的投资水平
缩减产品组合策略	集中企业有限资源 有利于生产的专业化 提高单个产品的生产效率和质量	选择不当易加大经营风险 不能满足不同消费者的需要
向上延伸策略	提高企业的整体形象 获得较高的利润 提高企业的技术和管理水平	企业的固有形象不易改变 较高的投资水平
向下延伸策略	可借助原有的品牌形象 增加销售额、扩大市场占有率 完善产品系列	处理不当会影响原有好的品牌形象

◉ 做一做

【典型业务实例4-2】

盼盼食品多品牌、多品类策略抢占更多市场

背景与情境：

盼盼食品多年来一直致力于产品研发和技术创新，相继生产了"盼盼"牌薯片、麦香鸡味块等系列膨化食品；"盼盼"牌法式面包系列、铜锣烧、瑞士卷、软华夫、梅尼耶干蛋糕等烘焙食品以及重磅打造了子品牌"艾比利"系列产品，又重金打造了盼盼饮料大品类。凭借其多品牌、多品类的发展策略，盼盼食品发展势头被人看好。

盼盼食品集团营销负责人认为：中国市场巨大，在保证品质的前提下，依靠盼盼当前的品牌影响力，再加上完善的营销模式，通过认真运作，相信盼盼的产品一定可以产生很大的销量。在多品牌、多品类的宏观策略下，深挖单品价值，强势抢占市场。为实现产品突围，盼盼食品采用密集的品牌轰炸与有效的地面终端推进并相互配合的复合式营销策略，聘请众多当红明星为品牌代言人，有策略性地投放电视广告。同时，盼盼食

品还特别注重与消费者的交流，通过门户、视频网站以及微博、微信平台开展互动，以加强与目标消费者之间的沟通交流。

思考：

（1）盼盼食品公司采用了哪种品牌和产品组合策略？

（2）结合案例，分析盼盼食品公司品牌和产品策略实施的条件。

【拓展空间4-2】

查阅盼盼食品公司的品牌和产品线，分析并预测该公司实施的效果。

【营销训练4-4】

体验品牌与产品组合策划

背景与情境：

请选择服饰、钟表、食品等行业的典型产品，结合品牌与产品组合策划的分析，走访该产品的市场营销人员，分析目标市场的消费行为，对选择的产品进行产品组合策划，并运用恰当的品牌策略。

【训练目标】

通过品牌和产品组合策划的实际体验，了解品牌的含义，熟悉品牌的属性，掌握品牌策略、CIS和产品组合策略。进一步培养自己与人沟通、与人交流、解决问题的能力。

【操作流程】（如图4-7所示）

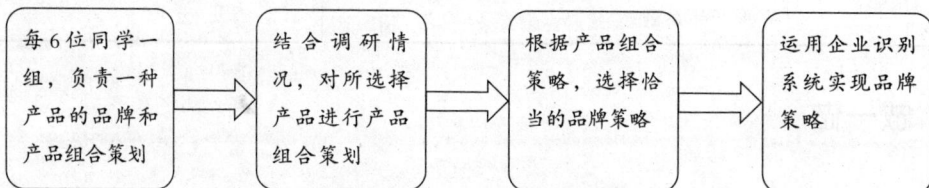

```
每6位同学一          结合调研情          根据产品组合         运用企业识别
组，负责一种    →    况，对所选择   →   策略，选择恰    →    系统实现品牌
产品的品牌和         产品进行产品         当的品牌策略         策略
产品组合策划         组合策划
```

图4-7 体验品牌与产品组合策划操作流程图

【成果形式】

关于××产品的品牌与产品组合策划体验的课业报告。

【效果评价】（见表4-5）

表4-5　　　　　　　　　　××产品品牌与产品组合策划体验的评分表

评价指标 （分值）	标准	小组自评 （30%）	小组互评 （30%）	教师评分 （40%）	最后得分 （分）
行业典型产品调查的表现 （20分）	选择服饰、钟表、食品等行业的典型产品，调查实施品牌与产品组合策划的条件 （每调查一项给10分，最多20分）				
产品组合策划 （20分）	结合调研结果，对典型产品进行产品组合策划（产品组合策略运用和产品组合策划的目标分析分别占10分）				

续表

评价指标 （分值）	标准	小组自评 （30%）	小组互评 （30%）	教师评分 （40%）	最后得分 （分）
品牌策划 （20分）	结合产品组合策划，选择恰当的品牌策略；结合品牌策划，运用企业识别系统（MI、BI、VI）（品牌策略运用占10分，CIS占10分）				
产品组合和品牌策划课业报告（20分）	格式规范；内容完整；策划分析明确；过程说明清晰；成果展示有特色（每小项4分）				
产品组合和品牌策划体验活动中的表现（20分）	从活动准备、与人交流、与人合作、问题解决、信息处理等方面评价（每小项4分）				
合计（100分）					
老师评语		签名：		日期：	
学生意见		签名：		日期：	

思考与练习

1.关键术语

产品：是指一个整体概念，产品整体概念包含核心产品、有形产品、附加产品和心理产品四个层次。

广告创意：是指通过独特的技术手法或巧妙的广告创作脚本，有创造力地表达出品牌的销售信息，以迎合或引导消费者的心理，更加突出体现产品特性和品牌内涵，并以此促进产品销售。

品牌：是一种名称、术语、标记、符号或图案，或是它们的相互组合，用以识别企业提供给某一个或某一群消费者的产品或服务，并使之与竞争对手的产品或服务相区别。

商标：是一种法律用语，是具有显著特征的标志。商标由文字、图形或者其组合构成。

企业识别系统（Corporate Identity System）：简称CIS，是运用统一的识别设计来传达企业特有的经营理念和活动，从而提升和突出企业形象。

2.选择题

○ 单项选择题

(1) 消费者购买产品所追求的核心利益是产品整体概念中的（   ）。

A. 核心产品层　　　B. 形式产品层　　　C. 附加产品层　　　D. 心理产品层

(2) 在原有的产品线内增加高档次、高价格的产品项目是（   ）。

A.缩减产品线策略　B.转移产品线策略　C.向上延伸策略　D.向下延伸策略

(3)（   ）是企业所独有的一整套识别标志，是企业理念识别的外在的、形象化的表现。

A.外形识别　　　　B.理念识别　　　　C.行为识别　　　　D.视觉识别

(4) 根据市场需求状况和消费者的心理作为定价的依据来确定价格的方法是（   ）。

A.成本导向定价法　B.需求导向定价法　C.竞争导向定价法　D.逆向定价法

(5)（   ）是指产品的品牌和形象提供给顾客心理上的满足。

A.有形产品　　　　B.心理产品　　　　C.附加产品　　　　D.其他产品

○ 多项选择题

(1) 企业进行价格策划，需要考虑的因素包括（   ）。

A.目标市场对价格的敏感程度　　　　B.企业生产产品的成本

C.竞争对手　　　　　　　　　　　　D.消费者心理和习惯

E.企业目标

(2) 企业识别系统包括（   ）。

A.竞争策略　　　　　　B.产品组合策略　　　　　C.理念识别

D.行为识别　　　　　　E.视觉识别

(3) 产品组合策略可以有（   ）。

A.扩大产品组合策略　　　　　　　　B.缩减产品组合策略

C.向上延伸策略　　　　　　　　　　D.向下延伸策略

E.改进产品策略

(4) 产品是一个整体概念，产品整体概念包含（   ）四个层次。

A.核心产品　　　　　　B.有形产品　　　　　　C.附加产品

D.心理产品　　　　　　E.无形产品

(5) 广告媒体选择的影响因素包括（   ）。

A.产品特征　　　　　　B.目标市场　　　　　　C.广告媒体的数量和质量

D.企业的支付能力　　　E.产品价格

3.判断题

(1) 品牌就是商标，商标就是品牌的载体。　　　　　　　　　　　　（   ）

(2) 心理定价是指企业利用降低价格作为手段，促进产品销售的定价方法　（   ）

(3) 产品整体概念主要包括核心产品和形式产品。　　　　　　　　　（   ）

(4) 企业为了更好地满足目标市场的需要，同时分散经营的风险，往往只生产一种产品。　　　　　　　　　　　　　　　　　　　　　　　　　　　（   ）

（5）企业广告的目标就是实现经济利益。 （ ）

4.案例分析题

农夫山泉的产品策划

背景与情境：

农夫山泉股份有限公司成立于1996年，为中国饮料工业"十强"企业之一。2003年9月，农夫山泉天然水被国家质检总局评为"中国名牌"产品。农夫山泉的崛起，始于"农夫山泉有点甜"的广告。农夫山泉坚持在远离都市的深山密林中建立生产基地，全部生产过程在水源地完成。每一瓶农夫山泉天然水，都经过了漫长的运输线路，从大自然远道而来。目前，农夫山泉占据四大优质的天然饮用水源——浙江千岛湖、吉林长白山、湖北丹江口、广东万绿湖。2002年，农夫山泉天然水的总产量达61万吨，居全国饮料企业产量第四位。农夫山泉的产值不断递增，每年上一个台阶。2003年后，公司先后推出农夫果园混合果汁饮料、尖叫系列功能饮料。2005年，又推出新概念茶饮料农夫汽茶，均获得显著成功。

思考：

（1）请分析农夫山泉公司的产品组合策略。

（2）农夫山泉的品牌策略是什么？

分析要求：

（1）根据案例材料，说明农夫山泉的产品组合策略以及策略的目标。

（2）查阅资料，分析农夫山泉的品牌策略并重点分析其品牌策略与产品组合策略的联系。

项目五

覆盖市场——分销渠道策划

项目概述

在根据市场需求、竞争态势和企业自身实力的分析，决定了采用何种营销战略、设计和生产什么样的产品之后，采用何种分销渠道将产品销往目标客户，既是企业管理者要做的重要决策之一，也是企业对渠道成员的一项重要承诺。分销渠道是企业的一项重要的外部资源，建立企业的分销渠道通常需要很多年渠道建设的积累。因此，一个企业使用直接渠道还是间接渠道、大型还是小型经销商以及企业对经销商的培训和激励政策等，都将影响企业产品的定价、促销推广及广告决策。企业实施分销渠道决策，涉及企业渠道战略、渠道政策、渠道成员、渠道控制、渠道绩效、渠道管理和创新等方面。

项目结构

项目五内容结构如图5-1所示。

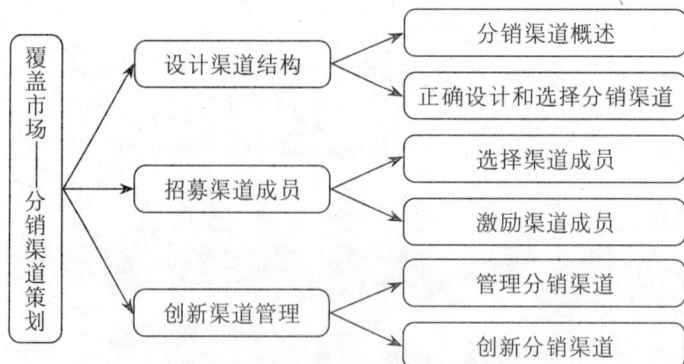

图5-1 项目五内容结构图

任务一 设计渠道结构

【任务目标】

● 知识目标：认知什么是分销渠道，分销渠道的重要性；掌握分销渠道结构的种类和特点，能根据相关步骤设计分销渠道。

● 能力目标：通过学习训练，提高按照分销渠道设计程序，有效选取渠道结构的能力。

● 素养目标：在案例学习和实践训练等活动中，让同学们在涉及分销渠道的过程中关注营销职业道德和营销伦理问题；培养同学们与人合作、自我学习的能力。

【任务导入】

精耕通路——在中国，有渠道就有市场

背景与情境：

通过多年的深耕，康师傅对通路建设颇有心得。人称康师傅的通路可以上山下乡，无论在大城市的大商场，还是偏僻的乡村都能买到康师傅。康师傅只要有新产品，两周内就能摆在全国消费者面前。

1998年，康师傅更推出通路精耕，扩大通路规模，降低通路成本。虽然在中国市场仅仅10年，康师傅的通路策略随着市场变化已做了数次调整。康师傅的通路建设有三个阶段：第一阶段是1992—1995年，当时以国营单位的批发部门为主；第二阶段是1994—1998年，以个体经销商为主；1998年至今是现代通路阶段，也就是超市、大卖场等。

第一阶段的国营单位是坐销、坐批。由于康师傅很好卖，坐在办公室接几个电话，生意就可以做成。而个体户则完全不同，他们很有热情，能吃苦。每天会计算：我今天赚了多少钱，哪个产品我卖得最好，明天要不要进货，竞争对手的哪一个产品会打击我的哪个乡镇的通路，我需不需要做一些调整。康师傅非常注意对这些经销商的选择和培养。

康师傅选择经销商，第一看资金实力；第二看地方关系，经销商要了解当地政策；第三看业务能力，经销商有多少车子、有多少业务人员。康师傅有一张详细的表格进行评估，在每个地区挑选三家评分条件最好的经销商，再由主管遴选一家当地的经销商。确定下来的经销商与康师傅有一个协议：在一个地区，双方你是我的唯一，我是你的唯一。康师傅不会让其他区域串货进来，经销商也不能卖其他品牌的产品。同时，康师傅对经销商给予推广和广告上的支持。现在，康师傅面、饼、水共有6 500家经销商，康师傅上山下乡的通路就是这样建立起来。

目前，在康师傅通路中传统经销商贡献75%销售额，现代通路（超市、大卖场）贡献25%销售额。随着人们生活节奏的加快，越来越多的人选择集中购物，现代通路是未来发展趋势。超市、大卖场改变了消费形态，也改变了产品的包装形态，康师傅投放市

场5个小包的大包装应是迎合了这种变化。大卖场大量的客流量能够保证销售量，从而形成稳定的利润。现代通路营销有许多新的特点，针对市场通路的变化，康师傅认为有必要对原有通路进行改造。经销商方面，康师傅大刀阔斧地换掉了1 000多个大经销商，直接面对55万个零售点。

思考：

（1）如何管理好这么多的零售点？如何为经销商提供更到位的服务？

（2）如何及时、有效地了解销售情况？

资料来源　根据百度文库相关内容整理得来。

✓ 学一学

分销渠道是解决企业如何让产品达到消费者面前，让消费者实现购买行为的问题。通过市场细分，公司将庞大而多变的市场划分为小的细分市场，并通过与消费者的特殊需求相一致的产品和服务更有效地到达这些市场。本任务我们将学习市场细分的含义、市场细分的标准、有效市场细分的条件、市场细分的方法等内容。

一、分销渠道概述

（一）分销渠道的含义

分销渠道是指产品或服务在从生产者向消费者转移的过程中，取得这种产品或服务的所有权或帮助所有权转移的所有企业与个人。分销渠道成员既包括经销商（含批发商、零售商等）、代理商和后勤管理组织（帮助转移所有权）等，也包括处于渠道起点和终点的生产者和最终消费者或用户，但不包括供应商、辅助商。在整个过程中，商品所有权的转移和价值形式的运动，使产品从一个所有者转移到另一个所有者，此为商流；同时伴随着商流，有实体的运动称为物流；分销渠道具有整体性、利益性和稳定性的特点。整个渠道中还有资金流、信息流，构成了一个闭环体系，如图5-2所示。

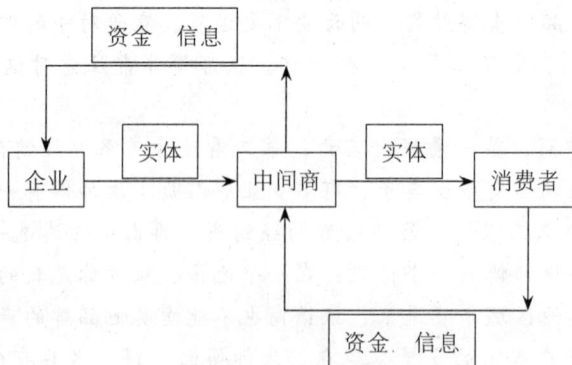

图5-2　闭环体系

如果把企业、中间商和消费者看成一个人的整体，那么这个闭环中的信息流、实体流、资金流构成的循环体系就相当于人体的血液循环，整个体系的良性循环是企业顺利实现生产目的、获得利润的前提保证。尤其是从中间商到消费者这个环节是产品转化为商品，实物获得社会接受转化为货币的关键一环，任何一个地方出现堵塞都会影响整体的机能。分销渠道是商流、资金流、信息流、实体流的综合渠道，企业通过其实现产品实体从生产者到消费者、实现信息从生产者到达消费者；同时，也把消费者信息传递到生产者，分销渠道就相当于是分布全身各处的血管。

（二）分销渠道的价值和功能

1.分销渠道的价值

（1）分销渠道能为企业带来长久的竞争优势。对大多数生产者来说，分销渠道是企业关键的资源。在市场瞬息万变的环境下，随着生产技术的快速更新和普及，依靠产品技术优势会越来越困难；依靠产品价格保持竞争优势也不会持久；过多的广告、促销信息让消费者难以有效地选择，也就无法实施有效的销售，依靠促销维持的竞争优势也会越来越短暂。而依靠系统的战略、结构、关系和人员建立的分销渠道优势，是竞争对手在短期内所无法模仿和获得的。

（2）分销渠道是生产者和消费者之间必不可少的中间环节。分销渠道反映了某一产品或服务从生产者为起点，到消费者终点价值实现的全过程。通过分销渠道可以疏通生产者和消费者之间的障碍，在有效保障生产者与消费者在空间、时间、信息等方面充分交流的基础上，使产品到达消费者手中，满足其需求。

（3）分销渠道规避了生产者的风险。产品从生产者通过分销到达消费者（或用户）的过程中，引发了产品所有权的转移，其从生产者转移到了分销渠道成员的手中。由此，渠道中间商可以为生产者分担市场、仓储、运输和资金的风险。

2.分销渠道的功能

由于生产者和消费者之间在时间、地点、数量、品种、信息、产品价值、所有权等方面存在着诸多矛盾和差异，因此分销渠道可以疏通生产者和消费者（或用户）在时间、空间、信息上的阻碍。一方面，渠道成员执行的功能是把产品从生产者转移到消费者（或用户）手中，在不同的分销渠道中，这些功能是由不同的渠道成员承担的。当分销渠道发生变化时，这些功能的组合形式可能有所不同，但是所需承担的功能总量是不变的，只不过有些功能由不同的渠道成员承担而已。另一方面，分销渠道的逆向过程又把资金和信息通过分销渠道回流到生产厂家，获取了生产所需要的资金、重要的市场信息和消费者信息，为企业的生产和营销活动提供了可靠的支持。分销渠道的功能可概括如下：

（1）收集和传播信息。收集、分析、整理和用户、竞争者及与营销环境有关的信息，及时传递给分销渠道各成员，并最终汇集至生产者，为生产者的生产、定价和促销提供有价值的参考信息。

（2）促销。根据消费者的需求，有针对性地向用户发送和传播产品或服务信息，并以各种富有说服力、具有吸引力的手段吸引用户。

（3）寻找顾客。为生产者寻找到不同细分市场和业务形式的潜在目标用户，解决生产者不知如何接触用户、用户不知在哪里能找到所需要产品的问题。

（4）配送商品。按用户要求分类整理所供应的商品，以提高产品让渡价值，如按产品特性分类组合，按用户要求分类包装。

（5）谈判。在渠道成员之间就产品价格及其他交易条款，按互惠互利的原则彼此协商、沟通达成交易协议，以实现所有权或者持有权的转移。

（6）物流。为产品从生产者到用户手中提供运输、仓储、库存服务。

（7）融资。获得和分配资金以承担渠道各层次存货所需的费用。在产品销售过程中，分销渠道成员需通过银行或金融机构提供生产者、渠道成员或用户间货款支付的服务。

（8）分担风险。分销渠道成员在利用渠道功能时，承担产品销售、库存、呆账、市场波动所带来的许多不确定因素的风险。

【教学互动 5 −1】

互动内容：

分销渠道就是把产品交到消费者手中的过程，这种说法对吗？

互动要求：

（1）结合有关分销渠道的相关知识，发表个人见解，也可以和你的同伴简单沟通后回答。

（2）教师对学生的回答进行点评。

二、正确设计和选择分销渠道

（一）正确选择分销渠道的重要性

分销渠道的合理选择是企业市场营销活动中十分重要的决策。企业一旦选错了渠道，不仅要遭受经济上的巨大损失，而且要纠正这一过失是非常费时费力的。所以，一般有营销经验的企业都十分注重研究分销渠道策略，为企业选择好合理的分销渠道。原因如下：

1.合理的分销渠道是实现产品销售的重要途径

企业的营销目的是满足消费者的需求，实现利润目标。要实现这一目的不仅取决于企业能否生产出适销对路的产品，而且也取决于这些产品能否及时地销售出去。只有选择合理、适当的分销渠道，才能及时、有效地把产品传送给消费者手中。

2.合理的分销渠道是节约销售费用、提高产品竞争力的重要手段

渠道的选择是否合理，中间环节的多少是否恰当，直接影响到商品的销售成本、价格、竞争力。选择合理的分销渠道，配置中间商，能有效地安排运输和储存，保证产品及时销售出去，以加快资金的周转，提高资金的使用效益。同时，也能节约销售费用，降低产品成本，从而降低产品的销售价格，提高产品的市场竞争能力。

3.合理的分销渠道有助于企业营销活动的开展

在商品流通中，促销是一项重要的营销活动，是影响和吸引消费者购买的策略手段。就一般促销活动而言，它需要场地的布置、氛围的渲染、人力的投入。相比之下，零售商在产品促销方面多数具备场地条件，具有丰富的经验。为此，选择熟悉市场需求、熟悉产品性能、具有丰富促销经验的中间商，有利于企业促销活动的开展和产品的销售。

（二）分销渠道的类型

分销渠道按照不同的标准可分为不同的类型。如果无中间商介入，称为**直接分销渠道（也称零阶渠道）**，是指没有中间商参与，由生产者直接将产品销售给用户的渠道类型。工业品销售多采用此方法，方式有上门推销、邮寄、电话销售、自建零售店等，特点是沟通信息直接、交易便利、减少中间环节、价格低廉等特点。在产品需要提供相应服务的情况下，其优势更大。而**间接渠道**是指有一级或多级中间商参与，产品需经一个

或多个中间环节销售给用户的渠道类型。

1.按中间商的层级数划分

按产品从生产者转移到用户过程所包含的中间商购销环节的多少，可分为零阶渠道、一阶渠道、二阶渠道和三阶渠道（也称多阶渠道），如图5-3所示。

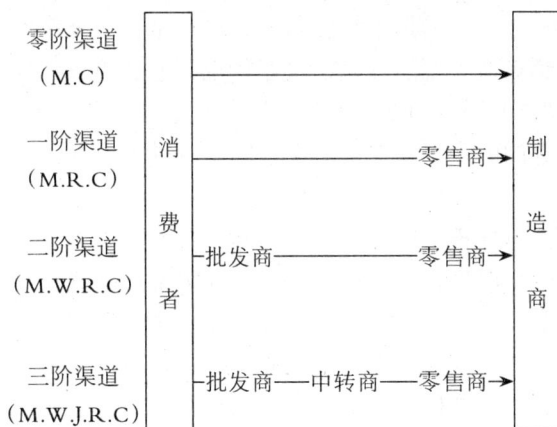

图5-3　渠道图

在工作中，一般把零阶渠道和一阶渠道归为短渠道，二阶渠道和三阶渠道归为长渠道。长渠道与短渠道的优劣势对比，见表5-1。

表5-1　　　　　　　　　　　　　　　**长渠道与短渠道比较表**

类型	优点	缺点
长渠道	市场覆盖面广；企业可以将渠道优势转化为自身优势；一般消费品销售较为适宜；可以减轻企业的费用压力	厂家对渠道的控制程度较低；增加了渠道服务水平的差异性和不确定性；加大了对经销商进行协调的工作量
短渠道	厂家对渠道的控制程度较高；对专利品、贵重商品较为适用	厂家要承担大部分或部分渠道功能，必须具备足够的资源；市场覆盖面较窄

2.按同一层级中间商数量划分

根据在渠道中各环节使用同类型中间商数目的多少，可分为独家分销、密集分销（分为宽渠道和窄渠道）和选择分销三种渠道，见表5-2。

表5-2　　　　　　　　　　　　　　**宽渠道与窄渠道比较表**

分销类型	含义	优点	缺点
独家分销	在既定市场区域内，每个渠道层面只有一家经销商运作	竞争程度低；厂家与经销商的关系较为紧密；适用于专用产品的分销	缺乏竞争，顾客的满意度可能会受到影响；经销商对厂家的反控制能力较强
密集分销	凡适合厂家要求的经销商均可参与分销	市场覆盖率高；比较适用于快速消费品的分销	经销商之间的竞争容易使市场混乱，甚至破坏企业的营销意图，渠道的管理成本和费用比较高
选择分销	从申请者中选择一部分作为经销商	优缺点介于独家分销和密集分销之间	

3.按企业选择渠道模式划分

根据企业选择渠道模式种类的多少，可分为单渠道与多渠道。**单渠道**是指生产者在一定的目标市场中，只选择一种分销渠道的模式。**多渠道**是指生产者在一定的目标市场中，选择多种分销渠道的模式。生产者在建立分销渠道时多采用多渠道模式，多渠道模式的优点是能降低销售成本，增加市场覆盖面；缺点是渠道合作困难，较难控制，易产生渠道冲突。上述分销渠道类型的变化，主要体现渠道层级、宽度、广度的变化。

（三）分销渠道设计的影响因素

影响分销渠道设计的因素很多，其中主要因素有以下几种：

1.产品因素

产品的特性不同，对分销渠道的要求也不同。

（1）价值大小。一般而言，商品单价越低，分销渠道越宽且长；反之，商品单价越高，分销渠道越短且窄。

（2）体积与重量。体积庞大、重量较大的产品，如建材、大型机器设备等，一般要求采取运输路线最短、搬运过程中搬运次数最少的渠道，这样可以节省物流费用。

（3）变异性。易腐烂、保质期短的产品，如新鲜蔬菜、水果、肉类等，一般要求较直接的分销方式，因为时间拖延和重复搬运会造成巨大损失。同样，对式样、款式变化快的时尚类商品，也应采取短而宽的渠道，避免不必要的损失。

（4）标准化程度。产品的标准化程度越高，采用中间商的可能性越大。例如，毛巾、洗衣粉等日用品以及标准工具等，单价低、毛利低，往往通过批发商转手。而对于一些技术性较强或是一些定制产品，企业要根据顾客的要求进行生产，一般由生产者自己派员直接销售。

（5）技术性。产品的技术含量越高，渠道就越短。因为技术性产品，一般需要提供各种售前、售后服务。在消费品市场上，技术性产品的分销是一个难题，因为生产者不可能直接面对众多的消费者，生产者通常直接向零售商推销，通过零售商提供各种技术服务。

2.市场因素

市场因素是分销渠道设计时最重要的影响因素之一，其包括如下方面：

（1）市场类型。不同类型的市场，要求不同的渠道与之相适应。例如，消费品最终用户的购买行为与生产资料最终用户的购买行为不同，所以就需要有不同的分销渠道。

（2）市场规模。一个产品的潜在顾客比较少，企业可以自己派销售人员进行推销；如果市场覆盖面大，分销渠道就应该长一些、宽一些。

（3）顾客集中度。在顾客数量一定的条件下，如果顾客集中在某一地区，则可由企业派人直接销售；如果顾客比较分散，则必须通过中间商才能将产品转移到顾客手中。

（4）用户购买数量。如果用户每次购买的数量大、购买的频率低，可采用直接分销渠道；如果用户每次购买的数量小、购买的频率高，则宜采用长而宽的渠道。一家食品生产企业会向一家大型超市直接销售，因为其订购数量庞大。但是，同样是这家企业会通过批发商向小型食品店供货，因为这些小商店的订购量太小，不宜采取过短的渠道。

（5）竞争者的分销渠道。在选择分销渠道时，应考虑竞争者的分销渠道。如果自己的产品比竞争者有优势，可选择同样的渠道；反之，则应尽量避开。

3.企业自身因素

企业自身因素是分销渠道选择和设计的根本立足点。

（1）企业的规模、实力和声誉。企业规模大、实力强，往往有能力担负起部分商业职能，如仓储、运输、设立销售机构等，有条件选择短渠道。而规模小、实力弱的企业无力销售自己的产品，只能选择长渠道。声誉越好的企业，为之推销产品的中间商就越多，生产者容易找到理想的中间商进行合作；反之则不然。

（2）产品组合。企业产品组合的宽度越宽，越倾向于采用较短渠道；产品组合的深度越大，则宜采取短渠道。反之，如果生产者产品组合的宽度和深度都较小，生产者只能通过批发商、零售商来转卖商品，其渠道往往长而宽。

（3）企业的营销管理能力和经验。管理能力和经验较强的企业往往可以选择较短的渠道，甚至直销；而管理能力和经验较差的企业一般将产品的分销工作交给中间商去完成，自己则专心于产品的生产。

（4）对分销渠道的控制能力。生产者为了实现其战略目标，往往要求对分销渠道实行不同程度的控制。如果这种愿望强烈，就会采取短渠道；反之，渠道可适当长些。

4.环境因素

影响分销渠道设计的环境因素既多又复杂。例如，科学技术的发展可能为某些产品创造新的分销渠道；食品保鲜技术的发展使水果、蔬菜等的销售渠道有可能从短渠道变为长渠道；又如，经济萧条会迫使企业缩短渠道。

5.中间商因素

不同类型的中间商在执行分销任务时各自有其优势和劣势，分销渠道设计应充分考虑不同中间商的特征。一些技术性较强的产品，一般要选择具备相应技术能力或设备的中间商进行销售。有些产品需要一定的储备条件（如冷藏产品、季节性产品等），这就要寻找拥有相应储备能力的中间商进行经营。如果零售商的实力较强、经营规模较大，企业就可直接通过零售商经销产品；如果零售商实力较弱、规模较小，企业只能通过批发商进行分销。

（四）分销渠道的评估

分销渠道评估的实质是从那些看起来似乎合理但又相互排斥的方案中，选择最能满足企业长期目标的方案。因此，企业必须对各种可能的渠道选择方案进行评估。评估标准有三个，即经济性、控制性和适应性。

1.经济性标准

经济性标准是最重要的标准，这是企业营销的基本出发点。在分销渠道评估中，首先应该将分销渠道决策所可能引起的销售收入增加同实施这一渠道方案所需要花费的成本作以比较，以评价分销渠道决策的合理性。这种比较可以从以下角度进行：

（1）静态效益比较。分销渠道静态效益的比较就是在同一时点对各种不同方案可能产生的经济效益进行比较，从中选择经济效益较好的方案。某企业决定在某一地区销售产品，现有两种方案可供选择：方案一是向该地区直接派出销售机构和销售人员进行直销。这一方案的优势是，本企业销售人员专心于推销本企业产品，在销售本企业产品方面受过专门训练，比较积极肯干，而且顾客一般喜欢与生产企业直接打交道。方案二是利用该地区的代理商。该方案的优势是，代理商拥有几倍于生产商的推销员，代理商在当地建立了广泛的交际关系，利用中间商所花费的固定成本低。通过估价，两个方案实现某一销售额所花费的成本，利用中间商更划算。

（2）动态效益比较。分销渠道动态效益的比较就是对各种不同方案在实施过程中所引起的成本和收益的变化进行比较，从中选择在不同情况下应采取的渠道方案。

（3）综合因素分析比较。上述影响分销渠道设计的五大因素在实际分析时，可能都会倾向于某一特定的渠道，但也有可能某一因素分析倾向于直接销售，而其他因素分析可能得出应该使用中间商的结论。因此，企业必须对几种方案进行评估，以确定哪一种最适合本企业。评估的方法很多，如计算机模拟法、数字模型法等。

2.控制性标准

企业对分销渠道的设计和选择不仅应考虑经济效益，还应该考虑企业能否对其分销渠道实行有效的控制。因为分销渠道是否稳定对于企业能否维持其市场份额、实现其长远目标是至关重要的。

企业对于自销系统是最容易控制的，但是由于成本较高，市场覆盖面较窄，不可能完全利用这一系统来进行分销。而利用中间商分销，就应该充分考虑所选择的中间商的可控程度。一般而言，特许经营、独家代理方式比较容易控制，但企业也必须相应做出授予商标、技术、管理模式以及在同一地区不再使用其他中间商的承诺。在这种情况下，中间商的销售能力对企业影响很大，选择时必须十分慎重。如果利用多家中间商在同一地区进行销售，企业风险比较小，但对中间商的控制能力就会相应削弱。

然而，对分销渠道控制能力的要求并不是绝对的，并非所有企业、所有产品都必须对其分销渠道实行完全的控制。市场面较广、购买频率较高、消费偏好不明显的一般日用消费品就无须过分强调控制；而购买频率低、消费偏好明显、市场竞争激烈的高级耐用消费品，对分销渠道的控制就十分重要。比如，在产品供过于求时往往比产品供不应求时更需强调对分销渠道的控制。总之，对分销渠道的控制应适度，应将控制的必要性与控制成本加以比较，以求达到最佳的控制效果。

3.适应性标准

在评估各渠道方案时，还有一项需要考虑的标准，那就是分销渠道是否具有地区、时间、中间商等适应性。

（1）地区适应性。在某一地区建立产品的分销渠道，应充分考虑该地区的消费水平、购买习惯和市场环境，并据此建立与此相适应的分销渠道。

（2）时间适应性。根据产品在市场上不同时期的销售状况，企业可采取不同的分销渠道与之相适应。如季节性商品在非当令季节适合于利用中间商的吸收和辐射能力进行销售，而在当令季节就比较适合于扩大自销比重。

（3）中间商适应性。企业应根据各个市场上中间商的不同状态采取不同的分销渠道。如在某一市场若有一两个销售能力特别强的中间商，渠道可以窄一点；若不存在突出的中间商，则可采取较宽的渠道。

【教学互动5-2】

互动内容：

你认为长渠道和短渠道哪个更适合快速消费品的销售？

互动要求：

（1）结合有关分销渠道的知识，发表个人见解，也可以和你的同伴简单沟通后回答，注意选择不同种类分销渠道的适用性。

（2）教师对学生的回答进行点评。

案例解析5-1

区域经销的渠道精耕转型

背景与情境：

A食品企业湖南区的张经理最近遇到了一件烦心事，岳阳片区主管小李一天一个电话地请示，而张经理却束手无策。张经理一烦心就到茶座去饮茶，边喝茶边琢磨业务上的事。正当他百思不得其解之时，看见以前曾共事过的陈经理也来喝茶。张经理马上拉住陈经理，向其讨教破解业务难题的绝招。原来张经理的烦心事是这样的：

张经理所在的食品企业在湖南岳阳片区设有唯一的经销商夏某，夏某所负责的区域范围比较广，销量占了湖南的1/8。夏某是在湖南最早的经销商，在公司可以拿到最低价，而且今年所签合同有9%的营销广告费用从货款中扣除（湖南片区的费用考核也是9%）。由于前任经理的原因，夏某手上有30万铺底货款尚未收回。最令人烦心的是，夏某还有违反约定低价串货的行为，总公司老总要求张经理立军令状，限令其今年内解决公司无法控制住夏某的问题，并收回所有欠款。

张经理决定在岳阳成立办事处，以此加强对夏某的管理，于是选派了分公司业务骨干小李到岳阳。而夏某对此态度不冷不热，照样我行我素，办事处的工作也就一直没能开展起来。小李向张经理请示对策，张经理一时也想不出更好的办法来应对。陈经理听了张经理的苦恼，微笑着娓娓道出妙计："对经销商的管理，说到底就是争夺营销的控制权。厂家和经销商都要靠把产品更好地销售出去才能盈利，两者在合作中会产生很多矛盾，争夺营销的控制权也就是争夺解决这些矛盾的优先发言权。如果厂家的品牌和实力越强大，就越有解决这些矛盾的筹码；而如果经销商的通路能力很强并代理数个强势品牌，而厂家产品属于当地市场的二三线品牌，那么经销商相对而言就更占主动。

张经理在岳阳设立办事处就属于典型的区域大经销向通路精耕转型的例子，目的是依靠厂家的直接运作终端来精耕细作市场以提升销量，而且厂家控制住了终端，也就等于控制住了经销商，市场的主动权自然转移到了厂家手中。夏某抵触设立办事处是因为怕办事处人员熟悉终端市场后动摇其总经销权，而且厂家设立办事处，势必将广告促销推广费用转由办事处直接操作，那么夏某就难以从广告促销推广费用中截流部分费用，而且其低价串货的不正当收入也相对难以操作。

打个比方，我估计夏某今年有400万的销量回款，广告促销推广费用按9%计算就是36万元的费用，经销商截流40%是正常的，这部分利润就有14.4万元；而且夏某低价串货，一车货的贷款按15万元计算，夏某拿出1%的费用作为运费和补贴低于厂家到岸价的差价，那他还有8%的净利润，也就是倒一车货可以净赚1.2万元，而这些在厂家设立办事处后就难以操作了。"

张经理听了惊出一身冷汗，连声说："难怪夏某对于我公司设立办事处不配合，原来他截流费用和串货所得就超出了正常经营利润。"

思考：

（1）原有的渠道模式运行多年，但是A食品企业设立办事处却造成了与原有经销商的矛盾，这两种渠道的利弊在哪里？

（2）根据文中所给的资料，分析张经理应该如何进行渠道深耕。

讨论分析：

个人：请每位同学在固定的学习笔记本上列出原有渠道模式和渠道精耕模式之间的差异与各自的优劣势。

小组：请同学每6个人为一小组，各自发表看法，然后小组成员共同讨论，形成小组意见，准备在班级交流。

班级：每个小组推选一位代表在班级交流，陈述本组见解。

老师：在黑板上把各小组分析的渠道优劣势对比做简要记录。各小组陈述完毕后，老师结合各小组内容进行总结，明确渠道模式选择的要点，强调渠道变更应注意的问题。

资料来源　根据百度文库相关内容整理得来。

做一做

【典型业务实例5-1】

奇酷智能手机的渠道选择

背景与情境：

随着越来越多的品牌和厂家进入中国智能手机领域，这个行业的竞争逐渐加剧，既有像苹果、三星这样的国际化大品牌，也有很多的国产手机厂商。360奇虎借助与酷派的合作，凭借"安全手机"的概念，生产出"奇酷"品牌手机。

思考：

（1）请分析，为了使奇酷手机能有较好的市场占有率，被市场所接受，应该采用什么样的渠道策略。

（2）通过该案例，对你在手机类产品的渠道选择方面有何启发？

【拓展空间5-1】

列出其他5种品牌的手机产品。结合其中一种产品，试分析如何通过正确的渠道策略，提高市场竞争力。

【营销训练5-1】

体验渠道的设计与选择

背景与情境：

空调、手机、饮料是你比较熟悉的几种产品，请走访经营该产品的市场营销人员，查找有关资料，根据营销渠道的相关知识，对其进行渠道设计与选择。

【训练目标】

通过渠道设计与选择的实际体验，熟悉不同结构渠道的特点、选择的原则和方法的具体运用技巧，更好地理解渠道设计的有关知识，掌握渠道选择的技能，进一步培养自己与人沟通、与人交流、解决问题的能力。

【操作流程】（如图5-4所示）

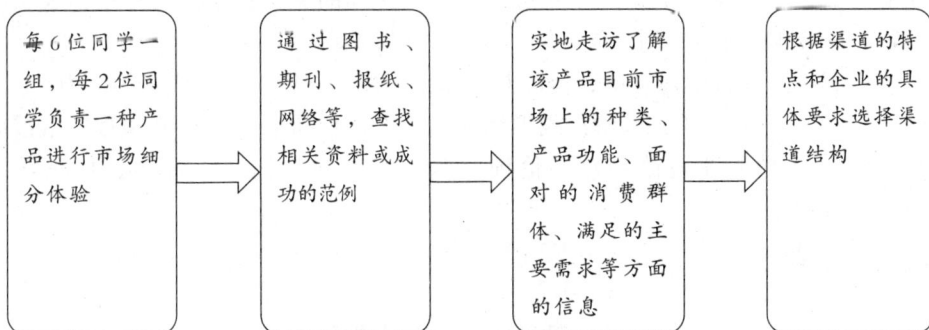

图5-4　体验渠道的设计与选择操作流程图

【成果形式】

关于空调（手机、饮料）渠道设计与选择的课业报告。

【效果评价】（见表5-3）

表5-3　　　　　　　　　　　　　　　　××产品渠道设计评分表

评价指标（分值）	标准	小组自评（30%）	小组互评（30%）	教师评分（40%）	最后得分（分）
调查企业表现（20分）	调查2家企业，调查4位营销人员（每调查一位给5分，最多20分）				
渠道设计过程体验（30分）	目标顾客确定；行业常用渠道选择；各种渠道的优劣势；产品的渠道结构；设计和确定渠道（每小项6分）				
渠道设计课业报告（30分）	格式规范；内容完整；渠道选择正确；过程说明清晰；成果展示有特色（每小项6分）				

评价指标 （分值）	标准	小组自评 （30%）	小组互评 （30%）	教师评分 （40%）	最后得分 （分）
渠道设计体验 活动中的表现 （20分）	从活动准备、与人交流、与人合作、问题解决、信息处理等方面评价（每小项4分）				
合计（100分）					
老师评语			签名：	日期：	
学生意见			签名：	日期：	

▶ 任务二　招募渠道成员

【任务目标】

● 知识目标：认知渠道结构与招募渠道成员之间的关系；掌握选择渠道成员的标准和方法，能够准确评价渠道成员。

● 能力目标：通过学习训练，提高对选择渠道成员和管理渠道成员的能力。

● 素养目标：在案例学习和实践训练等活动中，让同学们在招募和管理渠道成员的过程中关注营销职业道德和营销伦理问题；培养同学们与人合作、自我学习的能力。

【任务导入】

宝马轿车的分销渠道建设

背景与情境：

BMW公司在世界各地有16个大型销售网络和无数的销售商，BMW公司90%的新产品是通过这些网络和中间商推向市场的。有人估算过，全世界每天平均有数以万计的人就BMW牌汽车买卖同其销售网络的成员进行联系、洽谈。BMW公司通过它的这些销售渠道同客户建立起密切的联系，并随时掌握消费者心理和需求的变化。

BMW公司十分重视营销渠道的建设和管理。它的决策者们特别清醒地认识到，无论BMW车的质量多么优良，性能多么先进，造型多么优美，没有高效、得力的销售渠道，产品就不会打入国际市场，就不可能在强手如林的竞争中站稳脚跟。因此，BMW公司从来都不惜巨资地在它认定的目标市场建立销售网点或代理机构，发展销售人员，并对销售商进行培训。

在BMW公司的经营战略中，"用户意识"这一概念贯穿始终。同样，在销售环节，BMW公司严格要求它的销售人员和中间商牢固地树立为用户服务的思想，因为他们直接同用户接触，代表着BMW公司的形象。所以，BMW公司对销售商的选择十分严格，实行优胜劣汰的办法选择良好、得力的贸易伙伴。

BMW 公司遴选中间商的标准首先是了解其背景、资金和信用情况。其次便是该中间商的经营水平和业务能力，具体包括以下几方面：

1. 中间商的市场经验和市场反馈能力

BMW 公司要求它的中间商必须有很好的推销能力。它认为中间商只有通晓市场销售业务，具有丰富的市场经验，才可能扩大 BMW 车的销售量。同时，中间商的市场信息搜集能力，对于 BMW 公司改进产品的设计和生产至关重要。例如，BMW 公司根据中间商的信息反馈，特别制作和安装了保护汽车后座乘客的安全系统，受到消费者的欢迎。

2. 中间商提供服务的能力

BMW 公司需要通过中间商向用户提供售前、售后服务，如汽车的性能、成本、保险、维修甚至车用移动电话等特殊装备的细节问题，中间商都必须能够进行内容广泛而深入细致的解决和服务。为此，BMW 公司在美洲、亚洲等地都有培训点，对中间商就用户的特殊服务和全面服务进行培训。

3. 中间商的经营设施

中间商所处的地点是否适中，是否拥有现代化的运输工具和仓储设施，有无样品陈列设施等，均是 BMW 公司在选择中间商时要考虑的重要因素。

BMW 公司在对营销渠道的管理上也极具特色。公司设有专门负责中间商管理的机构，经常进行监督管理，以评估中间商的业绩好坏、推销方面的努力程度、市场信息的收集和反馈能力、对用户服务的态度和效果等。公司还经常通过走访用户或用问卷调查来了解用户对销售商的评价。

在进行的大规模问卷调查中，参加调查的商人和用户对 BMW 公司的销售商的评价普遍很好。因此，尽管 BMW 公司在与中间商签订的合同中已有奖励条款，但公司对于受到用户赞扬的销售商仍然予以重奖。这样做的结果，使销售商更加起劲地帮助 BMW 公司扩大影响，促进宝马车不断提高质量，真正起到 BMW 公司与用户间的桥梁作用。当然，对于受到用户批评的产品销售商，经过核查确认后，BMW 公司坚决解除合同，另选其他销售商。BMW 公司的这些做法，从一个侧面说明了它对销售渠道管理的严格和对"用户意识"的重视程度。

此外，BMW 公司还大力发展销售信息交换系统，这对于现代国际企业应付日趋激烈的市场竞争是不可缺少的。这可以使销售商之间，公司与销售商、生产厂家之间的信息交流更快捷、方便，而用户的一些临时要求也能最大限度地得到满足。

思考：

（1）如何通过渠道成员的选择看待 BMW 公司的成功？

（2）BMW 公司的渠道成员的选择模式是什么？

资料来源　根据百度文库相关文章整理得来。

学一学

目标市场是企业营销资源集中的方向，目标市场选择的前提是有效的市场细分，在市场细分的基础上，企业将对各个细分市场进行合理评价，然后根据企业目标和自身的营销资源进行目标市场选择。

一、选择渠道成员

分销渠道需要选用适合的渠道成员才能发挥出最大的效能。优质的分销渠道成员与健全的分销渠道网络，是企业重要的外部资源，也是企业建立稳定分销渠道的基础。建立分销渠道时应慎重选择分销渠道成员。

1.中间商的类型

中间商是指产品从生产者转移到消费者的过程中，专门从事商品流通的企业。

（1）按中间商在流通过程中所起的作用划分，可分为批发商和零售商。批发商是指将商品大批量购进，又以较小批量转售给生产者或其他商业企业的商业组织。批发商又可以按不同标准分为不同类型。按商品性质划分，可分为生活资料批发商和生产资料批发商；按业务范围划分，可分为专业批发商和综合批发商；按其在流通领域的位置划分，可分为生产地批发商、中转地批发商和销售地批发商。零售商是指直接向最终消费者出售商品的商业组织。零售商的类型最多，有店铺零售（百货商店、专业商店、超级市场、大卖场等）、无店铺零售（邮购、自动售货、网上购物等）。

（2）按产品流通过程中有无所有权转移，中间商可以分为经销商和代理商。经销商是指自己进货，取得商品所有权后再出售的商业企业。代理商是指促成产品买卖活动得以实现的商业组织，它不取得产品的所有权，只是通过与买卖双方的商洽，来完成买卖活动。

2.寻找潜在渠道成员信息

寻找潜在渠道成员信息的渠道有两种，分别是内部信息源和外部信息源。内部信息源包括利用地区销售队伍从现有分销渠道成员或销售队伍中获得潜在的渠道成员信息，很多企业通过销售人员或对现有渠道成员进行分析评估寻找到了潜在渠道成员，也可利用公司内部人力资源关系网获得潜在渠道成员的信息。外部信息源包括行业协会、商会、展会、广告、网络等。行业协会、商会、专业商业企业名录，是获得潜在分销渠道成员信息的重要来源，也可利用分类电话簿、专业服务网站等寻找潜在渠道成员信息。

3.选择渠道成员

选择既符合分销渠道战略又能完成渠道分销任务的渠道成员，应先确定选择渠道成员的原则，再确定渠道成员的选择标准。分销渠道成员选择原则应遵循易于进入目标市场、与企业形象匹配、有益于产品销售、可建立战略伙伴关系四项原则：

（1）易于进入目标市场。企业选择分销渠道成员时应关注其覆盖范围、历史经验、区域优势，以满足目标消费者方便、快捷购买产品的需要。

（2）与企业形象匹配。企业分销渠道成员的形象代表着生产企业的形象，企业选择的渠道成员应与目标消费者心目中的企业声望、信誉、品质与服务相匹配。

（3）有益于产品销售。企业在选择分销渠道成员时要挑选那些对产品销售具有优势的分销商；关注其产品组合、促销能力，寻找能提升渠道效率的经销商。

（4）可建立战略伙伴关系。选择分销渠道成员时应了解分销渠道成员的合作意愿、动机及其发展是否与本企业相符，以利于企业与分销渠道成员建立起战略伙伴关系，增强渠道网络的稳定性。

4.评估确定渠道成员。

评估确定渠道成员工作包括制定分销渠道成员的评估标准和评估确定分销渠道成员。制定分销渠道成员的评估标准需综合考虑制造商的实力以及分销商合作的意愿、实力、声誉、产品组合和信用等影响因素。此外，随着消费者越来越重视服务，分销商的服务能力也影响着制造商的市场竞争力，制造商要与有良好的服务意识、设施的分销商合作。分销渠道成员评估标准见表5-4。

表5-4   分销渠道成员评估标准表

序号	标准	说明
1	财务状况	调查中间商的资本、负债、利润等财务相关情况
2	信用	通过金融机构、银行、合作伙伴、行业人士进行调查
3	销售力	调查中间商的销售额、销售人员素质、绩效
4	产品线	调查中间商经销的竞争性、相容性、补充性、产品线
5	声誉	中间商的声誉，与制造商战略的匹配性
6	市场覆盖力	中间商市场覆盖范围与制造商需要覆盖范围的匹配性
7	绩效	中间商达到的市场份额（包括市场覆盖率、销售业绩等）
8	管理能力	管理机构、标准（如ISO）、质量、人员变动情况等
9	经营状况	经营宗旨与基础、绩效、负债率、奖惩机制等
10	规模	组织机构、仓储、配送、销售额大小，选择与企业、产品战略相匹配的规模

评估确定分销渠道成员的程序：一是收集潜在的分销渠道成员信息；二是依据各项评估标准的重要性进行加权，对每个潜在的分销渠道成员打分，从高到低进行排序，确定最终的分销渠道成员。

【教学互动5-3】

互动内容：

电子商务的发展和应用对传统企业的销售渠道产生了什么样的影响？

互动要求：

（1）结合传统的渠道和特点，尤其是针对新渠道和渠道成员的评价，发表个人见解，也可以和你的同伴简单沟通后回答。

（2）教师对学生的回答进行点评。

二、激励渠道成员

中间商需要激励以尽其职，虽然使他们加入渠道网络的因素和条件已构成部分激励，但还需生产者不断地督导和鼓励。对中间商的激励主要有以下几点：

1.了解中间商的特征

（1）中间商并非受雇于生产者，而是一个独立的经营者。经过一定的实践后，他会安于某种经营方式，执行自己的目标，自由制定经营政策。

（2）中间商经常以顾客的采购代理人为主，而以供应商的销售代理人为辅，任何有销路的产品他都有兴趣经营。

（3）中间商试图把所有商品组成产品组合出售。

（4）中间商一般不愿保留某些品牌的销售信息，以及反馈消费者对产品的使用意见。

把握中间商上述特征，是生产者设计激励措施的基础和核心。

2.提供优质产品

为使双方合作朝着健康方向发展，生产者应不断地提高产品的质量，扩大生产规模，不断满足中间商的要求。只有如此，双方之间的关系才会长久，才会取得良好的效益。企业的产品优质、畅销是对中间商最好的激励。

3.对重要的中间商给予特殊政策

重要的中间商是指生产厂商的的主要分销商，他们的分销积极性至关重要。对于这些分销商应采取必要的政策倾斜。

（1）互相投资、控股。生产厂商和中间商通过相互投资，成为紧密利益统一体，从经济利益机制上保证双方合作得更一致、更愉快。

（2）给予独家经销权和独家代理权。在某一时段、某一地区只选择一家重要的中间商来分销商品，有利于充分调动其积极性。

（3）建立分销委员会。吸收重要的中间商参加分销委员会，共同商量决定商品分销的政策，协调行动，统一思想。

4.共同促销

生产者需要不断地进行广告宣传来增强或维持产品的知名度和美誉度，否则中间商可能拒绝经销。同时，生产者也希望中间商承担一定的广告宣传工作。另外，生产者还应经常派人前往一些主要中间商那里，协调安排商品陈列，举办产品展览等。

5.人员培训

随着产品的技术含量越来越大，对中间商的培训也越来越重要，生产厂家应经常向中间商提供这种服务，尤其是对销售人员和维修人员的培训。

6.协助市场调查

任何中间商都希望得到充分的商业情报。因此，生产者应协助中间商搞好市场分析和市场调查。这包括寄发业务通讯及期刊等，并保持良好的沟通状态。尤其在销售困难的情况下，中间商特别希望生产者能协助其进行市场分析，以利推销。实践表明，生产厂家只有与中间商保持经常的、密切的联系，才能减少彼此之间的矛盾。

7.销售竞赛

除了销售利润外，生产者还给予销售成绩优秀者一定的奖励。奖励可以是奖金，也可以是奖品，也包括免费旅游或精神奖励，如在公司的刊物或当地报纸上公布于众。

8.物质利益保证

为了进入市场，扩大市场份额和争取中间商，往往需要给中间商一个具有竞争力的销售量边际利润，这是一种最简单而直接的手段。如果中间商经销产品的利润不高，他就会缺少积极性。有的企业为了获取中间商的全面合作，建立起报酬制度。比如，生产厂家不直接付给20%的销售佣金，而是按下列标准支付：保持适度的存货，付5%；满足销售配额的要求，付5%；有效地服务顾客，付5%；及时通报顾客的意见及建议，付5%。

案例解析 5-2

阿里牵手苏宁——电商的实体渠道之路

背景与情境：

中国最大的两家电商平台京东、阿里巴巴相继牵手线下零售巨头。阿里和苏宁联姻的消息在各种扑朔迷离的猜测中落地。阿里巴巴283亿元投资持股苏宁19.99%。以此计算，阿里对苏宁的整体估值达1 415亿元，比苏宁停牌时的市值溢价近40%。另一边，苏宁以不超过140亿元拿下阿里1.09%的股份。换股的方式颇有歃血结盟之意——"毕竟阿里不缺钱，交叉持股比直接投资更显诚意。"一位接近交易的人士说。

两家公司在交易中的诉求并不相同，但已经激起强烈的市场情绪。它们后续的合作能否有所建树，取得"化学反应式"的成功，很可能预示新的线上线下贯通的商业逻辑和模式能否形成。

阿里"图"苏宁什么？仔细分析阿里-苏宁联姻的逻辑，阿里看上苏宁的不仅是3C品类和大家电的供应链，最主要的还有苏宁的线下门店、物流和售后能力。苏宁持续关店，但至今仍然有1 600多家线下门店、3 000多家售后服务网点下沉到四、五线城市。供应链方面，苏宁拥有5 000多个加盟服务商。

另一方面，阿里仍不会放弃家电和3C品类。《2015年上半年中国家电分析报告》称，目前的家电网购市场规模为1 361亿元，同比增长64%，这一成熟品类甚至高于网上零售平均增速25个百分点。与服饰等阿里最主要的品类不同，家电和3C品类只有解决了线下配送物流和售后，才可能有规模化的交易。在转型过程中，阿里还需要更丰富的品类、品牌。

从阿里和苏宁提出的合作框架来看：苏宁的家电和3C等主力品类要和天猫电器城"组合"，苏宁门店为所有线上消费者提供售后服务，支付宝全面进驻苏宁。终极目标是"苏宁全国1 600多个线下门店和阿里全线打通"。

双方联姻的逻辑很简单，但操作并不容易。对于苏宁来说，首先需要面对的问题就是，苏宁易购要怎么重新定位，和天猫电器城将是怎样的竞合模式？其次，如果销售大量来自线上，甚至有可能大量来自天猫旗舰店，而苏宁的优势是线下体验店和售后点，那么，阿里和苏宁的线上线下利益将如何再分配？还有，在接入菜鸟后，苏宁和日日顺这两个阿里都投资的物流体系，怎样来竞争和协同？两个都强势的公司要协同，需要的不仅仅是信任，更是"断、舍、离"的决心。

思考：

（1）你如何看待电子商务传统渠道的结合？

（2）根据案例材料，分析阿里巴巴的渠道策略。

讨论分析：

个人：请每位同学在固定的学习笔记本上列出阿里公司对家电和3C产品的重视情况，然后列出阿里公司的渠道融合模式，并进行分析。

小组：请同学每6个人为一小组，各自发表看法，然后小组成员共同讨论，形成小组意见，准备在班级交流。

班级：每个小组推选一位代表在班级交流，陈述本组见解。

老师：在黑板上把各小组分析的细分依据做简要记录。各小组陈述完毕后，老师结合各小组内容进行总结，明确渠道预案策略的选择和决定渠道策略时应注意的问题。

做一做

【典型业务实例5-2】

大经销商？小经销商？你选谁？

背景与情境：

某建材品牌进入市场已经1年多了，目前经销商数量有100多个，但忠诚的、优质的经销商却不多。由于是新品牌，销售人员为了快出业绩，于是去找一些市场上比较成功的大经销商。经过努力，也说服了一些代理大品牌的大经销商。一年下来，大经销商对新品牌不够重视，并未收到预期的业绩。"经销商都是人家的好""好经销商太稀缺了"，很多厂家都发出这样的感叹。开发的一些规模稍小的经销商，3个月才发一批货，业绩极不理想，于是销售人员砍掉了第一批发货少的经销商，又开发了一批。一年下来，大部分地区的经销商都换了一次，陷入"开发新经销商——→发货——→销量低——→配合差——→淘汰经销商——→再找新经销商"的"恶性循环"。目前，问题重重：

（1）七成的经销商都是新的，经销商开发、维护成本增大。

（2）经销商与厂家的磨合不够，理念与行动难以同步。

（3）品牌口碑不佳，经销商对厂家的信心严重不足。

思考：

（1）假设你是该企业的营销人员，该如何进行经销商的选择和管理呢？

（2）上述案例的处理对渠道成员的选择有何启发？

【拓展空间5-2】

列出建材行业的5家企业，分析每一家企业的品牌影响力、规模和销售额。结合其中一家企业，谈一谈该企业经销商的选择，并结合相关知识，前瞻性地分析该企业未来的渠道管理和渠道商选择。

【营销训练5-2】

体验渠道成员的招募和选择

背景与情境：

在"选择渠道结构"内容的学习中，你根据行业特点、产品特点和竞争情况，对空调、手机、饮料等熟悉的行业进行了渠道结构的选择。在此基础上，假设你所在的公司是一家中小企业，请你结合本任务所学知识，进行渠道成员的招募与选择的操作。

【训练目标】

在确定渠道结构的基础上，通过运用渠道成员的评价体系，结合渠道模式的选择，对渠道中间商的确定进行实际体验，更好地理解有关知识，掌握渠道成员选择技能，进一步培养自己与人沟通、与人交流、解决问题的能力。

【操作流程】（如图5-5所示）

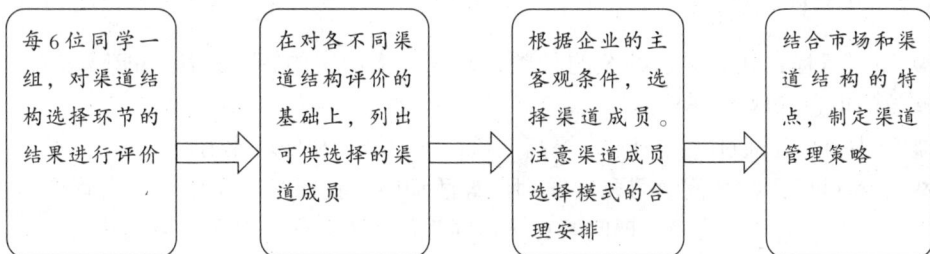

每6位同学一组，对渠道结构选择环节的结果进行评价	在对各不同渠道结构评价的基础上，列出可供选择的渠道成员	根据企业的主客观条件，选择渠道成员。注意渠道成员选择模式的合理安排	结合市场和渠道结构的特点，制定渠道管理策略

图5-5 体验渠道成员的招募和选择操作流程图

【成果形式】

××公司关于空调（手机、饮料）行业渠道成员选择的课业报告。

【效果评价】（见表5-5）

表5-5 　　　　　　　　　　××产品渠道成员选择评分表

评价指标（分值）	标准	小组自评（30%）	小组互评（30%）	教师评分（40%）	最后得分（分）
渠道成员的评价（30分）	合理运用渠道成员评价的标准				
渠道成员选择模式（30分）	根据企业的主客观条件，选择渠道成员；注意渠道成员选择模式的合理安排；选择方法正确；过程说明清晰；结果具有说服力（每小项6分）				

评价指标 （分值）	标准	小组自评 （30%）	小组互评 （30%）	教师评分 （40%）	最后得分 （分）
目标市场营销 策略（20分）	分析不同渠道成员选择的差异；合理选择 渠道结构和成员；思路清晰；策略得当 （每小项5分）				
目标市场体验 活动中的表现 （20分）	从活动准备、与人交流、与人合作、问题 解决、信息处理等方面评价（每小项 4分）				
合计（100分）					
老师评语		签名：	日期：		
学生意见		签名：	日期：		

▶ 任务三 创新渠道管理

【任务目标】

● 知识目标：认知渠道冲突的种类；掌握渠道冲突的解决方法，能够结合创新，进行有效的渠道管理。

● 能力目标：通过学习训练，提高渠道冲突的分析和处理能力。

● 素养目标：在案例学习和实践训练等活动中，让同学们在创新渠道管理的过程中关注营销职业道德和营销伦理问题；培养同学们与人合作、自我学习的能力。

【任务导入】

苏宁力推双线同价的背后

背景与情境：

很多人觉得苏宁推出的双线同价策略可能会因为股价波动被迫放弃执行，苏宁推双线同价之后，线下毛利将会下降。因此，苏宁双线同价不久就会被放弃，这是想当然的说法。苏宁推出双线同价的困难可不仅仅是线下毛利的问题，还包括与供应商之间的关系处理、线上线下后台系统的整合、快速变动的价格体系等。

苏宁推双线同价是因为电商一直给消费者灌输线上要比线下便宜的消费认识，而且，目前此种消费认识已经深入人心，从而催生了比价族。苏宁要做的就是扭转这种消费观，线下不仅不比线上贵，还要比线上服务好，以此来挽回消费者的流失。这么做可能会损失一定的利润，但会留住客户，损失利润最多是少赚点，但流失客户意味着商品卖不出去，少赚点与卖不出去哪个危害更大？苏宁根本无路可退，双线同价必须推行。

过去，苏宁实际上拥有线上线下两个渠道，是两个公司、两个组织、两个品牌和两个运营的体系，而在苏宁组织架构调整之后，把它们变成了一个公司、两个窗口、两个平台，共享后台的存货、物流、信息和服务等资源，是按照一个公司、两个窗口、两个平台的方式进行打造，这其中出现的双线融合问题就在价格体系上，苏宁只有解决了线上线下的价格体系问题才能完成战略调整，实现双线融合。

苏宁易购开放平台的发展随着苏宁易购的发展需要不断地做出调整。上线初始，苏宁易购开放平台的功能并不完善，但到了2012年年底，苏宁易购开放平台的基本功能已全部落实，当时已具备全面开放的基础条件。但正式开放之前，还需要一段测试期，苏宁易购选择了多家具备入驻资格的企业进行开放平台测试，据说有百余家企业参与了苏宁易购开放平台的测试。

经过组织架构大调整，苏宁易购开放平台升级为苏宁开放平台，平台建设由电子商务经营总部牵头，商品经营总部负责招商，连锁平台经营总部参与开放平台的线下运营部分。苏宁开放平台对入驻商家开通线下渠道，在苏宁易购开店的同时，还可以根据自身需要选择在苏宁全国各地区的门店进行铺货，帮助入驻商家一举完成线上线下双渠道的布局。

思考：

（1）苏宁线上线下的渠道会不会产生冲突？

（2）你认为该如何解决好线上线下的冲突？

学一学

分销渠道网络构建完后并不是一劳永逸的，生产者必须定期检查中间商的表现、评估渠道绩效，并在此基础上对分销渠道的结构和政策进行必要的评估调整与修改，提高分销渠道的绩效、增强渠道的活力，实现制造商的分销渠道目标。同时，生产者和渠道之间、渠道成员之间有时也会存在着矛盾和冲突，需要进行正确的处理。

一、管理分销渠道

（一）分销渠道的检查和调整

1.分销渠道检查

分销渠道建立起来后，生产者必须定期按一定标准衡量中间商的绩效，评估是否取消那些影响渠道绩效的中间商，如销售量达成情况、库存、破损处理、促销合作、货款结算、交货时间等。

（1）渠道绩效评估流程。渠道绩效评估是指生产者应用科学方法对其分销渠道系统的绩效进行客观的考核与评价。制造商进行分销渠道系统的绩效评估流程包括制定渠道绩效评估标准和制定渠道绩效评估制度。

①制定渠道绩效评估标准是进行公平、公正的渠道绩效评估的基础，渠道绩效评估标准应采用历史比较或区域比较方法，从渠道组织、渠道运行、渠道服务、渠道经济性等角度来建立，可参照表5-6进行。

表5-6 **某生产制造商渠道绩效评估标准示例**

项目（%）	内容（%）	标准	评分
渠道组织（20%）	管理人员素质（10%）	大专以上学历，1年以上工作经验	
	终端控制占比（10%）	终端控制比例目标（50%）	
渠道运行（40%）	覆盖率（10%）	覆盖率达成目标（90%）	
	渠道冲突（10%）	适度	
	销售量（20%）	占总销售额的70%	
渠道服务（20%）	信息沟通（5%）	准时呈报公司报表	
	物流服务（5%）	准时、准确交付	
	促销效率（5%）	信息、物件准时送达	
	顾客投诉（5%）	投诉率小于1%	
渠道经济性（20%）	渠道费用（10%）	达到公司要求标准	
	渠道利润（10%）	达到公司要求标准	

②制定渠道绩效评估制度是提高生产者分销渠道效率的好方法，该制度的建立，为管理者提供了一个了解制造商渠道现有水平、实现营销渠道绩效水平的机会。定期的渠道绩效评估，可使管理者认清分销渠道的差距，及时改进，保持分销渠道与制造商营销目标的一致性。

（2）渠道绩效评估的要素。从渠道管理组织、渠道运行状况、渠道服务质量和渠道经济效果四个方面进行渠道绩效评估，见表5-7。

表5-7 **渠道绩效评估要素表**

要素	说明
渠道管理组织	评估渠道管理组织绩效，先评估渠道管理人员的素质和能力是否达到渠道管理人员所需的素质和能力要求；再评估生产者对渠道终端的控制能力
渠道运行状况	按照渠道通畅性、覆盖面、流通能力及渠道冲突性进行评估
渠道服务质量	从渠道的信息功能、实体功能、促销功能的执行情况进行评估
渠道经济效果	运用渠道的投入产出评估。其中投入评估是分析评估渠道费用，常用历史比较法与区域比较法，有渠道总成本、单位产品渠道成本、分产品渠道成本、销售利润率、资产收益率等指标。产出评估是分析评估渠道的销售量、销售额、市场占有率等指标

2.分销渠道调整

检查与评估分销渠道后，为了适应不断变化的环境，应及时改进影响渠道效率的渠道安排。调整分销渠道的方法有调整中间商、调整分销渠道、建立新的分销方式。

（1）调整中间商，增加或减少个别中间商。在产品各个生命周期中，一直保持竞争优势的分销渠道是没有的。新产品需要专门设计分销渠道，培养一批用户。新产品的销售中间商会要求独家经销，而成熟期的产品，因标准化程度高、消费者认可度高，不再需要专业销售，可采用密集分销渠道。

（2）调整分销渠道，增加或减少特定的分销渠道。现有的分销渠道不可避免地与理想的渠道之间出现差距，如果不调整现有渠道，渠道的能力就会随着时间的推移而减弱，消费者会转向那些能为他们提供所需利益和服务水平的分销系统。因此，当消费者购买行为发生变化时，必须及时调整分销渠道。

（3）建立新的分销方式。这是指在一个特定的市场上，建立新的分销或销售货物的方式。不断变化的营销环境，使生产者面临越来越多的竞争者。生产者通过单一渠道销售产品会越来越难，许多生产者开始进行多渠道分销，以扩大市场覆盖面、增加销售、降低分销成本。

【教学互动5-4】

互动内容：

如何确定渠道结构和渠道商的管理是否成功？

互动要求：

（1）结合有关渠道评价的相关知识，发表个人见解，也可以和你的同伴简单沟通后回答。

（2）教师对学生的回答进行点评。

（二）分销渠道冲突管理

由于分销渠道是由不同的独立利益企业组合而成的，出于对各自物质利益的追求，相互间的冲突是经常的。必须正视渠道冲突，并采取切实措施来协调各方面关系。

1.渠道冲突的类型

渠道冲突有两种：横向冲突和纵向冲突。

（1）横向冲突。横向冲突是指存在于渠道同一层次的渠道成员之间的冲突。如某产品在某一市场采取密集型分销策略，其分销商有超市、便利店、大卖场等，由于各家公司的进货数量、进货环节不同引起进货成本的差异，加上各企业不同的促销政策，同一产品在不同类型零售企业中会有不同的零售价。为此，这些企业之间有可能发生冲突。

（2）纵向冲突。纵向冲突是指分销渠道不同层次类型成员之间的冲突，如生产者与批发商之间的冲突，生产者与零售商之间的冲突等。生产者要以高价出售，并倾向于现金交易，而中间商则愿意支付低价；生产者希望中间商只销售自己的产品，中间商只要有销路就不关心销售哪一种产品；生产者希望中间商将折扣让给买方，而中间商却宁肯将折扣让给自己；生产者希望中间商为他的产品商标做广告，中间商则要求生产者付出代价。同时，每一成员都希望对方多保持一些库存等等。

2.处理渠道冲突的原则

冲突是一种营销管理的推动力量，它能迫使管理层不断检讨和改善管理。处理渠道冲突的原则为：

（1）促进渠道成员合作。分销渠道的管理者及其成员必须认识到，网络是一个体系，一个成员的行动常常会对促进或阻碍其他成员达到目标产生很大的影响。处理矛盾及促进合作的行动，要从管理者意识到网络中的潜在矛盾时开始，生产者必须发现中间商与自己不同的立场。

（2）密切注意网络中的冲突。在分销渠道网络中经常会发生拖欠贷款、相互抱怨、推迟完成订货计划等问题，渠道管理者应关注实际问题或潜在问题所在，并及时找到真正的原因。

（3）设计解决冲突的策略。第一种是从增进渠道成员的满意程度出发，采取分享管理权的策略，接受其他成员的建议。第二种是在权力平衡的情况下，采取说服和协商的方法。第三种是使用权力，用奖励或惩罚的办法，促使渠道成员服从自己的意见。

（4）渠道管理者发挥关键作用。合作是处理冲突的根本途径，但要达到目标，渠道管理者应主动地走出第一步，并带头做出合作的努力。

（5）渠道成员调整。单纯地注意冲突和增进合作并不一定能保证完成渠道分销任务，有时有些渠道成员确实缺乏必要的条件，如规模太小、销售人员不足、专业知识不足、财务状况不良等。此时，就应果断做出调整和改组的决策。

二、创新分销渠道

1.渠道创新的动力

激烈的市场竞争促使企业不断进行技术、产品和推广等方面的创新。然而，在渠道方面，大多数企业沿用的仍是经营初期传统的渠道模式和管理方式。经济的发展必然带来分销渠道的变革，市场竞争日趋增强的激烈性和对抗性，要求企业经营更加深入化和细致化，要求其提高对市场资源的可控程度。面对市场经营从粗放型向集约型转变的新环境，传统渠道模式在效率、成本及可控性等方面的劣势日益突出。而分销渠道作为企业最重要的资源之一，其"自我意识"和不稳定性对企业的经营效率、竞争力和经营安全形成的局限与威胁却逐渐显现，因而对分销渠道的重新整合成为企业关注的话题。概括起来，分销渠道创新的主要动力来自于：

（1）旧的渠道结构无法满足市场发展的需求。市场发展进入新阶段，旧模式难以适应新要求。从渠道成员的地位变化角度来看，我国市场分销渠道发展经历了从重视厂家阶段到重视经销商阶段，最终进入重视消费者阶段的过程。重视消费者阶段的表现特征是一切围着消费者转，一切以消费者满意为目标。这就要求产品要以最方便的途径让消费者购买，要求厂家以最快捷的速度对消费者的购买需求和评价做出反应。然而，松散的、间接型的传统渠道模式由于中间商与厂家一般不是一对一的关系，且利益关系是相对独立的，属于买卖型关系而非合作型关系，每个环节上的保价行为都会使双方形成对立，这就制约了厂家与消费者的直接沟通，影响了渠道效率。

（2）分销渠道成本控制成为渠道管理的重点。由于竞争越发激烈，企业利润变薄，进入了微利时代，渠道利润空间也相应越来越小，渠道成本的控制就尤显重要。

（3）对分销渠道的辐射力和控制力要求更高。一般企业在经营前期以及产品进入市场之初都是相当弱小的，资源十分缺乏。利用经销商的网络资源推广产品是一种合理、有效的方式，当然付出的代价是形成对经销商的依赖性。当企业规模越来越大时，随着品牌影响力的不断增大，为了规避渠道风险并为后续产品奠定渠道基础，厂家对渠道辐射力和控制力的要求就会更高。一些企业甚至可以凭借自身的财力和市场管理经验组建自己的分销网络，例如，联想对其经销商实行特许经营，把渠道成员纳入自己的规范、控制之下。从市场竞争的需要和企业长远的利益来看，掌握渠道主动权具有十分重要的意义。

（4）新技术的出现和广泛运用。随着以互联网为代表的新技术和新的经济模式的出现，新的销售模式也得到了广泛的应用，网购正被越来越多的人特别是年轻一族所追捧，这也会不断催生新的分销渠道模式。

2.渠道的发展趋势

随着市场竞争的加剧，渠道市场迅速发展，渠道创新的速度也越来越快，营销渠道出现了许多新的发展趋势。

（1）大型化趋势。批发商、零售商作为营销渠道中的主要环节，正日趋大型化和规模化，众多的"巨无霸"式的超大企业、连锁企业，在各国都发挥着越来越重要的作用，它们通过资源共享、批量采购、统一配送等各种方法，减少了环节、降低了成本，在激烈的市场竞争中有了更大的优势。

（2）多渠道组合。多渠道组合的概念最早是由两位英国渠道专家提出来的。其核心思想是企业建立两个或更多的营销渠道，以到达一个或多个目标市场的做法。多渠道组合的原则，包括利润目标、渠道覆盖面与满足重点目标的统一、化解渠道冲突。多渠道组合的类型包括三种：①集中型组合方式：把多条营销渠道在单一的产品市场进行组合，这些渠道间彼此重叠、相互竞争。②选择型组合方式：针对不同的细分市场，采取不同的渠道模式进行产品的分销，多种渠道之间既互不重叠，也互不竞争。③混合型组合方式：对上述两种组合方式的综合运用。

案例解析5-3

O2O怎么玩？看看不一样的1919

背景与情境：

自2013年白酒行业进入深度调整期后，业内人士都在思考如何度过寒冷的"严冬"。新媒体的兴起、移动终端的蓬勃发展让白酒行业又看到了O2O的潜力，下面，让我们看看经销商的选择。

线上线下一体化是"酒类连锁——1919"的商业模式精髓，它是在"电商+店商"的基础上，将互联网技术引入传统的零售店铺管理，建立起线上线下有效结合、立体联动的信息化酒类立体销售平台，其使线上线下进行社会化分工协作，以达到效率最高、成本最低的效果。基于这个线上线下结合、互补的模式，"1919"创新性地跨过各级经销商和终端的多级周转，砍掉中间环节的层层加价和费用，实现与厂家零距离、与消费者零距离，保证了低价优势和超高的性价比。

在这个模式中，线下的实体店发挥了重要作用。目前，在"1919"的订单总量中，电话订购约占60%，网络销售占10%，实体店销售占30%。实体店在发挥终端零售和提高消费者购物体验等功能之外，还构成了"1919"的物流体系，对线上和电话订单进行配送，实现连锁零售和配送点的一体化运营。

门店本身就相当于仓储配送站，不需要再单独租赁库房，不需要仓储费用，也不需要单独的物流，店员就是搬货员、理货员和送货员，利用门店人员的富余精力就可以完成货物配送。配送范围在距离门店不到1公里，甚至半公里，以此实现对消费者"半小时送货"的承诺。实体店的作用还不止于此。除了构成自身物流体系、减少线上销售的物流成本之外，实体店还能承接其他电商的物流配送任务，让物流创造价值。目前，"1919"已与国内某原装进口葡萄酒电商签订协议，成为其第三方物流配送公司。

思考：

如何描述"1919"酒类连锁的渠道模式优势？，这种渠道模式的创新和独特之处有哪些？

讨论分析：

个人：通过网络或实地调研，感性认知"1919"酒类连锁。请每位同学在固定的学习笔记本上列出"1919"酒类连锁的渠道模式，然后列出其独特之处，并进行对比分析。

小组：请同学每6个人为一小组，各自发表看法，然后小组成员共同讨论，形成小组意见，准备在班级交流。

班级：每个小组推选一位代表在班级交流，陈述本组见解。

老师：在黑板上把各小组分析的渠道创新点做简要记录。各小组陈述完毕后，老师结合各小组内容进行总结，明确渠道创新的方向，强调渠道模式创新应注意的问题。

做一做

【典型业务实例5-3】

七匹狼的渠道管理

背景与情境：

大多数传统品牌在涉足电子商务的过程中，总会遇到内外两大矛盾：外部的电子商务渠道和经销商渠道的冲突，内部的电子商务部门与其他部门的冲突。不过，七匹狼在淘宝系平台上的销售额突飞猛进，这样的成绩源于七匹狼电商有效的渠道策略：先放水"养鱼"，再对大经销商进行"招安"扶持。

从2008年开始，七匹狼的产品已经开始在淘宝上销售了。那时候，电商渠道还未引起大多数传统品牌商对其的重视。当时，网络上销售的主要是库存货或者串货来的商品。"我们的策略是扶良除假。"钟涛表示，当时七匹狼自己还没有涉足网络销售，也没有经验。因此，对于网上销售七匹狼产品的网店，只要其不卖假货，价格、拿货渠道等公司都不加干涉。

与此同时，七匹狼电商也在淘宝平台上开设了自己的旗舰店，目的是了解这个市场的规则，只有在市场中运营，才能知道谁做得最好。

经过渠道战，淘宝系平台上2010年发展起来5个大的经销商，其平均1年的回款量在3 000万元，营业额差不多在5 000多万元，七匹狼将其称为"五虎上将"。在2010年后，七匹狼电商开始以网络渠道经销授权的方式，对渠道进行梳理规范，同时对"五虎上将"进行"招安"。

对于网络经销商的管理，并不仅仅是简单的授权。以"五虎上将"为例，最初，这几个大经销商同在淘宝平台，时常会打价格战。"招安"后，七匹狼电商部门开始挖掘他们各自的优势。这些大经销商有的擅长休闲类产品，有的擅长商务类产品，有的擅长用户数据分析。找到各自的优势之后，七匹狼对这些经销商进行了有针对性的引导。

七匹狼还有类似于线下加盟店的"大店扶持计划"，即单独返点。据介绍，在线下，某些大区的经销商会在当地做一些品牌推广的活动，对这样的运营费用总部会承担30%。线上的"五虎上将"也被视为大店，七匹狼对他们的优势进行挖掘后，有针对性地进行扶持，这样他们就愿意一致对外了。

很多传统线下品牌为了解决线上线下渠道的冲突，采取了线上创立新品牌或者线上生产网络专供款的策略，而七匹狼并不这么做。七匹狼的线下线上冲突不明显，这与七匹狼的线下模式有关。据了解，七匹狼依托加盟店扩张，按照其政策，加盟店如果3年不赚钱，总部就要收归直营，第二年不赚钱就要被监管。因此，七匹狼的线下店全国只有1 000多家。在这种情况下，线下经销商往往不愿意囤货，如果能卖掉150件，往往只进100件，这样会避免因库存压力带来的损失。而线下库存压力小，对于线上的折扣销售就没有那么敏感。

思考：

（1）分析七匹狼针对渠道冲突的管理过程。

（2）七匹狼的渠道冲突管理的创新点是什么？

【拓展空间5-3】

（1）列出你所熟悉的5种服饰品牌，逐一列出它们的渠道模式。

（2）结合服装行业的情况，你认为渠道创新的方法可以有哪些？

【营销训练5-3】

体验分销渠道创新

背景与情境：

在互联网和移动互联应用日趋普遍的背景下，单纯的百货和专卖店销售渠道方式受到了巨大的冲击。在此基础上，假设你在服装行业的一家企业，请你结合本任务所学知识，进行分销渠道创新的实施操作。

【训练目标】

在对渠道结构和渠道的优缺点进行学习的基础上，根据消费者的消费习惯，确定正确的分销渠道结构和方式，对分析渠道创新进行实际体验，更好地理解分销渠道的相关知识，掌握分析分销渠道设计的相关技能，进一步培养自己与人沟通、与人交流、解决问题的能力。

【操作流程】（如图5-6所示）

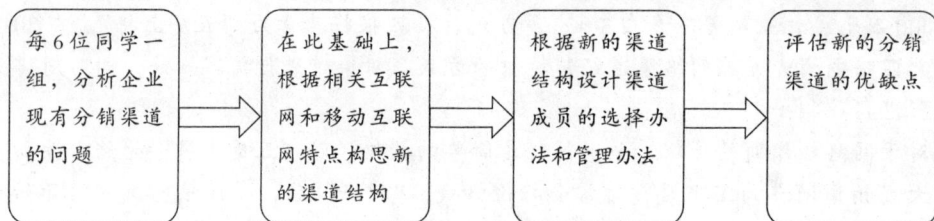

| 每6位同学一组，分析企业现有分销渠道的问题 | → | 在此基础上，根据相关互联网和移动互联网特点构思新的渠道结构 | → | 根据新的渠道结构设计渠道成员的选择办法和管理办法 | → | 评估新的分销渠道的优缺点 |

图5-6　体验分销渠道创新操作流程图

【成果形式】

××公司关于服装行业分销渠道创新的课业报告。

【效果评价】（见表5-8）

表5-8　　　　　　　××公司分销渠道创新评分表

评价指标（分值）	标准	小组自评（30%）	小组互评（30%）	教师评分（40%）	最后得分（分）
现有分销渠道问题的评价（30分）	分析渠道结构，结合产品特点、消费者习惯和技术发展进行评价。确定现有渠道存在的主要问题（每个方面的运用5分，最多30分）				
新的分销渠道的设计（30分）	分析企业的主客观条件；确定线下渠道的主要任务；确定线上渠道的目标；设计说明清晰；结果具有说服力（每小项6分）				
新的分销渠道（20分）	分析现有的技术特点；为新的渠道结构选择发展方式，做出结论；分析过程思路清晰；策略得当（每小项5分）				
选择渠道成员进行管理（20分）	从对渠道管理方法进行分析和设计、与人交流、与人合作、问题解决、信息处理等方面评价（每小项4分）				
合计（100分）					
老师评语		签名：　　　　日期：			
学生意见		签名：　　　　日期：			

思考与练习

1.关键术语

分销渠道：是指产品或服务在从生产者向消费者转移的过程中，取得这种产品或服务的所有权或帮助所有权转移的所有企业与个人。

直接分销渠道（也称零阶渠道）：是指没有中间商参与，由生产者直接将产品销售给用户的渠道类型。

间接渠道：是指由一级或多级中间商参与，产品需经一个或多个中间环节销售给用户的渠道类型。

单渠道：是指生产者在一定的目标市场中，只选择一种分销渠道的模式。

多渠道：是指生产者在一定的目标市场中，选择多种分销渠道的模式。

中间商：是指产品从生产者转移到消费者的过程中，专门从事商品流通的企业。

2.选择题

○ 单项选择题

(1) 消费者中的耐用消费品、高档消费品等一般选择的分销策略是（　　　）。

A.选择性分销　　　　B.独家分销　　　　C.大量分销　　　　D.密集性分销

(2) 直接分销渠道主要用于分销的产品是（　　　）

A.消费品　　　　B.产业用品　　　　C.农产品　　　　D.食品

(3) 生产者除了选择和激励渠道成员外，还必须定期评估他们的（　　　）。

A.贷款返还能力　　　B.财务状况　　　　C.绩效　　　　D.违约赔偿能力

(4) 以下对直接渠道描述不正确的是（　　　）。

A.对于用途单一、技术复杂的产品，可以有针对性地安排生产

B.生产者直接向消费者介绍产品，便于消费者更好地掌握产品性能、特点及使用方法

C.生产者在产品销售上需要花费一定的人力、物力、财力，使销售范围受到较大限制，从而会影响销售量

D.生产者和消费者不能直接沟通信息，生产者不易准确地掌握消费者的需求，消费者也不易掌握生产者的产品供应情况和产品的性能特点，生产者难以为消费者提供完善的服务

(5) 企业不通过流通领域的中间环节，采用产销合一的经营方式，直接将商品卖给消费者的是（　　　）。

A.直接渠道　　　　B.间接渠道　　　　C.宽渠道　　　　D.窄渠道

○ 多项选择题

(1) 渠道成员包括（　　　）。

A.生产企业　　　　B.用户　　　　C.物流公司　　　　D.代理商

(2) 对渠道方案进行评估时，常用的评估标准有（　　　）。

A.渠道通畅标准　　B.经济性标准　　　C.可控性标准　　　D.适应性标准

（3）制造商自组销售队伍的原因是（　　）。

A.与顾客已有广泛的接触，拥有广泛的顾客群

B.会全力倾注于公司的产品上

C.受过较好的训练

D.由于其前途维系于公司的发展，他们表现比较积极

（4）下列关于购买行为因素对渠道长度影响的描述，正确的是（　　）。

A.顾客购买量越大，越适合使用较长的渠道

B.顾客购买频度越高，越适合使用较长的渠道

C.顾客购买季节性越强，越适合使用较长的渠道

D.顾客购买探索度越高，越适合使用较长的渠道

（5）影响分销渠道设计的因素有（　　）。

A.顾客特性　　　　　　　　　　B.产品特性

C.竞争特性　　　　　　　　　　D.企业特性

3.判断题

（1）分销商介入渠道交易能够减少交易次数，因此，使用的分销商越多，渠道效率就越高。　　　　　　　　　　　　　　　　　　　　　　　　　（　　）

（2）产品的用户数量少、分布相对集中、单次交易批量较大，则营销渠道网络倾向于以间接分销为主的模式。　　　　　　　　　　　　　　　　　　　　（　　）

（3）渠道目标包括顾客需求与渠道成本两个方面，一般来说，企业目标要服从于顾客目标。　　　　　　　　　　　　　　　　　　　　　　　　　　（　　）

（4）随着渠道"扁平化"时代的到来，消灭中间商是渠道变革中迟早要发生的事。

　　　　　　　　　　　　　　　　　　　　　　　　　　　　　　　（　　）

（5）在评估渠道方案时，需考虑的因素是经济性。　　　　　　　　（　　）

4.案例分析题

农夫山泉的天然水的代价

背景与情境：

不管是"有点甜"的"山泉"，"喝前摇一摇"的"农夫果园"，还是功能性饮料"尖叫"，一直到现在"底气十足"的"汽茶"，"农夫"的产品势头强劲、掌风凌厉。但是，渠道的短缺已经成了困扰"农夫"多年的问题。

农夫山泉出道之时，一边是本土大鳄"娃哈哈"，另一边是"可口可乐""百事可乐"这些外资巨头。同样是进军水市场，娃哈哈显然是农夫山泉最直接的对手。当时已经和法国达能合资的娃哈哈不仅拥有国内最大的纯净水生产厂，而且还有果奶、AD钙奶、碳酸饮料、茶饮料、营养八宝粥等几十种同一品牌的产品，规模优势明显，这使得娃哈哈能够牢牢控制着已经建设了近10年的渠道。资料显示，娃哈哈在全国各地有3 000多个经销商，另有成千上万的二级、三级分销商，娃哈哈掌门宗庆后被称为"织网大师"，通过这张网，娃哈哈产品可抵达最偏远的农村。

农夫山泉采用的是与娃哈哈相同的经销商制度，但是无论在规模、知名度还是信誉度上，农夫山泉都无法和娃哈哈相比。据一位农夫山泉内部人士透露，当时农夫山泉急

于在全国铺设一级经销商，无暇顾及更深入、细分的市场，为后来渠道广而不深留下后患。娃哈哈经销商拿货必须提前付款，娃哈哈先付利息，销售结束后，娃哈哈返还抵押款，并给经销商返利。而当时农夫山泉"先拿到货款几乎是不可能的事情"，这位内部人士说。

农夫山泉各地经销商的进货数量和娃哈哈经销商的进货数量无法同日而语。据农夫山泉一位销售人员回忆，当时农夫山泉水的销量和当时的"水王"娃哈哈相比，始终没有超越1∶10。但是，农夫山泉也有其销售强势的地区。"上海、北京、深圳，这三个城市是农夫山泉做得最好的地方。"一位长期观察农夫山泉的资深人士说，"因为农夫山泉的产品比市场上同类产品高端，以天然为卖点，更符合大城市消费者的需求。"而另一个不能忽视的事实是，农夫山泉出道的1997年，正是家乐福这样的大卖场在中国一线城市跑马圈地的时段，农夫山泉抓住了这个机会。在上海等主要城市的超市里，其至今依然是其他水产品的劲敌。

2000年农夫山泉发起"天然水和纯净水"的争论，农夫山泉名气扶摇直上。农夫山泉成了高品质和健康水的代名词，也让其宿敌——同城的娃哈哈讨不着半点便宜。但是没有想到，这个"天然"也成了日后农夫山泉全国扩展的一个限制。因为天然，农夫山泉在选择水源和瓶装厂的时候限制很多：瓶装厂要接近水源，水源必须符合农夫山泉的宣传口号"无污染、源自天然"。时至今日，农夫山泉在全国也只有4个生产厂，"这4个生产厂靠近农夫山泉的4个水源：吉林、河源、丹江口，还有千岛湖。"农夫山泉的内部人士说。生产能力的局限不仅影响着"农夫"系列饮料产品的产量，更导致"农夫"物流成本居高不下。由于只有4个生产厂，农夫山泉大多数产品的运输都是远距离运输。农夫山泉所有生产厂都选择在有铁路终端的地区，然而铁路运输成本高，而且不能直达很多销售网点。

思考：
（1）同种类的产品、同样的经销商模式，农夫山泉的劣势在哪里？
（2）农夫山泉该如何进行渠道变革？
分析要求：
（1）根据上面的资料，分析农夫山泉的渠道结构及其经销商的管理制度。
（2）查阅资料，从产品、定位等多方面，分析农夫山泉的渠道变革中心应该是什么。

项目六

活学活用——事件营销策划

项目概述

  随着计算机网络技术的发展和越来越多社会热点的爆发，事件营销正在成为企业的重要营销手段。事件营销是社会焦点事件与营销手段的结合，所以其在事件选择、应用条件、运作模式以及运作流程等方面，都要遵循特定的原则和规范。本项目将系统地阐述事件营销的定义、原则和特征，实施事件营销的条件、流程与模式。

项目结构

项目六内容结构如图6-1所示。

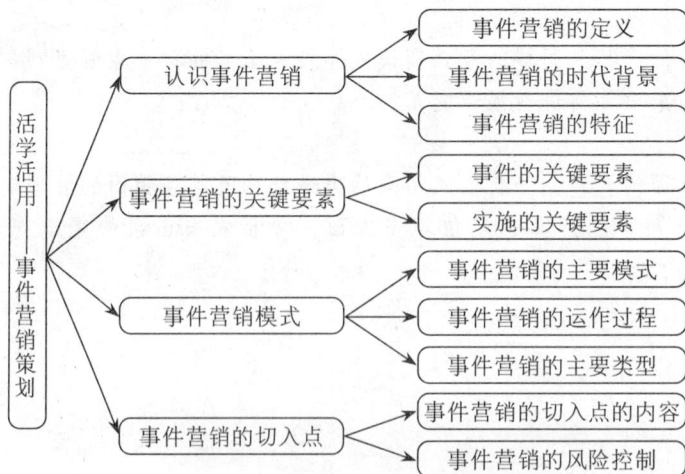

图6-1　项目六内容结构图

任务一 认识事件营销

【任务目标】

● 知识目标：理解事件营销的定义；掌握事件营销的原则；能够结合典型案例分析事件营销的特征。

● 能力目标：通过学习训练，提高对事件营销基本概念的理解。

● 素养目标：在案例学习和实践训练等活动中，让同学们在事件营销实践过程中关注营销职业道德和营销伦理问题；培养同学们与人合作、自我学习的能力。

【任务导入】

ALS冰桶桃战

背景与情景：

ALS冰桶挑战由国外传入，并经国内最大的社交平台微博不断发酵。率先接受挑战的，是科技界类似于雷军、李彦宏这样的大佬们。而后，娱乐圈的各路明星也纷纷加入活动，使冰桶挑战的热度持续升温。围观的群众们表示虽然自己被点到名的可能性非常之小，但看着平日里高高在上的名人们发如此亲民又好玩的视频实乃一大乐趣。

ALS中文全称是"肌萎缩侧索硬化症"，患有此病的波士顿学院的著名棒球运动员Pete Frates希望更多人能够关注到这一疾病，于是发起冰桶挑战。活动规则如下：被点名的人要么在24小时内完成冰桶挑战，并将相应视频传上社交网站；要么为对抗ALS捐出100美元。因挑战的规则比较简单，活动得到了病毒般的传播，并在短短一个月内集得了2.57亿美元的捐款。

ALS冰桶挑战是一次公益与营销十分有效的结合，可能Pete Frates在发起这项活动时都没有料想到会有如此疯狂的传播，这也算是"无心插柳柳成荫"。不少品牌也纷纷依靠此活动借势营销，较有名的就是三星向苹果发起了类似的"冰桶挑战"。

思考：

（1）ALS冰桶挑战如何成为备受关注的焦点事件？

（2）从ALS冰桶挑战来看，如何理解事件营销的定义和特征？

资料来源 根据飞象网2015年1月7日相关报道整理得来。

学一学

当前，计算机网络技术的发展使越来越多社会热点事件备受关注。同时，网络互动技术的应用为消费者提供了多样化的媒体选择。基于这样的时代背景，事件营销正在成为企业重要的营销手段。

一、事件营销的定义

事件营销是指企业通过策划、组织和利用具有新闻价值、社会影响以及名人效应的人物或事件，吸引媒体、社会团体和消费者的兴趣与关注，以求提高企业或产品的知名度、美誉度，树立良好的品牌形象，并最终促成产品或服务销售的手段和方式。

这里所说的事件是指能够引起社会关注的焦点、大众关心的话题和议题。企业利用这些事件的社会关注度，把自己和事件进行某种关联和捆绑，从而在媒体报道与消费者参与事件的时候，达到提升企业形象以及销售产品的目的。企业可以参与大众关注的焦点话题，将自己带入话题的中心，由此引起媒体和大众的关注；也可以通过自身策划富有创意的活动，引起媒体或者大众关注。

事件营销集新闻效应、广告效应、公关效应、形象传播、客户关系管理于一体，具有很强的传播能力，具有事半功倍的营销效果，并为新产品推广、品牌展示创造机会，形成一种快速提升品牌知名度与美誉度的营销手段。

二、事件营销的时代背景

（一）移动互联网规模不断扩大

互联网正在改变所有人的生活轨迹，由此而生的热门事件层出不穷，回顾历年的热门事件，我们不得不承认互联网尤其是移动互联网规模的扩大为事件营销提供了快速传播的基础。

数据显示，我国互联网用户2014年年末已经达到了6.68亿，手机互联网用户已经达到近6亿，如图6-2所示。互联网上的消息可以同时传送给数以亿计的用户，为一个话题或事件形成了最好的传播条件。

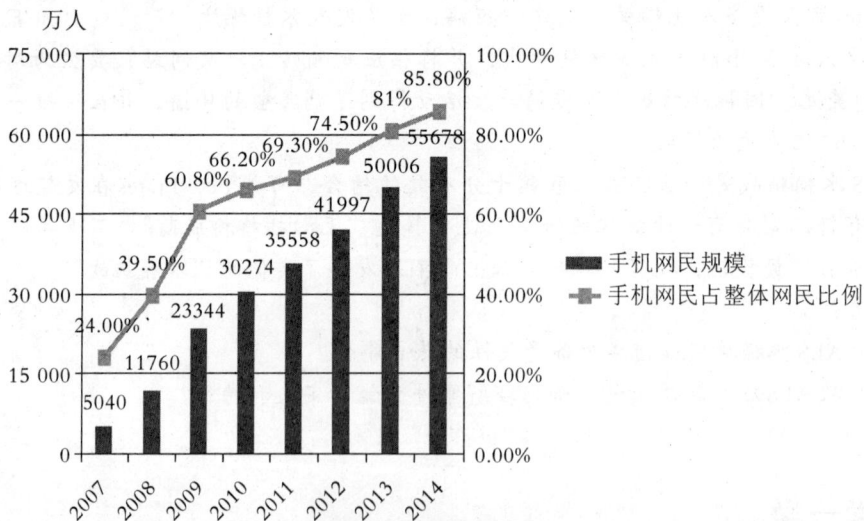

图6-2 中国手机互联网用户数量统计图

此外，社交媒体的流行，让更多人的交流变得没有障碍。目前中国社交媒体用户已经达到6.59亿，手机社交媒体用户5.74亿，这个数字基本说明了，每个用户在使用互联网的同时都在使用社交软件。

社交媒体的高度开放性，与传统的媒体单位需要严格审核完全不同，你只需要轻轻一点，就可以将正在发生的事情发送给数以亿计的互联网用户，这为事件营销的传播打通了最便捷的渠道。

（二）热点事件备受关注

随着民主意识和参与意识的增强，公众对于社会热点事件的关注超过了以往任何一个时代。社会热点事件的发生，往往会迅速传播并引起公众对事件的参与。热点事件备受关注为事件营销带来了机会和挑战。

互联网时代，网络的迅速发展导致信息量的爆炸式激增，人们的注意力取代信息成为稀缺资源。企业可以利用事件营销制造或者放大社会热点事件，通过对公众态度和关注度的有效把握，传播产品、品牌信息，使得公众的稀缺注意力聚焦于信息、事件和企业上面，把注意力转换成经济价值。

（三）注意力经济时代的来临

注意力经济是指企业最大限度地吸引用户或消费者的注意力，通过培养潜在的消费群体，以期获得最大未来商业利益的一种特殊经济模式。

在当今信息过剩的社会，吸引人们的注意力往往会形成一种商业价值，获得经济利益，在这种经济状态中，最重要的资源既不是传统意义上的货币资本，也不是信息本身，而是大众的注意力，只有大众对某种产品注意了，其才有可能成为消费者购买的产品。

事件营销成功的关键就是将公众的关注点、事件的核心点、企业的诉求点重合起来，做到三点一线，击中目标。事件营销强调注意力、企业、社会三者之间的一致性，可以说注意力经济为事件营销提供了目标。

（四）营销娱乐化提高了事件营销的参与度

娱乐营销，就是借助娱乐的元素或形式在产品与客户的情感之间建立联系，从而达到销售产品，培育忠诚客户的目的。从娱乐营销的原理分析，娱乐营销的本质是一种感性营销，感性营销不是从理性上去说服客户购买，而是通过感性共鸣从而引发客户的购买行为。

营销娱乐化把握了目标受众的心理特点，像植物的向光性那样，追求欢乐也是人的本性。营销娱乐化的趋势为提高事件营销的参与度提供了条件。谁能向顾客提供欢乐，消费者就会青睐谁的产品。事件和娱乐营销正在进行前所未有的亲密接触，创造快乐基因，让产品和服务充满快乐的元素，将娱乐元素导入事件营销中，是营销创新的新趋势。

三、事件营销的特征

（一）目的性

事件营销有明确的目的，这一点与广告的目的性是完全一致的。事件营销的第一步就是要确定自己的目的，然后明确通过何种事件达到营销目标。

（二）风险性

事件营销风险是指企业在利用事件营销的过程中，由于各环节的复杂性、多变性、不确定性以及企业对事件营销认知能力的有限性，使企业事件营销的策划及实施与市场发展变化不协调，从而可能导致事件营销活动受阻、失败或达不到预期的市场营销目标，甚至对企业的生存发展产生影响的各种风险。

事件营销的风险来自于媒体的不可控和事件接受者对事件的理解程度。事件营销的风险有战略风险、定位风险、营销策略风险及事件营销执行后期整合风险。企业只有具备风险意识和完备的事件营销组织、正视事件环境和企业能力、建立风险管理机制等才能提高成效降低风险。

（三）低成本

事件营销一般主要通过软文形式来表现，从而达到传播的目的，所以事件营销相对于平面媒体广告来说成本要低得多。事件营销最重要的特性是利用现有的、非常完善的传播体系，来达到传播的目的。由于事件的发生可能是免费的，事件营销参与者的主动性以及互联网传播的低成本性使事件营销成为一种较低成本的营销手段。

（四）新颖性

事件营销往往是通过当下的热点事件来进行营销，这样事件营销就是拿当下最热的事情来展现给客户。它可以集合新闻效应、广告效应、公共关系、形象传播、客户关系于一体来进行营销策划，新颖性的事件营销已成为营销传播过程中的一把利器。

✓ 做一做

✏️ 【典型业务实例6-1】

宝马&奔驰同类竞品，罕见联手世界杯营销

背景与情境：

同为德系汽车高端品牌，宝马和奔驰在世界杯期间，同时在其官方微博上贴出了为德国队加油的微博，并共同推出"We are one team"这样一个主题精神，为了支持国家而"化敌为友"，让人感动。这种同类竞品之间的互动营销，也实属罕见。

两大品牌还纷纷以国家之名来进行各种致敬，奔驰以致敬德国国家足球队的球星为主，而宝马则是向一个个被淘汰的球队致敬。面对这一破天荒的举动，网友们惊呼"是激情还是基情"。

思考：

结合事件营销的背景分析该事件营销。

📋 【拓展空间6-1】

某个行业利用体育赛事简要设计事件营销。

🔖 【营销训练6-1】

事件营销的环境分析

背景与情境：

请选择服饰、食品、洗化等行业的典型产品，通过走访该产品的市场营销人员和消

费者，查找有关资料，根据事件营销的定义和条件，列出该行业所发生的重要事件，分析事件营销的背景、目标和挑战等。

【训练目标】

通过事件营销环境分析的实际体验，熟悉事件营销环境分析的具体运用技巧，更好地理解事件营销的定义、背景和特征，掌握事件营销环境分析的技能，进一步培养自己与人沟通、与人交流、解决问题的能力。

【操作流程】（如图6-3所示）

图6-3 事件营销环境分析操作流程图

【成果形式】

关于××行业事件营销环境分析的课业报告。

【效果评价】（见表6-1）

表6-1　　　　　　　　　　　××行业事件营销环境分析的评分表

评价指标 （分值）	标准	小组自评 （30%）	小组互评 （30%）	教师评分 （40%）	最后得分 （分）
认识事件营销的表现 （20分）	选择服饰、食品、洗化等行业，回顾并分析该行业所发生的事件营销（每分析一个营销事件给5分，最多20分）				
事件营销环境分析 （30分）	列出该行业在线上、线下所发生的重要事件，分析事件营销的背景、目标和挑战等因素（每一项15分）				
事件营销环境分析课业报告 （30分）	格式规范；内容完整；事件营销环境分析明确；过程说明清晰；成果展示有特色（每小项6分）				
分析体验活动中的表现 （20分）	从活动准备、与人交流、与人合作、问题解决、信息处理等方面评价（每小项4分）				
合计（100分）					
老师评语		签名：　　　　　　日期：			
学生意见		签名：　　　　　　日期：			

任务二　事件营销的关键要素

【任务目标】

● 知识目标：学习和把握事件营销中事件的关键要素；掌握事件营销实施的关键要素。

● 能力目标：通过学习训练，提高对营销策划中事件营销要素分析的操作能力。

● 素养目标：在案例学习和实践训练等活动中，让同学们在事件营销要素分析过程中关注营销职业道德和营销伦理问题；培养同学们与人合作、自我学习的能力。

【任务导入】

联想大拍手机携手《小时代4》

背景与情境：

2015年7月，电影领域的最大话题莫过于已经出到第四部的系列电影《小时代》了。联想非常清楚造势不如借势的道理，于是携手《小时代4》，借势电影热潮，精准锁定目标群体，颠覆传统电影营销模式，以微博为阵地，打造最快、最精准的事件营销。

事件营销的核心就是通过和电影主创一起追踪网友对电影的热议方向，选择最热的4个话题，将联想大拍手机进行植入，伴随电影热度同步推广。从6月25到7月8日，也就是电影上映的前两周，《小时代4》的热度飙升，强势抢占热门话题，登上微博热门话题搜索顶端。趁着热度迅速攀升的绝佳时机，联想大拍以导语植入、背景水印、头像压脚、IFRAME嵌套等组合拳形式，抢占《小时代4》官方微博首页，迅速成为电影独家赞助商。同时，以"留住小时代里的感动"为主题，绑定联想大拍线下手机摄影大赛、抽奖活动、写影评赢联想大拍活动，引起小时代粉丝疯狂转发参与，牢固绑定联想大拍与小时代电影热点，实现手机品牌最大曝光。

思考：

实施事件营销的关键要素有哪些？

资料来源　佚名. 造势不如借势且看联想大拍与《小时代4》的完美"联姻"[EB/OL]. [2015-10-16]. http://www.yingxiao360.com/htm/20151016/16479.htm.

学一学

事件营销是在真实和不损害公众利益的前提下，有计划地策划、组织和利用热点事件的活动。通过制造、利用热点事件，吸引媒体和社会公众的兴趣和注意，以达到提高社会知名度、塑造企业良好形象和最终促进产品或服务的销售。事件营销的关键要素体现在事件以及实施的方式和过程中。

一、事件的关键要素

（一）事件具有较强的时效性

事件营销是以当时的时代背景为前提的，能够反映时代背景并且具有营销价值的事件是非常稀缺的营销资源，必然会受到众多企业的关注。因此，快速地抢占热点事件就成为事件营销的基本条件。

事件营销中的事件一定是最新发生的事件，哪个企业先与其关联，哪个企业就会在消费者心目中留下先入为主的第一印象。企业在第一印象上的竞争，决定了事件的时效性成为企业事件营销的一个基本要素。同时，也要求企业要具备对事件的高度敏感性，要第一时间抢占事件营销资源。

（二）事件具有可传播性

传播是指社会信息的传递或社会信息系统的运行，信息是传播的内容。事件营销的成功得益于事件传播的速度和范围，那么事件的可传播性就非常关键。事件中涉及的人物、地点等知名程度越高，大众关注的程度越高，事件的可传播性就越大，如政府要人、知名人士、历史名城、古迹胜地，往往都是事件营销所依附的对象。

（三）事件具有接近性

事件的接近性主要指地理、心理、利益、年龄、经历等方面与目标受众的接近。一般情况下，离目标受众越近、关系越密切、经历越相近的事件，就越为其所关注，事件营销的价值也就越大。

事件的接近性也决定了目标受众的参与程度。事件接近性越高，目标受众的参与程度就越高。目标受众的参与程度是事件营销成败的关键因素。互联网技术尤其是移动互联网的应用，极大地提高了大众参与的便捷程度，如果能够获得公众的广泛参与，事件营销就能事半功倍。

（四）事件与企业战略的一致性

事件营销并非单纯的操作，事件营销有其清晰的目标，其中的一个重要目标就是企业战略。企业战略要求事件营销成为长期性、连贯性的企业传播工具。事件营销是在企业战略的串联下，连贯和持续的过程。事件营销只有和企业战略、品牌形象等一致，才能取得更大的效果。

优秀的事件营销活动必须与企业的核心竞争力、价值观以及品牌核心内涵紧密相连，使得事件营销在实施过程中，给受众完整的体验和价值受让，使消费者在体验中积累对产品的信赖、对品牌的依赖和忠诚。

（五）事件不能逾越道德和法律的底线

在事件营销中，利用或制造某些噱头进行炒作，确实是提高企业和产品影响力以及扩大知名度等不可或缺的一种方式。富有"正能量"的事件营销更能获得公众价值观的认可，同时也能正确引导消费，对社会和公众健康生活都会起到积极作用。但在某些事件营销中，其商业行为沦落为"恶俗炒作"的代名词，尤其是某些突破道德底线甚至廉耻边界的炒作，不仅遭到社会公众的唾弃，更会受到必要的处罚和惩治。在事件营销中所选取和策划的事件要具备一定的文化理念，守住社会道德与法制的底线。

二、实施的关键要素

（一）具有强烈的传播意识

企业利用事件营销的最终目的是要提升品牌的影响力并创造良好的价值，因此企业要具备较强的事件传播意识，及时、主动地宣传事件，通过传播手段传达给消费者。在如今的时代，一个企业的价值往往取决于消费者的关注程度。所以在事件营销中，要从全局上把握传播的核心价值，抓住传播的要点，主动为媒体提供事件素材，使事件快速传播。事件营销要"花一分做事，花九分宣传"，同时更要保持事件营销的长期宣传效应，将事件营销作为长期的品牌发展战略，更加系统地整合利用各种营销手段，使各种营销手段间能有机地配合和互补。

（二）合理安排传播环节

对于企业营销事件传播而言，有四个重要环节：企业营销事件（传播内容）、目标受众、媒介（传播渠道）选择、传播载体与方式。目标受众决定传播渠道和传播活动的形式，目标受众又为传播内容提供方向和依据。明确目标受众的目的在于用尽可能少的资金达到尽可能大的效果。分析目标受众，主要包括两个方面：一是找出企业所要面对的目标受众，即细分受众；二是进行目标受众影响因素分析。在明确传播内容、目标受众之后，需要做的工作就是选择合适的传播渠道、传播载体和传播活动方式了。传播手段的多样化，为传播形式的多样化提供了更多可能。企业所需要的就是从中选择合适的组合，保证有效的传播到达率，不同类型的事件将产生不同的传播形式组合。

事件营销对策划者来说应关注的是营销，而不是事件本身。所以企业在运作事件营销的过程中，关键是要搭载事件来传播企业的良好形象、品牌的经营理念以及产品或服务的信息。因此，按照整合营销传播的思想，企业应在搭载热点事件的基础上，积极借助广告、公共关系、人员销售、销售促进等方式向消费者传达一致的信息，起到借势、造势并延势的作用。

（三）选择强势媒体

在媒体的选择上，由于消费者生活方式不同、地域文化的差异等因素的影响，在不同地区应当选择相应的媒体进行发布，才能使事件能更加有效地在地区传播。事件营销可选择的媒体种类有很多，所针对的人群、传播途径、传播效果等都存在着差异。传播媒体一般包括报纸、杂志、电台、电视、网络等。尤其是移动互联时代，以移动终端为强势媒体进行发布，是最有效也是最常用的媒体发布手段。为了达成事件营销的目标，还要决定好哪些为主要媒体，哪些为辅助媒体。

（四）注重营销事件传播的持续性

在网络时代，每时每分每秒都有新的信息出现，已发布的事件若不及时加以反复传播，便会立刻被铺天盖地的新信息所淹没。所以，当营销人员发布了事件新闻后，应该立刻对该事件进行及时的转发或引用，利用网络资源的共享性和传播的时空性，把事件营销内容推向更多的受众人群。

【教学互动6-1】

互动内容：

移动互联技术的发展为事件营销提供了什么条件和挑战？

互动要求：

（1）结合有关事件营销要素的知识，发表个人见解，也可以和你的同伴简单沟通后回答。

（2）教师对学生的回答进行点评。

做一做

【营销训练6-2】

事件营销要素的分析

背景与情境：

请选择服饰、食品、洗化等行业的典型产品，通过走访该产品的市场营销人员和消费者，查找有关资料，依据事件选择和事件营销实施的关键要素的理论，列出该行业在事件营销中事件选择和事件营销实施的关键要素。

【训练目标】

通过事件营销要素分析的实际体验，熟悉事件营销要素分析的具体运用技巧，更好地理解事件营销的关键要素，掌握事件营销要素分析的技能，进一步培养自己与人沟通、与人交流、解决问题的能力。

【操作流程】（如图6-4所示）

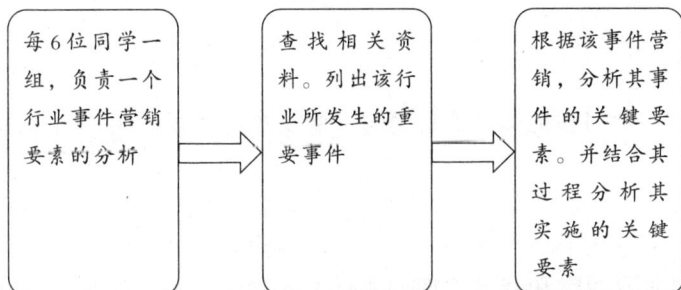

每6位同学一组，负责一个行业事件营销要素的分析 → 查找相关资料。列出该行业所发生的重要事件 → 根据该事件营销，分析其事件的关键要素。并结合其过程分析其实施的关键要素

图6-4 事件营销要素分析操作流程图

【成果形式】

关于××行业事件营销要素分析的课业报告。

【效果评价】（见表6-2）

表6-2　　　　　　　　　　××行业事件营销要素分析的评分表

评价指标（分值）	标准	小组自评（30%）	小组互评（30%）	教师评分（40%）	最后得分（分）
热点事件查找与分析（20分）	选择服饰、食品、洗化等行业，查找该行业的热点事件（每分析一个热点事件给5分，最多20分）				

续表

评价指标 （分值）	标准	小组自评 （30%）	小组互评 （30%）	教师评分 （40%）	最后得分 （分）
事件营销要素 分析（30分）	列出该行业在事件营销中事件选择和事件营销实施的关键要素（每项15分）				
事件营销要素 分析课业报告 （30分）	格式规范；内容完整；事件营销要素分析明确；过程说明清晰；成果展示有特色（每小项6分）				
分析体验活动 中的表现 （20分）	从活动准备、与人交流、与人合作、问题解决、信息处理等方面评价（每小项4分）				
合计（100分）					
老师评语		签名：		日期：	
学生意见		签名：		日期：	

▶ 任务三　事件营销模式

【任务目标】

● 知识目标：学习和把握事件营销的主要模式；掌握事件营销模式应用的具体方法、策略和目标。

● 能力目标：通过学习训练，提高对营销策划中事件营销模式的操作能力。

● 素养目标：在案例学习和实践训练等活动中，让同学们在事件营销模式选择过程中关注营销职业道德和营销伦理问题；培养同学们与人合作、自我学习的能力。

【任务导入】

科鲁兹掀背车借力中国好声音进行微博推广

背景与情境：

科鲁兹掀背车上市之前，在沟通平台的选择上，采用了音乐和电影组合的方式与当代年轻人沟通。通过赞助当下中国最火爆的音乐选秀类节目《中国好声音》，将学员令人称奇的表现，与科鲁兹掀背车的表现作精神关联。由于好声音的播出周期长达三个月，刚好覆盖了新车预热到上市之后的一段时间。科鲁兹掀背车利用好声音的话题和赞助条款中可以使用的一切便利条件和学员、导师一起进行展示。在每场比赛的开始、进程中以及赛后，抓住比赛热点，及时沟通。通过原创及转发内容与好声音选手进行互动，多次曝光科鲁兹掀背车的生活态度以及做最闪亮战绩的核心思想。

思考：

（1）科鲁兹掀背车的事件营销的模式是什么？

（2）试分析该事件营销的过程。

资料来源 根据梅花网2015年3月4日相关内容整理得来。

学一学

营销模式是指人们在营销过程中采取的不同方式方法。营销模式的核心在于如何去执行，把一个好的营销策划案执行到位，取得最大的营销效果。事件营销是通过把握事件传播的规律，利用或制造具有新闻价值的事件，通过具体的操作，达到良好的营销效果。事件营销的模式主要体现在利用或制造事件的手段或事件本身的差异上。

一、事件营销的主要模式

企业进行事件营销主要有两种模式：借力模式和主动模式。

（一）事件营销中的借力模式

借力模式是指企业将事件营销向社会热点话题靠拢，从而实现公众由热点话题的关注转向对企业事件营销的关注。借助社会热点开展事件营销是比较省力、高效、可靠的事件营销策略。

然而我们所处的时代，每天资讯繁多，事件不断发生，但真正吸引注意力的事件并不多。如果按事件的本质去划分，主要有：政治性事件、危机性事件、娱乐性事件、新闻性事件、体育性事件和公益性事件。其中，政治性事件主要是国家之间、政党之间等发生的相关事件；危机性事件主要是在行业发生的危机和不可抗力事件；娱乐性事件是大众可以参与的、能够引起震撼和狂热的事件；新闻性事件主要是一些重大的突破性事件；体育性事件是重大体育赛事；公益性事件是与社会公益活动结合起来的一些事件和活动。作为事件营销策划过程来说，需要对不同事件进行全面分析，在合适的时间内采取合适的方式，使事件与营销策划有效结合。关注和寻找热点事件是最为基础的一步，事件营销要有敏锐的洞察力和判断力，在众多事件中挖掘筛选出自身可以利用的热点。时事、行业动态、网络热门话题等都可以成为事件营销借力模式的依托。

（二）事件营销中的主动模式

主动模式是指企业的营销策划人员，从企业的实际及营销需求出发，按照事件传播规律，"制造"营销事件，吸引媒体的注意和报道，以此来树立企业的品牌形象，营造企业良好的外部发展环境，创造产品市场，培养、培育消费需求，从而达到与其他企业的产品竞争、多销售产品的目的。这是一种在产品质量、服务水平、经营管理策略等方面创造出热点事件的商业经济行为。

事件营销主动模式的基础在于媒体由被动模式向主动模式的转变。在市场化的进程中，媒体之间的竞争变得越来越激烈。媒体开始由原来的"等料"向主动"找料"转变，很多媒体力图通过各种渠道来获得新闻事件的"独家采访权"。各媒体纷纷把触角延伸到社会的各个角落，去寻觅各类的新闻事件，这无疑给善于创造事件营销的企业提供了更多的机会，企业可以利用自己所创造的事件得到更多注意力，来达到自己的宣传目的。

事件营销的主动模式要求营销策划人员经过精心策划，有意识地安排某些具有传播价值的事件在某个选定的时间和地点发生，由此制造出适于传播媒介报道的新闻事件。营销事件的策划有三个直接的目的：一是形成社会广泛关注的热点话题；二是有大量媒体介入，并与网络媒体形成周而复始的推波助澜；三是有大量受众人群主动参与复制、传播话题，并且在此过程中产生病毒裂变效应，出现不同衍生话题的讨论和相关表现形式。

二、事件营销的运作过程

事件营销有其自身的运作规律，加强对事件营销过程的认识和管理，有助于使事件营销有序、有效地向着企业所期望的方向发展。这要求我们首先要对事件的主要内容和配套条件等方面进行调查研究和分析比较，并对事件营销以后可能取得的经济效益及社会环境影响进行预测，为事件营销提供一种综合性的系统分析。

首先，在确定了事件营销的对象和可以利用的事件以后，根据事件营销的目标，结合财务预算、目标受众等因素，制定事件营销策划方案。

其次，事件营销要借助于热点事件，热点事件可以采用借力模式，也可以采用主动模式，从而引起广泛关注。

然后，事件营销要依靠媒体的传播才能发挥作用。因此，在完成了事件营销策划方案后，要确定合适的传播媒体。传播媒体一般包括报纸、杂志、电台、电视、网络等。尤其是移动互联时代，以移动终端作为强势媒体进行发布，是最有效也是最常用的媒体发布手段。

媒体选择之后，企业就要切实贯彻事件营销的传播计划，使传播始终指向既定的方向，贯穿于事件的策划、发生、进展和结束。在传播过程中，企业通常会利用网络媒体，对该事件持续进行关注，引起广泛的争议，形成热点话题，造成在互联网上广泛传播与转载。随后，大量媒体跟进报道，达到事件营销的效果。事件结束，并不意味着传播的结束，特别是后续跟踪报道，要做到有始有终。

最后，事件营销结束传播过程后，企业应当对事件营销的效果进行评估。对事件营销的规划目标与实施结果进行对比，寻找差距，发现遗漏，为下一次的事件营销积累经验。

三、事件营销的主要类型

（一）热点事件营销

热点事件营销是最容易引起轰动的营销方式，借助社会上的热点事件联系到自身，进行广泛的互联网信息传递。虽然如此，热点事件营销也有其限制，首先热点事件营销要能和自身产品或企业结合起来，否则即使事件热了，对自身也没有太大的作用；其次是谨慎借用热点事件，有些热点事件虽然能够引起民众的注意，但是若是许多网民对此怀有批判的态度，那么若借助此事件进行营销，也许反而会产生相反的效果。

(二)节日事件营销

节日事件营销是比较广泛也比较容易利用的营销方式。节日营销的关键点是情感传递,如在母亲节,进行母亲节节日营销的时候,事件营销与母爱结合起来。进行节日事件营销,就是确定自己企业或产品的消费群体,将事件、节日与目标群体结合,通过节日氛围传递情感,这样能够起到事半功倍的作用。

(三)活动事件营销

活动事件营销一般而言是自我策划的活动。活动营销的最大特点就是根据自身所针对客户的喜好进行活动策划,目标针对性极强。在当今社会,活动事件营销最广泛的传播渠道为移动互联网,凭借着数亿的人群以及简单的传递模式,一件事件能够快速地扩散开来。除了自我策划的活动外,另外一种就是借助其他主体策划的活动事件,如某赛车比赛,企业就能策划一起与该活动相关联的送门票活动,只要转发就能有机会获得门票,如此简单的抽奖机会相信许多人都会参与。

【教学互动6-2】

互动内容:

试举例分析事件营销的两种模式及其实施的效果?

互动要求:

(1)结合有关事件营销模式的知识,发表个人见解,也可以和你的同伴简单沟通后回答。

(2)教师对学生的回答进行点评。

案例解析6-1

华为T2211——爱要喊出来

背景与情境:

每年的3月14日为白色情人节,华为公司利用这一节日热点,抓住年轻群体,进行了以"华为T2211——爱要喊出来"为主题的事件营销。

该事件营销首先拍摄了一段集70后、80后、90后的各种表白方式于一体的互动视频。跨越时空,横穿各个年代,观者似乎可以感受到无论时间如何改变,爱情始终是甜蜜和纯真的,变化的只是表达爱的手段。

然后,用户可以通过登录活动网站去表达爱!活动网站中的视频可以让用户加入自己的表白元素,成为一段独一无二的表白视频。用户可以将自己的情书嵌入视频、将自己的照片嵌入视频、录制一段视频嵌入等等。用户编辑好告白视频后可以转发给自己喜欢的人和朋友,也可以单独录制一段告白视频上传到活动网站。通过参与以"华为T2211——爱要喊出来"为主题的事件营销,用户可以赢取华为T2211-3G手机。

从三月活动启动开始,T2211产品销量直线攀升,一度达到全国营业厅周销售第一名,成为华为产品中销量最高的明星产品,并成为华为经典的事件营销推广案例。

资料来源 佚名.华为T2211-爱要喊出来[EB/OL].[2011-09-01].http://www.meihua.info/a/61498.

思考：

（1）以"华为T2211——爱要喊出来"为主题的事件营销采用了何种模式？

（2）在事件营销中体现了哪些事件营销的要素？

讨论分析：

个人：请每位同学首先搜集相关资料，在固定的学习笔记本上列出模式分析和关键要素分析，并进行探讨。

小组：请同学每6个人为一小组，各自发表看法，然后小组成员共同讨论，形成小组意见，准备在班级交流。

班级：每个小组推选一位代表在班级交流，陈述本组见解。

老师：在黑板上把各小组的模式分析和要素分析做简要记录。各小组陈述完毕后，老师结合各小组内容进行总结。

做一做

【典型业务实例6-2】

"帮汪峰上头条"背后的事件营销

背景与情境：

2015年9月13日，汪峰发布一篇上千字图文并茂的感言，瞬间就被王菲、李亚鹏的离婚消息淹没；11月9日，汪峰在演唱会上向章子怡深情表白，没想到转眼就被恒大夺冠的消息冲到不见；11月13日，吴奇隆、刘诗诗和杨幂、刘恺威等多对娱乐圈情侣组团式公开恋情或婚讯，让本来可以凭新歌登上话题头条的汪峰再一次落了空。这引发了网友的不平，他们想尽一切办法要帮汪峰上头条。段子手的发力，网友的热烈参与调侃和吐槽，女友章子怡也在汪峰发布新单曲后不久，主动转发其微博，为其打气。随后，"上不了头条的命""帮汪峰上头条""章子怡力挺汪峰上头条"等相关话题在微博持续发热，纷纷登上微博热门话题。汪峰的单曲《生来彷徨》也成为微博话题24小时榜top1，终于如愿上了头条。

"帮汪峰上头条"不仅为汪峰带来了其他热门事件难以带来的曝光度，更让其赚了个盆满钵满。截止到2015年11月14日凌晨2点，汪峰歌曲首发微博转发量超过了9万条，歌曲试听量突破100万，共有28 183个网友对该话题点赞，还有十几万网友直接参与表态。这对于推广新专辑的汪峰来说，是比头条更为让人欣喜的消息。

从网络到平媒，汪峰的"头条"之火蔓延到了各大报纸。11月14日早晨，各家报社文娱头条纷纷刊登出汪峰上头条的报道，让汪峰实实在在在狠狠过了一次头条瘾。

思考：

（1）帮汪峰上头条属于事件营销的哪种模式？

（2）帮汪峰上头条的事件营销过程有哪些环节？

（3）该事件营销达到了什么效果？

【拓展空间6-2】

你从"帮汪峰上头条"的事件营销中获得了哪些启示。

讨论分析：

个人：请每位同学搜集相关资料，在固定的学习笔记本上列出该事件营销的相关资料，对该事件营销的环节、过程和效果进行分析。

小组：请同学每6个人为一小组，各自发表看法，然后小组成员共同讨论，形成小组意见，准备在班级交流。

班级：每个小组推选一位代表在班级交流，陈述本组见解。

老师：在黑板上把各小组对该事件营销的环节、过程和效果的分析作简要记录。各小组陈述完毕后，老师结合各小组内容进行总结，明确对该事件营销的环节、过程和效果的分析。

【营销训练6-3】

事件营销模式选择

背景与情境：

请选择服饰、食品、洗化等行业的典型产品，分析该行业的事件营销的条件和因素，确定事件营销的模式。

【训练目标】

通过事件营销模式选择的实际体验，掌握事件营销的两种模式，运用借力模式或主动模式，达到熟悉事件营销过程的目的，进一步培养自己与人沟通、与人交流、解决问题的能力。

【操作流程】（如图6-5所示）

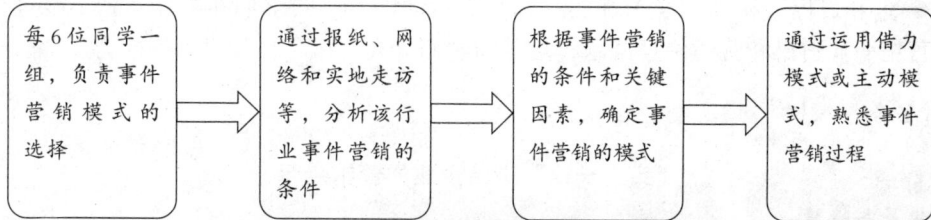

| 每6位同学一组，负责事件营销模式的选择 | → | 通过报纸、网络和实地走访等，分析该行业事件营销的条件 | → | 根据事件营销的条件和关键因素，确定事件营销的模式 | → | 通过运用借力模式或主动模式，熟悉事件营销过程 |

图6-5　事件营销模式选择操作流程图

【成果形式】

关于××企业事件营销模式选择的课业报告。

【效果评价】（见表6-3）

表6-3　　　　　　　　　　　**××企业事件营销模式选择的评分表**

评价指标（分值）	标准	小组自评（30%）	小组互评（30%）	教师评分（40%）	最后得分（分）
调查行业热点事件（20分）	选择服饰、食品、洗化等行业的典型产品，充分进行热点事件调查（每调查一个热点事件给5分，最多20分）				
事件营销模式选择过程（30分）	结合调研结果，分析事件营销的条件、关键因素，对事件营销模式进行选择（每小项10分）				
事件营销模式选择课业报告（30分）	格式规范；内容完整；模式选择明确；模式选择过程清晰；成果展示有特色（每小项6分）				
事件营销模式选择活动中的表现（20分）	从活动准备、与人交流、与人合作、问题解决、信息处理等方面评价（每小项4分）				
合计（100分）					
老师评语			签名：　　　　日期：		
学生意见			签名：　　　　日期：		

▶ 任务四　事件营销的切入点

【任务目标】

● 知识目标：在明确热点事件类型的基础上，掌握事件营销的切入方式。

● 能力目标：通过学习训练，提高对营销策划中事件营销的操作能力。

● 素养目标：在案例学习和实践训练等活动中，让同学们在事件营销实践过程中关注营销职业道德和营销伦理问题；培养同学们与人合作、自我学习的能力。

【任务导入】

"头上长草"带给企业的营销启示

背景与情境：

2015年，出游的小伙伴们一定会发现一个现象，就是好多人在自己头上"竖了根草"。相信很多人的第一反应是"好萌啊"，在产生好奇的同时，也产生了一个疑问，为什么这个"头上长草"这么火？它是怎么火起来的？"头上长草"所代表的是一种萌文化，这种萌文化作用于80后和90后人群，孕育于信息交互极快的社交媒体，表现形式往往是漫画作品，小草发卡是这一文化的衍生形式。每一个买发卡的人都打上了一个

"萌"的标签，标签赋予人们"萌"的能量，并传递给别人，每一个看到小草发卡的人都会接收到"萌"的能量。闲不住的段子手们轮番上阵，进一步刺激了事件的病毒式传播。"头上长草"发卡的热销不知道能持续多久，但是源于亚文化、根植于新世代心中的萌文化，又会打上什么新的标签进行赋能，我们拭目以待！

思考：

（1）如何理解萌文化、"头上长草"发卡和事件营销之间的关系？

（2）"头上长草"事件营销的切入点是哪种类型？

资料来源　刘文中．如何引爆流行？"头上长草"带给企业的营销启示［EB/OL］．［2015-10-09］．http://www.meihua.info/a/64824.

学一学

一、事件营销的切入点的内容

（一）以热点政治事件切入

政治事件是指与国家政治有直接联系的事件，是一切政党活动以及一切与政权有关的活动。重大政治事件往往在短时期里给人民以强烈的刺激，并引发社会总体的关注。因此，重大的政治事件就成为事件营销的有效切入点。例如，统一石化在伊拉克战争期间，快速应对，在战争爆发后第一时间推出的广告"多一点润滑、少一点摩擦"大大提升了统一石化的美誉度，同时借助央视广告提升了统一润滑油的知名度，巧妙地结合产品、时机，在短期内让统一润滑油吸引了大量受众的眼球，有效地与政治性事件结合在一块。

（二）以热点社会事件切入

热点社会事件普遍是指在社会中引起广泛关注、参与讨论、引发强烈反响的事件，通俗来讲热点社会事件就是能够被很多人熟知且讨论的事件。通常热点社会事件与目标群体的接近程度较高，较高的接近程度提高了目标群体的关注和参与程度。尤其是当前移动互联技术的发展，使目标全体能够更有效地关注和参与热点社会事件，那么热点社会事件就会更好地成为企业事件营销的切入点。企业将事件营销向热点事件靠拢，可以实现引导目标群体由对热点社会事件的关注转向对企业事件营销的关注。

（三）利用危机事件切入

危机事件是对一个社会系统的基本价值和行为准则架构构成威胁的事件。危机事件具有意外性，也就是说危机事件爆发的具体时间、实际规模、具体态势和影响深度，是始料未及的。危机事件具有聚焦性。进入信息时代后，危机的信息传播比危机本身发展要快得多，危机事件会在短时间内成为公众关注的焦点。

危机事件的特性决定了其既是企业面临的挑战，又是企业的机遇。企业可以利用危机事件作为事件营销的切入点。如在啤酒"甲醛门"风波期间，有企业就快速反应，进行公关和事件策划，宣传不含甲醛；再如感冒药在PPA问题期间，中美史克公司迅速反应，将含PPA成分的药品回收并快速推出新品。

社会危机会事件有时会给某些特定的企业带来特定的机会。例如生产家庭卫生用品的威露士在"非典"期间大力宣传良好卫生习惯的重要性,逐渐改变了人们不爱使用洗手液的消费观念,一举打开了洗手液市场。

(四)借助娱乐事件切入

在当前营销娱乐化趋势的背景下,企业可以借助娱乐事件作为事件营销的切入点。娱乐事件可以引发目标群体的积极参与、互动与扩散。以娱乐事件为切入点可以在短时间内提升企业知名度,打造美誉度,为企业快速推广新产品,宣传新概念提供平台。以娱乐事件为事件营销的切入点具有互动性高和传播性快的特点,并且娱乐事件更容易放松目标群体的戒备心理,在潜移默化中达到事件营销的目的。比如三季中国好声音,造就了加多宝和好声音的三度经典合作,成为独一无二的绝世拍档。好声音让加多宝在凉茶界与众不同,打造出集文化与时尚于一体的品牌新形象,令加多宝凉茶的"正宗"内涵难以被模仿。而加多宝在营销上制造的强大的互动效果,让自媒体呈现出自发的"我替加多宝做营销"现象,使越来越多的"中国好观众"成为加多宝的粉丝。

(五)借助重大体育赛事切入

体育赛事是企业进行事件营销的有效载体,体育事件背后蕴藏着无限商机,已被很多企业意识到并投入其间。尤其以大型赛事最受关注,如奥运会、足球世界杯、亚运会、大运会等。这些体育赛事以其稀有性、高端性、影响度、认知度而被企业纷纷看好。因此借助重大体育赛事可以作为企业事件营销的有效切入点。

借助重大体育赛事切入主要就是借助赞助、冠名等手段,通过所赞助的体育活动来推广自己的品牌。例如昆仑山矿泉水切入网球运动进行事件营销。网球运动被称为"贵族运动",赛事本身充满拼搏精神和火热激情,是时尚、健康生活方式的代表。这一点吸引了许多国际顶尖品牌的关注,作为国内高端饮用水第一品牌,昆仑山矿泉水成为中国网球队的唯一指定用水。中网赛前,昆仑山携手中网在圣洁的昆仑之巅举办了"巅峰中网问鼎昆仑"活动;中网开赛后,昆仑山更将其变成了一个深度"体验式营销"综合平台;此外,昆仑山还与观众"零距离"互动,建立昆仑山体验馆,让更多消费者了解昆仑山,了解中网,并邀请现场观众参与品水活动。通过系列组合营销行为,将其作为提升品牌影响力的良好契机。

可口可乐有一句名言:"会动的东西,我们就赞助它,静止不动的,我们会刷上可口可乐"。借助重大体育赛事为切入点已经成为企业事件营销不可或缺的重要手段。

情感是消费行为的深层动力,是市场的土壤,无论是崇尚莎拉波娃的美、足球宝贝的性感、足球比赛的宣泄和体验;还是崇尚小罗的激情和狂野,哪怕是好奇,品牌传播需要调动情感才能左右人的行动。

(六)以公益事件切入

公益事件切入点是指企业通过对公益活动的支持引起人们的广泛注意,树立良好的企业形象,增强消费者对企业品牌的认知度和美誉度。随着社会的进步,人们对公益事件越来越关注,因此对公益活动的支持也越来越体现出巨大的商业价值。

公益从字面的意思来看是为了公众的利益,它的实质应该说是社会财富的再次分配。企业开展公益活动,体现了企业助人为乐的高贵品质和关心公益事业、勇于承担社会责任、为社会无私奉献的精神风貌，能够给公众留下可以信任的美好印象，从而赢得公众的赞美和良好的声誉。

企业以公益事件为切入点，不局限于企业自身的利益，更强调社会和生态效益，以长远眼光，将正确的理念和价值观传输给社会，来积极影响社会，同时也给自己营造一个更加广阔的发展空间。企业进行公益事件营销能够将良好的企业道德伦理思想与观念带给社会，提高企业和社会的道德水平。

二、事件营销的风险控制

事件营销存在着一些不可能预测到的风险，事件营销追求高的关注度和参与性。但是，随着事件营销的关注度和参与性的提高，企业对"事件"的控制力度在下降，因此在实际应用时，企业应注意对不可控因素的把握，加强风险管理。

(一)事件营销面临的风险

1.道德法律风险

事件营销本质上是一种社会活动，必须要考虑到法律法规、社会主导舆论与价值观等因素的制约。在事件营销过程中，出于对关注程度和参与性的追求，企业有可能会触犯国家的有关政策和社会道德的基本要求，而国家政策又对企业的行为具有强制约束力。另外，国家在不同时期可能根据宏观环境的变化而改变政策，这必然会影响到企业的事件营销策略的调整。

2.社会负面舆论风险

社会舆论风险是指企业在进行事件营销的过程中，可能面临的来自社会或者网络的负面信息、虚假信息、谣言等，这些负面信息通过发酵可能产生危机。负面舆论风险会导致企业事件营销偏离原有的目标，甚至与企业的初衷背道而驰，严重损害企业的声誉、品牌形象和经济利益。

3.投入产出的经济性风险

投入产出的经济性风险是指在前期准备和效果预测都已经完成的前提下，进行事件营销也不能保证一定可以获得预期的经济效果。这是因为事件营销过程中的许多不确定性因素的干扰，以及对于方案执行得不到位等原因造成的。

4.执行能力风险

企业在事件营销过程中本身就具有一定的风险。如企业内部管理失误，阻碍事件达到预期目标。人际关系恶化，高层管理的不和，决策的简单化，会导致重要管理人员外流，形成企业内部的潜在风险。

(二)事件营销控制风险的措施

1.事件营销不能触犯国家的法律法规

任何事件营销创意、策划与执行，都必须合情、合理、合法，以遵纪守法为基础。否则，就会有受到行政处罚与法律制裁的风险，不仅达不到预期目的，还可能使企业受损。这也要求企业必须掌握相关的政策法规，使事件营销的策划与执行在安全的环境中进行。

2.事件营销应实时监控实施的过程，并准备多套应急预案

事件营销需要通过实时的舆情监测做好舆情预警和舆情发展动态分析，监控网络上与其相关的各种言论话题，以减少突发事件所带来的影响。对于存在引发危机风险的言论及时引导化解，避免社会或竞争对手的负面舆论对企业的风险。

3. 事件营销不能以牺牲品牌的美誉度为代价换取关注度

事件营销仅仅是一种营销方式，是以定位为基础的，要服从于定位。做好事件营销，要根据企业定位，进行事件定位，通过事件和品牌的定位，找到企业、目标群体与事件的连接点，把公众的关注点、事件的核心点、企业的诉求点重合起来，达到事件营销的目的。

4. 提高事件营销的执行能力

在事件营销方案规划好之后，要充分调动相关资源，执行事件营销计划。做好与事件相关的单位、机构团体、大众进行互动沟通以及延伸的赞助、筹款等系列事宜。对事件营销中的每一个环节、每一项工作都应分配到每一个人，不能存在模糊地带；对每项工作的完成时间都有明确规定，而且最好准备好工作拖延的预备方案或挽救方案。企业通过建立事件营销的管理体系，化解事件营销执行能力的风险。

✓ 做一做

【典型业务实例 6-3】

《奔跑吧兄弟》事件营销

背景与情境：

在《爸爸去哪儿》和《中国好声音》大举对抗后，湖南卫视和浙江卫视这对周五综艺老冤家再次"杠"上。这一回，无论是收视率还是话题热度，浙江卫视的《奔跑吧兄弟》以遥遥领先的姿态霸占了周五晚上的荧屏。作为当之无愧的现象级综艺节目，《奔跑吧兄弟》的热播也带出了一匹营销黑马——推智网络。

寻找争议焦点，引发论战，是"微博江湖"上快速获取大范围曝光的最有效方式。在节目的早期，推智网络一度将舆论风向引导到"抄袭韩国节目好不好"上来。面对中国网民一向有"哈韩"和"倒韩"两种对立立场的传统，这个话题迅速被热炒，节目未开播就引发了巨大关注。

光有争议性和热度，并不能形成强大的传播效果，没有大型渠道的配合，依然无法达到目的。在这一点上，《奔跑吧兄弟》自身就拥有一个无比庞大的新媒体传播渠道：这些粉丝动辄百万的明星本身。"节目本身有趣，再加上创意互动包装做得好，明星自己就会进来，参加的明星们都非常乐意一起参与到好玩的创意中来，既吆喝又能赚人气。"

不断追逐热点，生产传播的素材与物料，是推智网络"奔跑吧兄弟"小组每天的工作。蓝翔挖掘机红火的时候，推智网络就马上紧跟热点制作各个明星操作挖掘机的图片，提供给对应的明星发布，并且在奔跑吧兄弟官方微博上力推。而大热电影《银河护卫队》上映的时候，推智网络又踩准时间点，立刻制作与《银河护卫队》相关的素材。在每轮素材的传播节奏上，都会有特定的投放小组跟进：联系微博大号转发；把相关信息推送给各大门户网站的相关频道，争取被选取为栏目内容；直接采购关键渠道投放。不惜一切代价抢占各大网站的头条位置。

思考：

（1）如何理解该事件营销的切入点？

（2）结合案例分析该事件营销的过程。

【拓展空间6-3】

如果你是一家服装公司的营销策划人员，该如何与《奔跑吧兄弟》结合？

【营销训练6-4】

事件营销切入点选择

背景与情境：

请选择服饰、食品、洗化等行业的典型产品，结合事件营销切入点的分析，查阅相关网络热点事件，分析目标市场的消费行为，对选择的行业企业进行事件营销切入点的策划。

【训练目标】

通过事件营销切入点选择的实际体验，了解事件营销的流程，掌握事件营销切入点的选择。进一步培养自己与人沟通、与人交流、解决问题的能力。

【操作流程】（如图6-6所示）

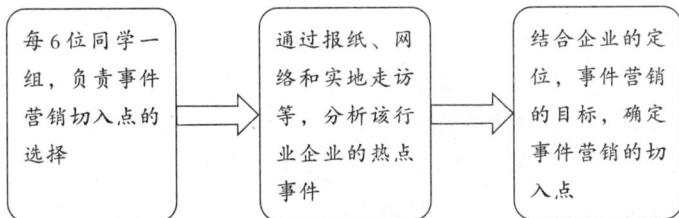

每6位同学一组，负责事件营销切入点的选择　→　通过报纸、网络和实地走访等，分析该行业企业的热点事件　→　结合企业的定位，事件营销的目标，确定事件营销的切入点

图6-6　事件营销切入点选择操作流程图

【成果形式】

关于××企业事件营销切入点选择的课业报告。

【效果评价】（见表6-4）

表6-4　　　　　　　　　**××企业事件营销切入点选择的评分表**

评价指标（分值）	标准	小组自评（30%）	小组互评（30%）	教师评分（40%）	最后得分（分）
调查行业热点事件（20分）	选择服饰、食品、洗化等行业的典型产品，充分进行热点事件调查（每调查一个热点事件给5分，最多20分）				
事件营销切入点选择过程体验（30分）	结合调研结果分析事件营销的条件、关键因素，对事件营销切入点进行选择（每小项10分）				

评价指标 （分值）	标准	小组自评 （30%）	小组互评 （30%）	教师评分 （40%）	最后得分 （分）
事件营销切入点选择课业报告（30分）	格式规范；内容完整；模式选择明确；切入点选择过程清晰；成果展示有特色（每小项6分）				
事件营销切入点选择活动中的表现（20分）	从活动准备、与人交流、与人合作、问题解决、信息处理等方面评价（每小项4分）				
合计（100分）					
老师评语		签名：　　　日期：			
学生意见		签名：　　　日期：			

思考与练习

1.关键术语

事件营销：是指企业通过策划、组织和利用具有新闻价值、社会影响以及名人效应的人物或事件，吸引媒体、社会团体和消费者的兴趣与关注，以求提高企业或产品的知名度、美誉度，树立良好的品牌形象，并最终促成产品或服务的销售的手段和方式。

注意力经济：是指企业最大限度地吸引用户或消费者的注意力，通过培养潜在的消费群体，以期获得最大未来商业利益的一种特殊的经济模式。

营销模式：是指人们在营销过程中采取的不同方式、方法。

借力模式：是指企业将事件营销向社会热点话题靠拢，从而实现公众由对热点话题的关注转向对企业事件营销的关注。

主动模式：是指企业的营销策划人员，从企业实际及营销需求出发，按照事件传播规律，"制造"营销事件，吸引媒体注意和报道，以此来树立企业和品牌形象，营造企业良好的外部发展环境，创造产品市场，培养、培育消费需求，从而达到与其他企业的产品竞争并多销售产品的目的。

2.选择题

○ 单项选择题

（1）事件营销应当先进行（　　　）。

A. 调查事件营销环境　　　　　　B. 确定传播渠道

C. 进行事件传播　　　　　　　　D. 进行事件炒作

（2）企业将事件营销向社会热点话题靠拢，从而实现公众由对热点话题的关注转向对企业事件营销的关注，该模式是事件营销的（　　　）。

A.主动模式　　　　B.被动模式　　　　C.借力模式　　　　D.创造模式

（3）事件营销的（　　）要求企业快速地抢占热点事件。

A.可传播性　　　B.可接近性　　　C.一致性　　　D.时效性

（4）企业通过对公益活动的支持引起人们的广泛注意，树立良好的企业形象，增强消费者对企业品牌的认知度和美誉度，该切入点是（　　）。

A.以公益事件切入　　　　　　　　B.以热点社会事件切入

C.以体育赛事切入　　　　　　　　D.以政治事件切入

○ 多项选择题

（1）事件营销的模式包括（　　）。

A.主动模式　　　　　　B.被动模式　　　　　　C.借力模式

D.创造模式　　　　　　E.合作模式

（2）事件营销所面临的风险包括（　　）。

A.道德风险　　　　　B.社会负面舆论风险　　　C.经济性风险

D.执行能力风险　　　E.法律风险

（3）事件营销的关键要素包括（　　）。

A.时效性　　　　　　B.可传播性　　　　　　C.可接近性

D.企业目标一致性　　E.不能逾越道德和法律的底线

（4）事件营销的切入点包括（　　）。

A.热点政治事件　　　B.热点社会事件　　　C.危机事件

D.娱乐事件　　　　　E.体育赛事

3.判断题

（1）事件营销就是事件炒作。　　　　　　　　　　　　　　（　　）

（2）只要不违背法律，事件营销可以任意选取事件进行运作。（　　）

（3）在互联网背景下，事件营销的媒体只需要选取移动互联媒体进行线上活动。

（　　）

（4）公益事件是企业事件营销的有效切入点。　　　　　　　（　　）

（5）事件营销的模式包括主动模式和借力模式。　　　　　　（　　）

4.案例分析题

加多宝的事件营销

背景与情境：

三季中国好声音，造就了加多宝和好声音的三度经典合作，好声音让加多宝在凉茶界与众不同，打造出集文化与时尚于一体的品牌新形象，令加多宝凉茶的内涵难以被模仿。从舞台到市场的打通，使商业元素的价值发挥到最大化，两大品牌的三度联手，练就娱乐常青树。好声音V罐在第三季横空出世，意味着将加多宝与好声音联姻合作由冠名的资源交换推至深入融合的阶段，以V为抓手的V文化塑造取得成功，实现了品牌价值和销量的提升。在自媒体时代，人们更喜欢晒快乐，所以抓住人人需要"V时刻"这个重点的加多宝，迎合了大众消费心理，在最快的时间内将产品和好声音深度捆绑。加多宝在营销上制造的强大的互动效果，让自媒体呈现自发的"我替加多宝做营销"现象，越来越多的"中国好观众"成为加多宝的粉丝。

从加多宝冠名好声音来看，在第一季好声音时，加多宝更多利用的是传统广告的认知作用；到了第二季，加多宝则改借势为造势，以大量路演支持和话题覆盖扩大关注度。如今，加多宝则以新媒体互动对其赋予了更多的品牌内涵关联度，并利用各种立体化的资源将好声音效应推广放大。

思考：

（1）请分析加多宝事件营销的切入点。

（2）加多宝的事件营销过程对你有何启示？

分析要求：

（1）根据案例材料，说明加多宝事件营销的切入点。

（2）根据案例材料，分析加多宝事件营销的过程，从该过程中谈一谈你对事件营销条件、要素、模式等关键知识点的理解。

项目七

活学活用——活动营销策划

项目概述

活动营销策划是市场营销策划中应用最为广泛的形式，而且常常是通过开展主题活动策划来实现的。活动营销策划的目标可以是连续的，也可以是一次性的，对于企业来说必须明确目标，企业只有通过合理适度的活动营销策划，才能有效地完成阶段目标或总体目标。本项目将系统地阐述活动营销策划的程序，活动的时机选择与场地策划，拟定活动的应急预案。

项目结构

项目七内容结构如图7-1所示。

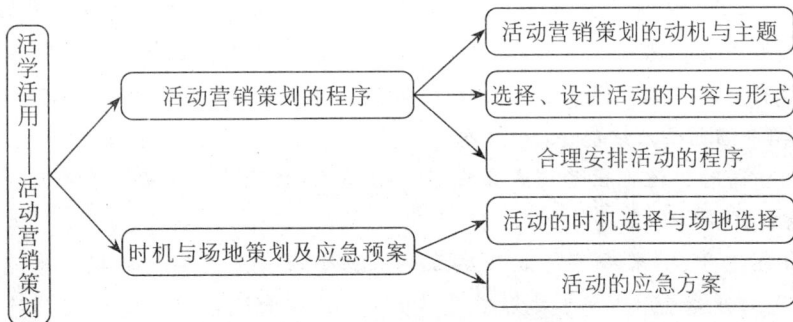

图7-1　项目七内容结构图

任务一　活动营销策划的程序

【任务目标】

● 知识目标：认知什么是活动营销策划，为什么要进行活动营销策划；掌握活动营销策划的动机和主题，选择、设计活动的内容与形式，能对活动的程序进行合理有效的安排。

● 能力目标：通过学习训练，提高对活动营销策划的认知和执行能力。

● 素养目标：在案例学习和实践训练等活动中，让同学们在活动营销策划过程中关注营销职业道德和营销伦理问题；培养同学们与人合作、组织协调的能力。

【任务导入】

小米五周年"米粉节"活动创造奇迹

背景与情境：

2015年4月8日是小米公司成立5周年的纪念日，小米"米粉节"直播也成为众多米粉们的期待。经过5年的发展，小米已经成为国内手机市场中的知名品牌；同时，也积累了大量的小米用户和粉丝。小米培养自己的一群粉丝，不但要依赖于高性价比的产品，而且还要经常与粉丝们互动。

虽然饥渴营销是小米成功的秘诀，但随着小米手机的竞争对手越来越多，单一地使用该种策略过于单调。于是，"米粉节"成为回馈众多米粉的节日。2015年"米粉节"的宣传口号是"5周年狂欢到底"，先是推出了预热游戏——全球击掌挑战赛，然后确定3月31日—4月7日为"米粉节"的预热期，预热页面活动有"点赞"新品、分享微博、赢好礼等内容。米粉们不仅能赢奖品，还提前公布了活动广告。在"米粉节"当天，小米所有产品不需要预计，可以直接购买，配件全场5折起，部分商品调低价格，新品首发；1.5亿元小米红包，6场疯抢；全场99元包邮，仅1天；支付有礼，赢150万元现金红包。同时，还推出了"米家线下"活动，"米粉节"当天，在全国米家线下店均可参与游戏，获得优惠券等奖品。

由于准备充分，"米粉节"效果显著。根据小米官方总结的战报：期间手机销量204万台，总订单数290万单，电视销量3.9万台，智能硬件销量突破72万个，配件总支付金额1.7亿元。

思考：

（1）小米公司在"米粉节"所创造的奇迹是如何取得的？

（2）小米公司的活动营销策划是否能适应未来市场的变化和发展？

✔ 学一学

企业实施活动营销策划，是提高市场占有率的有效行为，是促销的主要组成部分。

一份可执行、可操作、创意突出的活动营销策划方案的实施，可有效提升企业的知名度及品牌美誉度，帮助企业实现既定的活动目标。活动营销策划方案必须遵从企业市场营销策划的整体思路，才能促使企业保持一定的市场销售额。本任务我们将了解活动营销策划的目的，学习活动营销策划的动机和主题，选择、设计活动的内容与形式等内容。

一、活动营销策划的动机与主题

（一）为什么要进行活动营销策划

1.活动营销策划的目的

活动营销策划最早源于庆典，可谓历史悠久。人类社会建立之初，人们为了庆祝丰收、婚丧嫁娶、节日集会，就出现了一些特定的仪式。当时的形式比较自由，还没有专门的人对其进行筹划安排。随着经济的发展，人们越来越不满足于从前单调的庆祝仪式和活动了。于是，从官方到民间，从组织到个人，为了将庆典活动举办得隆重盛大，不断推陈出新，一些成功的策划被大家所认可，得以流传下来，一些具有独创性的策划得以发展，一些富有生活情趣和积极意义的庆祝活动盛行至今，诸如我国民间节日、盛会，各有自己的庆祝仪式、活动。在这些节庆活动中，我们可以发现主题策划的轨迹。

随着改革开放，国外的节日也开始在国内流行。企业也开始利用这些节日大做文章，通过各种形式多样、内容丰富的活动，把民众文化融入企业经营，满足不同消费者的心理需求，从而使得活动策划有了快速的发展。企业通常的做法，是把一些仪式活动与企业的营销目标结合起来，促进市场份额的提高，确立自己的社会地位，树立良好的企业形象，提高知名度与美誉度。

营销策划活动的目的有新品上市、处理滞销品、加大分销以减轻库存、品牌宣传、提升销量、重大节庆日例行促销等。对于厂家而言，除了以上的目的，还有两个隐性目的，一个是搞好客情关系以争取主推，另一个是通过价格管理，使得部分促销产品价格的透明度增加。

2.活动营销策划的类型

（1）营销导向型

营销导向型活动营销策划是指企业活动以销售为主、品牌宣传为辅而展开的活动营销策划。例如，淘宝的"双十一"购物狂欢节，七夕情人节促销等。这些活动策划旨在提高销售业绩，兼顾品牌知名度和影响力。主办方的初衷往往是以活动为引爆点，吸纳企业客户的广告投放和目标的经济资源。此类型活动的主要特点是活动本身就是一块"磁场"，具有足够吸引目标顾客的热情和消费者眼球的魅力。

（2）传播导向型

传播导向型活动营销策划是指企业活动以品牌宣传为主，销售为辅的活动营销策划。例如，姚明基金慈善篮球赛、春季时尚服装发布会等。这类活动注重媒体形象的传播，同时，举办方请名人参与活动开幕、颁奖、抽奖或闭幕仪式，往往带来令人震撼的一刻。

近年来，为了培植消费者，一些企业冠名各种比赛，吸引在校的学生和年轻消费者参加，旨在宣传企业或其产品品牌，虽然营利性不强，但是，增强目标消费群体黏性的效果不错。

（3）营销传播导向型

营销传播导向型活动营销策划是指企业活动兼顾品牌宣传和销售，通过宣传促进销售，或是通过销售扩大品牌影响力和知名度。例如，中国电影百年庆典系列活动，2015年中国湖南国际旅游节开篇之作的"万达之夜白马湖国际音乐会"等。这些活动本身伴随着声势浩大的品牌推广行为，吸引消费者花钱参与活动，体验平日难得一见的消费机会。

（二）活动营销策划的动机与主题

活动营销策划是一种十分重要的企业文化传播载体，其实质上属于企业文化活动范畴。组织一场成功的活动营销策划，不仅可以展示企业的整体形象，彰显企业的品牌效应，还能够激发员工的自豪感和荣誉感，加强员工对企业发展的信心，进而转化成巨大的工作激情。

一次活动营销策划的类型，就已经给活动营销策划限定了一定的主题意义，实际上是寻找一个举办活动的事由。常见的事由有时机、产品/服务、热点等三种。

1.时机

时机是最常见的活动事由，以时机为事由实施活动营销策划，比较容易获得消费者的认同。例如，节假日，包括法定节假日和企业自创的节日，例如，春节、中秋节、情人节、"双十一"狂欢节、"米粉节"等；季节变化，换季清仓大甩卖、反季节促销；纪念日、国庆节、周年店庆等。

2.产品/服务

与时机不同，产品/服务本身就可以做活动，而且不受季节的影响。例如，开展产品/服务优惠活动周、美食节、"冰箱节"、"茶叶节"等。

站在产品/服务的角度策划活动，需要对产品/服务有足够的理解，并且能够抓住消费者最感兴趣的点去进行组织和引导。

3.热点

活动的选择还应与生活相交融，要找准大家的兴趣点和兴奋点，从社会热点话题中寻找启示，从最受欢迎的文体娱乐形式中获得借鉴，以大家最乐于接受的表现形式来展现。

热点可以是利用社会热点、娱乐热点、生活热点，也可以是利用企业自创的热点，用来作为活动素材、事由的内容。如果要从这个角度去设计活动，需要了解并掌握近期的热点，明确消费者关注这些热点的原因，经过设计，因势利导地利用这些热点。

【教学互动7-1】

互动内容：

活动营销策划就是企业对市场热点进行利用的过程，以实现销售业绩提升，这种说法对吗？

互动要求：

结合有关活动策划的知识，发表个人见解，也可以和你的同学简单沟通后回答。

案例解析7-1

重庆黄金堡学府小区买房子送空气

背景与情境：

在新房装修中，越来越多的消费者追求绿色环保装修，使用环保建材。有些房地产开发商开始加大对环保小区的打造。重庆黄金堡学府小区推出"买房子送空气"的活动，目的是为了营造健康小区的形象。对购房者赠送一台使用面积为50平方米的超级负离子清新机，此举迎合了要求环保的家居新潮流，大大赢得了购房者的心。

思考：

（1）该活动的营销策划依据是什么？

（2）搜集你的居住地房地产市场的信息与资料，分析其活动营销策划的成功之处。

讨论分析：

个人：请每位同学在固定的学习笔记本上列出本地房地产市场的基本概况，并进行分析。

小组：请同学每6个人为 小组，各自发表看法，然后小组成员共同讨论，形成小组意见，准备在班级交流。

班级：每个小组推选一位代表在班级交流，陈述本组见解。

老师：在黑板上把各小组分析的细分依据做简要记录。各小组陈述完毕后，老师结合各小组内容进行总结。

二、选择、设计活动的内容与形式

在确定了活动营销策划的目的与主题之后，需要围绕主题选择、设计活动的内容和形式。

一个成功的策划活动，应该传达一个信息。例如，一个促销策划要讲清楚该策划活动为什么优惠，为什么活动期间购买就比平时便宜，这项工作的重点在于提炼该活动的统一说辞。在很多活动现场的造势可能很火爆，但由于统一说辞的工作没有做，活动的主题难以突出。为了让活动设计与主题无缝衔接，必须做到以下五点：

（一）有吸引力的活动主题

（1）淡化商业目的。在确定了活动主题之后要尽可能淡化活动促销的商业目的，使活动更接近于消费者，更能打动消费者，既可以打感情牌，也可以打文化牌。每年的"3·15"消费者权益保护日，已成为许多企业开展促销活动的契机，并且把促销包装成维护消费者权益的爱心行动，成效显著。这类促销活动策划的关键是企业实质性让利，让顾客感到确实的优惠和实惠，而不是一种噱头式的宣传渠道投放。

（2）给予顾客多元利益。活动营销策划虽然着眼于实质性让利，给予顾客优惠和实惠，但应注意给予客户的利益可以是多元的，即不仅是价格的，也可以是其他方面的。例如，某房地产集团过去和将来已经建造和将要建造大批楼盘，购买该集团楼盘，保证在10年之内可以调换该集团开发的其他楼盘，手续简便，补价合理。这种活动的促销策略不一定在价格上有很大的让利，但对顾客置业提供了很大的方便。

（3）常做常新。有些活动年年可以举办，但是，企业不能沿袭上一年的活动，要根据活动举办的背景、时间方面的变化而变化，不要忽视办活动的目的，不能为了办活动而办活动。否则，无法达到预期的效果。

（二）活动主题要有准确的定位

活动主题的定位就是要确定活动的性质。活动主题的不同，活动背景的不同，活动主办单位的不同，参会人员的身份不同，决定了活动性质的不同。有的活动主题需要严肃庄重，有的可以轻松活泼。举办活动前，要认真分析活动的背景。因此，在综合考虑各要素的基础上，找准定位至关重要，这也决定了整场主题活动的成与败。

（三）有独特感受的活动主题

区别于企业开展的常规化活动，而是以互动、非常规的体验为主的活动主题组合在一起的形式，更注重消费者的参与、体验和感受，并且对空间和环境的要求也更注重体验性，给消费者一种不一样的感受。需要注意的是，活动主题的开展，必须确定一条主线，把各种活动形式串联起来，相得益彰。

（1）吸引"三觉"。开展独特感受的活动主题，主要是吸引消费者三方面感官的参与，即视觉（听觉）、触觉和味觉。

①视觉（听觉）：是指消费现场的各种新奇的建筑形态、装潢布置、产品陈列等对消费者视觉的冲击（或某种声音引起人的注意），从而触动消费者内心，引起愉悦感受。

②触觉：是指消费者在消费过程中的参与行为。

③味觉：是指参与活动过程中里的美食体验。

（2）加入多种元素。给消费者独特感受的活动主题，可以在活动中加入多种元素来实现。

①自然元素。对于在封闭式建筑环境开展的促销活动主题，在室内引入自然元素，可营造出类似室外空间的舒适环境，本质是抓住都市消费者对田园生活的渴望，提高策划活动的吸引力。例如，上海K11的都市农庄，将"开心农场"实体化，专门辟出体验种植区。

②服务元素。主题活动策划的空间要符合实际需要，道具要齐备，提供的活动礼品、食品、饮品要充足。在以体验为王的这个时代，私享空间与各种服务对提升消费体验作用明显。

③文化元素。随着消费者对品质消费的追求，主题策划活动逐渐与艺术联姻，以提升促销活动的文化内涵。

④创新元素。活动策划主题要吸收新的创意，借鉴其他行业的创新手段，与其融合，吸引消费者的眼球，增强主题娱乐的体验。

（四）有设计的活动方式与规则

既然活动设计了主题，就不应局限在一个时间点上。很多企业习惯于一次活动、一本册子、一部片子，这是远远不够的。活动可以是环环相扣、高潮迭起、渐入佳境的系列活动，也可以通过最后一次的集中引爆，进而形成既有深度、又有广度的延续效应。因此，应该围绕既定的活动主题从组织和宣传两个环节进行系统策划。

活动的方式和规则，在很大程度上决定了用户关注的利益点是否足够吸引用户来参与主题活动。为了做到参与面广，互动效果佳，需要注意两点，一是注意设立奖品的覆盖面，要设计好抽奖的规则与分级；二是简化规则，活动规则越复杂，用户逃跑的心态越强烈，采用游戏化的设计，分步骤给予奖励，效果会更好；三是宣传活动要跟上，活动设计得再好，如果活动的宣传没做好，那么效果就无法保证。

（五）有相匹配的宣传活动

活动营销策划必须有相应的宣传活动相匹配。宣传活动主要包括活动前的预热造势宣传、活动中高潮引爆以及活动后的价值放大宣传。

活动主题是针对特定的目标消费者人群的，在开展活动营销策划时，切记保持清醒的大脑，活动对象决定了活动会被什么样的消费人群所接受，要明确企业开展的活动应该被谁捕捉到、看到，才能促使转化率提高。所以，时刻要牢记目标用户是谁、在哪里，从而选择宣传投放渠道。在具体选择时，应参考本企业以往的数据，如果没有数据，就需要收集其他企业相关主题活动的情况作为参考。在策划活动中，通过对宣传工作的高度重视，可以将企业活动主题提高到品牌建设与营销推广的高度。

【教学互动7-2】

互动内容：

在汶川大地震发生后，"六一"儿童节的活动营销策划是否需要调整？如何调整？

互动要求：

结合所学的知识回答，注意选择、设计主题活动的内容与形式的适用性。

综上所述，在选择了活动主题之后，要尽可能艺术化地淡化主题活动的商业目的，使活动更接近于消费者，更能打动消费者。站在消费者的角度与立场上，企业可以把一个主题为降价促销的活动，转换为维护消费者权益的爱心行动。这是活动营销策划的核心部分，应该力求创新，使活动主题具有震撼力和排他性。

三、合理安排活动的程序

在确定了活动营销策划的活动主线、内容和形式之后，要使盛大的活动有条不紊、忙而不乱，就要合理安排活动营销策划的程序。活动的规模无论大小，都需要明确活动进行的先后次序。

（一）活动营销策划的前期准备工作

活动营销策划的工作应该十分周密，前期需要做好必要的准备工作。

1.明确活动的整体信息

包括活动的时间、日期、主题、目的、性质、参与人员、活动主办方和协办方、经费来源等。

2.确定人员分工

活动营销策划的开展，需要企业各部门之间的团结协作。所以不管大小活动，都建议合理分工，明确任务，明确责任，各司其职。对于小型活动，组织协调工作相对简单一些，简单商量好活动的形式等问题就好。对于大型活动，分工就要细致，分部门或小组来实施，明确各项工作的负责人和职责，召开协调会落实到人。比如主持、文案、现场迎宾等人员，都要提前确定好。

3.确定活动时间、形式、规模、地点

活动形式丰富多彩，可以选择在室内，也可以选择在室外举办，抑或兼而有之。要对活动形式进行遴选，考虑是否设计互动活动，是否设计游戏环节、表扬环节、抽奖环节等。

除了活动形式外，还要确定好人数规模。参与人数多的大型活动的周期应该长些，人数少的小型活动周期可以短些。如果是大型活动，还要提前设计好当天的互动游戏等环节。活动时机选择在下一个任务中介绍。

确定活动地点。活动地点应该以交通方便、费用低廉为宜，尽量提前选好场地。

4.拟定准备工作进度表

详细列出各项工作，并明确相关工作负责人。包括会场的整体布置、活动签到处的摆设、活动资料的准备、参与领导及嘉宾的邀请、领导座位牌的摆放、暖场音乐的播放、主持人的沟通等细节工作，需要认真对待、精心安排。还要充分发挥团队合作精神，强调高度责任感，确保个人负责的每项工作都能落实，不出差错。

5.宣传活动准备

（1）撰写活动通知。活动是否会得到积极的响应，报名情况乐观不乐观，很大程度上要看通知写得好不好。通常活动通知应该包含几个要素：活动简介、活动发起人、活动时间、面向人群、活动地点、活动费用、活动流程、报名/联系方式、详细地址及详细乘车路线（附地图），制作完成后，可通过广告、信件、邮件、短信、QQ、微信推送。

（2）准备活动物料。活动物料包括各种网站的宣传册、广告牌、易拉宝、横幅、背景墙等；根据活动的形式不同还要准备一些其他物料，例如，户外活动需要准备医疗箱、药品等。

（3）活动宣传准备工作。活动除了既有的目标外，其本身也是一个很好的新闻宣传点。所以，活动本身的宣传，一定不能忽略。一方面，是通过媒体集中宣传，短期内让大量人员知晓，也会使消费者感觉活动异常火爆，使活动形成品牌效应；另一方面，企业内部需要做好现场照片采集工作，不管大小活动，只要条件允许，多拍一些现场照片。尽量拍到现场的每一个人，特别是一些搞笑、火爆的场面，重点记录，为以后宣传提供素材。

（二）活动实施与现场工作

1.邀请嘉宾

（1）拟定邀请嘉宾名单。邀请的嘉宾一般有政府领导、行政上级、知名人士、社会公众代表、同行业的代表、企业领导、媒体记者等。拟定嘉宾名单先要征求负责人意见，同意后要联系嘉宾，对方确认可以出席后，才能确定最后的嘉宾名单。活动前，尽量把所有嘉宾的资料搜集齐全，手机号、QQ号、职务、性别、到达时间等。

（2）发请柬。制作、印刷、填写精确无误的请柬，提前三天送到嘉宾手中，便于对方及早做出安排，也便于企业有条不紊地做好准备工作。活动前一天，再用短信或微信的方式提醒通知，短信或微信的内容要包含活动的主题内容及具体的地点和行车路线、联系人等。

（3）确定司仪。司仪是活动现场的主持人，在确定人选之后，司仪应亲临现场走台。企业方提供写好的主持词和衔接语句，便于司仪熟记于心。

2.撰写活动营销策划方案

活动营销策划的文本通常会分为两个部分：一个部分是作为前端展示的，给消费者观看的，激发消费者的参与热情，要求简洁易懂，层次清晰，短时间内即可了解如何参与活动；另一个部分是作为后端的文本，给工作人员观看的，让参与的每一位工作人员，都能明确地知晓活动是如何设计、如何实现的，活动策划的初稿完成后，即要和参与该活动的相关部门进行有效的沟通，必要的时候，需要做出修订。同时，还需要做一个文案，将活动流程、各部门的需求罗列清楚，并且和相关部门保持沟通，因为实际工作中，活动文案经常是随时修订的。活动营销策划文案是工作的依据，包括举办活动的理由、耗费运营成本的代价、上线后可能的预期收益等内容。

3.活动现场的工作分配

每个工作人员都必须记住几个主要的节点，如活动流程、关键环节、注意的具体事项等。

（1）细化分工，密切沟通。进一步细化分工，参与人员不仅要明确自己的现场工作职责，还要熟悉同伴的工作职责；同时，要保持密切沟通，知道发现问题时应该询问哪些人员，保证在第一时间解决问题。需要注意的是，做每一件事都需要进行细节的确认、时间节点的把控，不管活动大小，活动结束后，完成一份关于该主题活动效果的报告。

（2）准时到位，检查疏漏。确保工作人员提前到位，检查工作落实情况，发现问题及时解决。

（3）专人专责，全场跟踪。整个活动流程有专人全场跟踪，现场遇到的紧急情况要随机应变，在第一时间处理好。

4.现场气氛调节

活动的成功与否，最重要的还是要看现场气氛。而气氛是否能调动起来，就要看大家是否能够融入。在活动启动前，第一步确定人员时，就应该提前确定一些有亲和力、善于活跃气氛的人参与进来。作为组织者，还应有针对性地去调动每位嘉宾的积极性。因此，组织者需要提前到场，与每一位嘉宾交流；相互介绍；挑起话题，鼓励交流；当气氛起来后，作为组织者应该多去与那些比较内向腼腆的人交流，消除他们的陌生感。

5.突发事件处理

活动实施过程中，需要制定好事前预案，以防突发事件的发生。一旦在活动现场发生了突发事件，可根据预案灵活处理。

（三）活动收尾工作及注意事项

安排专人欢送领导宾客、专人整理资料、专人负责费用结算等。方案中要明确一些注意事项，例如着装要求、迎接礼仪和工作人员的纪律要求等。

（四）活动的程序

一般来说，活动的程序可分10个步骤。由于企业的活动目标不同、规模不同、预算不同，可以根据实际需要，增加或删减一些环节。

1.主持人介绍

担纲主持人的可以是企业的负责人，也可以是知名人士，或政府官员，或电视广播的专业主持人，负责主持活动，包括活动流程介绍、嘉宾介绍等。

2.企业领导讲话

致欢迎辞，并介绍本次的活动主题、活动形式等。

3.重要嘉宾致辞

由出席活动的领导、重要嘉宾致辞，渲染气氛。

4.剪彩

庆典活动、开幕仪式等活动，需要安排好剪彩嘉宾、剪彩道具、剪彩引领人员等。

5.互动活动

组织一些营造氛围的互动环节，举行庆祝活动和娱乐活动。

6.参观

组织参观企业环境、设备设施等。

7.组织会议

组织发布会、座谈会、宴会或便餐，发放馈赠礼品。

8.新闻宣传

组织媒体进行报道，扩大活动的社会传播范围及影响面。

9.接待及活动后续工作

做好嘉宾的迎来送往、座次安排、就餐位置安排及其他善后工作。活动的善后工作就是将活动的和谐气氛引导到网站（或是论坛、QQ群、微信群）上，引导大家在相关的平台继续保持这种热度。还要及时清理活动现场，撰写新闻稿，上传活动现场照片到企业网站。无论大、中、小型活动，均应及时整理与会嘉宾通讯录等。

10.活动效果的总结

活动效果的总结报告可长可短，但通常要包含以下4项内容：

（1）活动概述：简单复述活动主题、对象、时间、内容。

（2）活动效果统计：对活动结束后的活动效果进行描述。

（3）宣传效果统计：对各个投放渠道的效果进行统计，并且掌握每个渠道带来的流量、转化率的相关数据。

（4）反思与总结：活动效果、宣传效果带来了哪些经验和教训，下次要怎么调整、如何提高。

【教学互动7-3】

互动内容：

一个零售企业的周年庆典活动，设定了1个月的系列活动，参与顾客众多。周年庆典那日恰好是周六，蜂拥而至的顾客超出该商店1天最大接待量的1倍，店里人山人海，店外人群持续涌入。怎么办？要不要终止活动？

互动要求：

结合所学的知识回答，注意活动实施与现场工作的要求。

做一做

【典型业务实例 7-1】

兴隆商城 2015 年七夕情人节活动策划方案

背景与情境：

一、活动时间：8 月 18—23 日

二、系列活动

【活动一】浪漫七夕相约兴隆鹊桥会

8 月 18 日—23 日，兴隆商城北门架起大型鹊桥，鹊桥气势宏伟，如银河一样横贯南北，并现场为顾客准备汉服，让您盛装亲登鹊桥，去体验牛郎织女那忠贞不渝的爱情。

活动期间，顾客在商城购物满 100 元，均可凭购物小票参与如下活动：

1. 在鹊桥上着汉服扮牛郎、织女，免费合影留念；

2. 在鹊桥上牵手走过，爱情长长久久，幸福一生；

3. 不购物的顾客也可花费 10 元在鹊桥上照相留念；

4. 活动期间，二楼工艺品店为顾客免费提供千纸鹤制作材料，顾客可将写有心愿的自折纸鹤，悬挂于鹊桥上，祈求爱情、幸福两美满。（每人限 2 只）

【活动二】浪漫七夕乞巧大赛：七夕节，原名为乞巧节。"乞"是乞求，"巧"则是心灵手巧，"乞巧"是向神灵讨要智慧、乞求幸福的意思。乞巧的方式有很多，有穿针引线验巧，做小物品赛巧，做巧食赛巧，摆上瓜果乞巧等。为传承经典，演绎浪漫，8 月 26 日七夕情人节当晚 7：07，兴隆商城北门舞台七夕情人节之乞巧大赛将浓情登场，带您走进古老而又唯美的浪漫世界。

比赛项目：对月穿针、巧手剪纸、做巧食、背媳妇大赛、七夕唱情歌、默契大考验。

比赛要求：情侣配合，共同完成以上比赛项目，按得分多少依次评出：默契一、二、三等奖，各奖价值不等的神秘情人大奖一份。

现各项比赛火热报名中：

报名方式一：电话报名，咨询热线：159052××××；

报名方式二：短信报名，编辑短信"浪漫七夕乞巧大赛"+情侣姓名发送至159052××××；

报名方式三：现场报名，地点：兴隆商城一楼总服务台。

【活动三】七夕情人节，浓情黄金大秀场——2015 年情人节系列全新上市

兴隆黄金屋七夕情侣专柜送情人礼：

浪漫情人礼——情侣对戒特别推荐情人黄金戒指 1 299 元～1 799 元/枚（幸福戒、誓言戒、福字戒）；

梦幻珍藏礼——情侣吊坠；

祈福爱人礼——黄金项链、手链。

【活动四】浪漫七夕爱在金秋百对情侣服饰搭配大赛

从21—25日，顾客可以在服装、鞋帽、针纺商场随意挑选兴隆服饰进行搭配，搭配出一对"郎财女貌"，商场进行拍照展示，同时进行评选。26日七夕情人节当晚，在北门舞台对入选的搭配服饰选手给予奖励。

奖项设置：

一等奖：钻石情人1对，奖面值1 299元奖品一份；

二等奖：黄金情人6对，每对奖面值1 799元奖品一份。

思考：

（1）兴隆商城2015年七夕情人节活动方案包含了哪些主题策划工作？

（2）请将该主题策划前期准备工作的各环节补充完整。

【拓展空间7-1】

（1）拟定你所在学校的毕业典礼活动方案。

（2）拟定××百货商场的中秋国庆促销策划方案。

【营销训练7-1】

起草活动营销策划文案

背景与情境：

请根据临近的节假日，为小组选择的产品拟定一份活动营销策划文案。作为产品的市场营销人员，查找有关资料，根据广告宣传、网络推广等活动资料，对其营销策划活动进行梳理，列出其营销策划的组成要素。

【训练目标】

通过起草活动营销策划文案，了解活动营销策划时机的选定、活动内容的组合、邀请嘉宾的选择与确定、活动物料的准备等具体工作方式方法，熟悉活动营销策划的有关流程，培养自己组织筹划、文案撰写以及与人沟通、与人交流的能力。

【操作流程】（如图7-2所示）

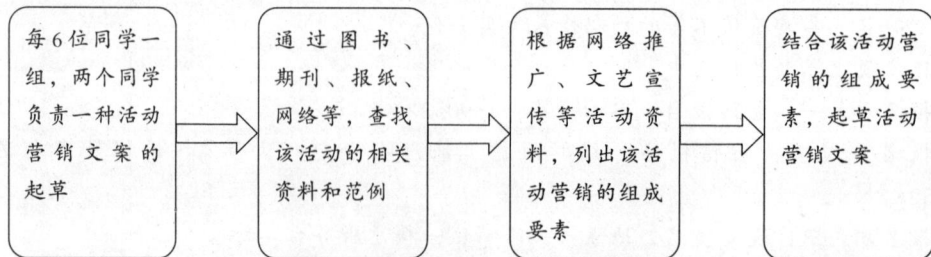

每6位同学一组，两个同学负责一种活动营销文案的起草 → 通过图书、期刊、报纸、网络等，查找该活动的相关资料和范例 → 根据网络推广、文艺宣传等活动资料，列出该活动营销的组成要素 → 结合该活动营销的组成要素，起草活动营销文案

图7-2 起草活动营销策划文案操作流程

【成果形式】

关于编写瓶装水（手机、空调）活动营销策划文案的课业报告。

【效果评价】（见表7-1）

表7-1　　　　　　　　　起草活动策划文案体验评分表

评价指标（分值）	标　准	小组自评（30%）	小组互评（30%）	教师评分（40%）	最后得分
文案起草资料整理（20分）	分别整理活动时机、产品特征、消费需求、物料准备等方面的资料（每整理一项给5分，最多20分）				
起草活动策划文案过程体验（30分）	结合活动时机、活动内容、嘉宾选择、消费需求、物料准备等资料，完成活动营销策划文案（每小项6分）				
活动策划文案课业报告（30分）	格式规范；内容完整；细分标准明确；策划思路说明清晰；成果展示有特色（每小项6分）				
起草活动策划文案体验活动中的表现（20分）	从活动准备、与人交流、与人合作、信息处理等方面评价（每小项5分）				
合计（100分）					
老师评语			签名：　　　日期：		
学生意见			签名：　　　日期：		

任务二　时机与场地策划及应急预案

【任务目标】

● 知识目标：学习活动的时机选择，掌握场地策划的选择与安排布置，能对活动的时机与场地进行合理有效的安排，制定活动的应急预案。

● 能力目标：通过学习训练，提高对活动营销策划的设计和组织能力。

● 素养目标：在案例学习和实践训练等活动中，让同学们在时机与场地策划及应急预案实践过程中关注营销职业道德和营销伦理问题；培养同学们与人合作、组织协调的能力。

【任务导入】

承接里根总统答谢会的长城饭店

背景与情境：

长城饭店1983年正式开张营业，一直面临着如何把长城饭店推介给世界，以招徕顾客的问题。1984年春季，时任美国总统的里根将访问中国。随行来访的有一个五百多人的新闻代表团，包括美国三大电视广播公司和各国电视台、各大通讯社及著名报刊的成员。长城饭店决定抓住这次机会，举办一次大规模的公关主题活动。只要各电视广播公司在播映时说上一句"我是在北京长城饭店向观众播报"，把长城饭店的名字传向世界，一切费用都可以优惠。

随后，长城饭店承接了高规格的里根总统的答谢宴会。答谢宴会举行当日，中美首脑、外国驻华使节、中外记者云集长城饭店。电视上在出现长城饭店宴会厅豪华的场面时，各国电视台记者和美国三大电视广播公司的节目主持人异口同声地说："现在我们是在中国北京的长城饭店转播里根总统访华的最后一项活动——答谢宴会……"在频频的举杯中，长城饭店一次又一次地展现在世界各地民众的面前。

里根总统的夫人南希后来给长城饭店写信说："感谢你们周到的服务，使我和我的丈夫在这里度过了一个愉快的夜晚。"

思考：

（1）长城饭店的知名度是如何取得的？

（2）长城饭店的活动营销策划是怎样把握时机的？

学一学

如果仅仅把活动营销策划看作是一个仪式，活动结束也就很快被遗忘了。活动营销策划要想获得成功，就不能把活动局限于举办得热热闹闹、风风光光。真正做得好的策划活动，可以给人留下深刻的印象，回味无穷。这就需要策划者精心构思，充分发挥想象力，选择好活动的时机与场地。本任务我们将了解活动营销策划的时机选择与场地选择，学习活动营销策划的场地布置，拟定活动的应急预案等内容。

一、活动的时机选择与场地选择

活动营销策划在实施的过程中，需要天时、地利、人和三方面的配合。所谓天时，就是活动营销策划的时机选择。只有抓准时机，出色的主题活动就有了成功的开端，所谓"机不可失，时不再来"。场地策划是要占尽地利的优势，所谓地利，就是指活动场地的选择与布置，要有利于活动的顺利举行。活动场地的策划包括活动场地的安排和布置，这将直接影响到活动最终的效果。

（一）活动的时机选择

1.时机点的遴选

（1）借助突发性的事件或热点。一般时机的选择是在社会大众重视的、突发的某个事件或热点发生之时，此时具有较强的社会影响力。例如，当发生突发性的社会灾害时，企业可快速做出反应，开展救助或资助活动；同时，要及时举行新闻发布会。

（2）利用节假日。每年法定的、常规性的节假日，是社会公众广泛重视的日子，例如元旦、春节、国庆节、五一劳动节、六一儿童节等。

（3）利用值得纪念的日子。根据企业的纪念日和值得庆祝的重要日子，开展有关主题活动。例如，周年庆典、奠基仪式、开业之日、新产品上市、企业更名等日子。

（4）利用四季更替。利用季节变化，顺势推出应季的新款产品，降价促销老款产品。

2.时机选择应注意的事项

因为可以举办的活动时机较多，企业需要有所选择，在最佳时机推出活动策划，以期收到最佳效果。

（1）活动不要过于频繁。过于频繁的活动，不但要消耗大量的人力、物力和财力，而且容易引发企业内部员工和社会公众的反感情绪，失去活动的新鲜感和吸引力。即便企业财力雄厚，把每一次活动都举办得富有新意、精彩纷呈，也会因为频率过密而使消费者产生审美疲劳，不能有效地实现既定目标。

（2）活动不宜一味模仿。活动营销策划对于沟通信息、联络感情、节假日促销、扩大影响等，均具有很好的作用。不宜追赶潮流、生搬硬套，应根据企业的情况，发挥活动的独特魅力，既热烈隆重又独具特色，具有高雅情调和文化氛围，从而吸引大众的眼球。

案例解析7-2

共植企业树，共建绿色园

背景与情境：

BDA国际企业大道是一座花园式的园区建筑，总占地12万平方米，总建筑面积约11万平方米，整体建筑采取锯齿型排列，以增强建筑设计的形象感。某日，BDA国际企业大道在园区内举行了以"共植企业树，共建绿色园"为主题的植树活动，北京白领服饰有限公司、西班牙泰尔文特（北京）分公司等诸多入园企业参加了此次活动。BDA国际企业大道通过举行植树活动，希望为入园企业搭建一个交流平台，以促进园区和谐氛围。

类型：主题活动营销

目的：加强业主交流

目标客户群：入园企业

活动内容一：入驻BDA国际企业大道的企业在一期、二期水景旁种植企业树。

活动内容二：部分业主在亲自栽种的树挂上，写上本企业的名称。

策略分析：本次活动，一方面是为园区企业间提供一个相互交流的平台，另一方面也是在倡议业主们树立园区的主人意识，积极参与到园区的建设中去，用自己的双手美化园区的环境。

思考：

（1）该活动时机与主题是否合理？

（2）请分析园区在不同阶段，其活动营销策划的目的与选择主题的变化。

讨论分析：

个人：请每位同学在固定的学习笔记本上列出产业园区营销的目标，并进行分析。

　　小组：请同学每6个人为一小组，各自发表看法，然后小组成员共同讨论，形成小组意见，准备在班级交流。

　　班级：每个小组推选一位代表在班级交流，陈述本组见解。

　　老师：在黑板上把各小组分析做简要记录。各小组陈述完毕后，老师结合各小组内容进行总结。

（二）活动的场地策划

1.场地的选择

场地安排对于活动营销策划的效果影响很大。活动营销策划得再精彩，如果没有一个适合的场地，便不能得到充分的展现。

（1）在企业内举办。一些活动可以选择在"家门口"举行。例如，企业的奠基典礼、周年庆典、开业等主题策划活动，必须在现场举办，便于管理，不会过分消耗举办方的精力。

（2）在企业外举办。企业有很多的活动，是需要选择适合的场地的。例如，新闻发布会、答谢客户、企业举办的高峰论坛、亲子游等主题活动。

（3）注意事项。活动营销策划的场地选择至关重要，一定要挑选公交、泊车便利，大众能较方便抵达的目的地。当然不一样的专题活动，地址挑选的需要是不一样的。比如，新闻发布会通常挑选在交通便利的市中心，资助活动最好是在资助对象所在地，庆典活动最好安排在举办庆典的单位所在地。

2.场地安排与布置

在选择了适当的场地之后，需要对场地进行安排与布置。场地的安排主要是指从功能上对场地进行分配；场地的布置主要是指对场地进行主题氛围的营造，包括场地的设计、施工、装饰等工作。

（1）场地的布置应围绕一定的主题。活动的开展，往往需要耗费大量物力、财力和人力，确保活动充满喜庆的气氛，但是，这未必就是成功的策划，因为没有主题的场地布置，会造成人、财、物的浪费。围绕主题进行场地布置的方法，就是设立活动的标志、徽记，并通过现场的旗帜、道具及其他物品反映出来，通过众星捧月般的布置，收到既定效果。

（2）场地的布置应有统一的风格。场地布置的风格应提前设计，或清新活泼，或高贵典雅，或浓情蜜意，或积极向上，应根据活动的主题及社会取向选定，要与活动相统一。

（3）场地布置应注重视觉效果。场地布置应强调整体效果，有效协调。色彩往往能够感染现场氛围。例如，为塑造浪漫梦幻的气氛，可利用紫色、粉色、蓝色等颜色营造，利用红色、黄色打造喜庆、吉祥、幸福的氛围。

（4）场地布置应具有现代感。随着时代的发展，消费者的审美取向发生了很大的变化，常用的场地布置，大多比较保守，很难吸引公众的眼球。这就要求场地布置，在形式上不断推陈出新，体现时代感，去引发公众的喜爱。

3.场地安排与布置的注意事项

活动营销策划的场地要事先布置好，需要相关部门的人员密切配合，共同完成。因此，组织协调工作繁重。人员分工要明确，尽量细化工作任务，并落实到人。诸如签到、接待、摄影、录像、音响、现场布置等，不仅要有专人负责，还要明确协调人和可调用的备用人员。

一项活动营销策划的成功，需要各个环节紧密配合，任何一点细微的差错，都可能引起全局的失败。活动一旦开始，就是不可逆转的，也是不能重来的，领导、嘉宾、观众、媒体都在现场，所出现的任何一点小差错都可能让活动的效果大打折扣。要避免瑕疵，使活动达到预期的效果，就必须做足活动的前期筹备工作。只有精心筹备，才会尽可能地避免活动执行过程中可能遇到的风险和突发事件，确保活动现场的万无一失，圆满完成相关任务。

二、活动的应急方案

应急方案是指针对可能导致活动出现混乱、差错或停顿的突发事件，为保证主题活动顺利进行或将损失降到最低限度而采取的一系列预防、补救和恢复活动运行的完整措施。

（一）需要应急的问题

企业在组织实施大中型活动营销策划的过程中，计划再周全，执行中也难免会出现一些问题，主要有以下一些现象，需要注意：

（1）音响质量不到位，话筒不够或者丢失。

（2）PPT制作、音乐效果不到位。

（3）其他影响节目有序进行的突发情况，如表演者的迟到、主持人的口误、节目间隔时间过长等。

（4）现场人员出现不满情绪。

（5）嘉宾未能按时出席或者出席时间不定。

（6）现场秩序混乱，观众过少。

（7）现场氛围出现冷场。

（8）互动环节的冷场。

（9）礼品发放得不及时或者发放错误。

（10）有些照片现场忘了采集，采集的照片质量不高。

（11）图片、文字等一些资料整理不够。

（12）与会人员座次安排不合理。

（13）部门负责人离席，主要负责人找不到。

（14）活动现场工作人员态度不友好、技术不熟练。

（15）活动中，各部门之间信息不畅通。

（16）活动通知力度不够。

（17）活动被延迟过长时间。

（18）活动场地申请的延迟或者未能申请到。

（19）相关物品的丢失。

（20）电脑电池耗完电。

大中型活动还可能会遇到诸如人员入场、散场的紧急疏散问题，防火、防盗、防骚乱问题；嘉宾之间的争执问题等，更需提前预防。

（二）事前做好活动应急方案

1.应急方案实施目的

通过应急措施，迅速、及时地将突发事件予以解决，尽全力使活动的进程不受事件的影响，力争活动的执行效果最大化，确保活动的顺利进行。

2.应急方案实施原则

安全第一，防范胜于救灾。活动现场出现问题时，要根据"安全第一"的原则，决定是否启动突发事件应急预案，并在第一时间内向相关主管部门报告；同时，应临危不乱，迅速解决，协调配合，灵活应变。

3.成立应急方案小组

应急方案小组成员包括应对突发事件的总指挥、现场主管，以及活动现场布置和活动各个环节的专门负责人。

（三）应急方案的实施

1.启动应急方案

（1）总指挥负责应急事件的全面管控，事件发生时，按照要求进入指定位置，进行现场组织指挥。主管领导要在最快的时间内做出决策，由总指挥发布救灾、人员疏散、暂停演出、应急终止、恢复演出等命令以及对外信息。

（2）现场主管根据职责分工，立即进入应急状态，听从调度。现场主管根据总指挥的决策对现场予以协调和组织，必要时，说明情况稳定现场人员的情绪，以便应急工作的顺利开展。

（3）各环节专门负责人主要承担对自身职责范围内的各项工作的准备、监督、检查和防备，若出现问题，迅速反应，及时排除。

2.应急物资准备

为了各项应急措施的实施，主题活动实施前，要做好充足的物资准备，包括车辆、各设施设备的备用件，通信联络工具等，由总负责人调配。

3.现场应急实施

（1）对天气因素的应急措施。活动开始之前开始降雨，即启动备选方案。活动期间突然降雨，导致活动无法继续在户外进行，应启动室内进行方案，邀请所有到场人士进入室内，开展既定活动。

（2）对现场秩序的应急措施。对于户外活动的举办，首先与当地公安部门取得联系，以便得到他们的许可与支持。考虑到主题活动可能会吸引大量过往行人的围观，应提前与公司保安部及物管公司保卫人员进行协商，活动当天对现场随时进行有效的疏导、监管；若出现拥挤等秩序混乱局面，迅速增加保卫力量，对混乱场面予以控制；若情况严重，及时与公安部门联系。

（3）防火应急措施。鞭炮、礼炮或其他因素都有可能引起火灾或爆炸事故，公司消防部门和物业管理公司应提前做好准备；若火灾发生，迅速采取灭火策略；火灾若无法控制，总负责人应立即与当地消防队联系，同时主管人员负责对现场秩序的控制与协调。

（4）电源应急。应提前准备好备用电源，同时与公司电控部门协商，做好一切准备，若突然断电，启用备用电源，或使用活动举办地的电源和音响设备。

（5）现场布置的应急。现场静态的布置、装饰出现掉落、损坏等情况，企业的工程部人员应迅速予以修补，将其恢复原貌，若无法补救，则及时清理，确保活动的顺利进行。

如果影响到活动的进展，例如舞台坍塌等严重事件，应迅速将台上贵宾引领到台下。动态装点如气球、礼炮、鞭炮出现问题，比如，主席台上的金球未打开，应另以彩带喷射、礼花等作为代替，同时以音响和锣鼓队来弥补现场气氛。

（6）表演人员的应急。主题活动需要备有司仪、演员、摄像等人员，若活动当天出现人员缺席，应以最快的速度调集其他候补人员到场，保证各个环节按原计划顺利地进行。

（7）突发事件的应急。针对各类突发事件，应迅速判断事件的性质。根据事件的性质，及时向总指挥汇报。遇到群众受伤、晕倒等特殊情况，立即报告现场总指挥，积极地进行救治。遇到不明人员滋事，应先对其进行教育并劝其离开现场，必要时对其进行控制或拨打报警电话。遇到特殊情况，应立即疏散人群到安全地带。活动负责人要及时做好整个活动的调度和控制，稳定好现场的秩序。负责维护秩序的人员不得擅自脱离岗位，发生事故时，及时各就各位。

应急方案是针对突发状况做出的提前预警与备案。在活动营销策划的筹备阶段，就应对各项工作细节做认真、详细的检验，力争将事故发生的概率降到最低限度；若发生突发事件，基于企业充足完备的人力、物力准备以及多年的临场经验，应按照应急方案对事件进行迅速、果断的处理，力求活动的顺利与完满。

做一做

【典型业务实例7-2】
××超市"中秋节"促销场内外的布置方案

背景与情境：

中秋节即将来临，××超市中秋节促销策划围绕着"中秋合家欢，佳节大献礼"的主题已开始实施，其中，场内场外布置方案如下：

1.场外

（1）横幅：根据实际尺寸联系制作，内容为中秋节各项主题促销活动和全场月饼优惠大酬宾的信息。

（2）展板：主要公布此次各项主题促销活动的所有内容，传达活动信息，吸引顾客。

（3）橱窗玻璃：设计制作中秋节及国庆节的主题橱窗广告，以增加节日的喜庆气氛。

（4）大门口上方悬挂大红灯笼。

2.场内

（1）POP广告：设计制作以中秋节为主题的悬挂POP广告，烘托喜庆的节日气氛，美化卖场环境。

（2）牌楼：采购部联系供应商赞助中秋牌楼，置于月饼一条街，突出月饼区域特色布置。

（3）收银台布幔：收银台使用红色布幔布置，突出喜庆气氛。

（4）手工POP：在卖场显眼的区域，制作各种主题促销内容的手工POP。

（5）全场悬挂纸制红灯笼布置卖场，制作"月饼一条街"宣传牌，突显传统的特色，美化购物环境。

（6）根据卖场的实际情况，适当设计制作一系列广告宣传牌，美化卖场，传达信息。

思考：

请根据以上资料，分析该超市的场内外布置方案的不足之处并提出改进意见。

【拓展空间7-2】

（1）拟定××百货商场的圣诞节促销场地策划方案。

（2）拟定××公司开业庆典活动的场地策划方案。

【营销训练7-2】

体验活动营销策划

背景与情境：

针对春节、情人节、某周年庆典，请走访相关经营企业的市场营销人员，查找有关资料，根据活动营销策划的类型，对其进行活动营销策划。

【训练目标】

通过活动营销策划的实际体验，熟悉活动营销策划活动的开展技巧，更好地理解活动营销策划的有关知识，掌握活动营销策划技能，进一步培养自己的创新意识及组织协调与执行策划的能力。

【操作流程】（如图7-3所示）

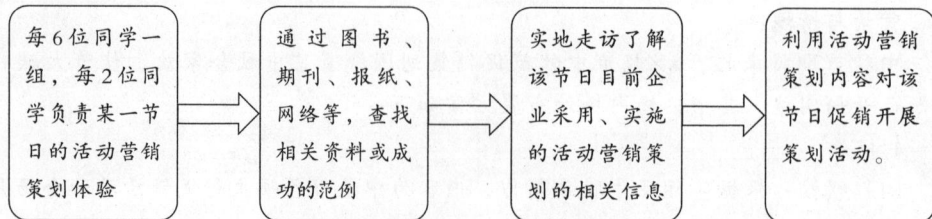

每6位同学一组，每2位同学负责某一节日的活动营销策划体验 → 通过图书、期刊、报纸、网络等，查找相关资料或成功的范例 → 实地走访了解该节日目前企业采用、实施的活动营销策划的相关信息 → 利用活动营销策划内容对该节日促销开展策划活动。

图7-3 体验活动营销策划操作流程

【成果形式】

关于春节（周年庆典、情人节）活动营销策划的课业报告。

【效果评价】（见表7-2）

表7-2 ××节日活动营销策划评分表

评价指标（分值）	标准	小组自评（30%）	小组互评（30%）	教师评分（40%）	最后得分（分）
调查企业表现（20分）	调查两家企业以及四位营销人员（每调查一位给5分，最多20分）				
活动营销策划过程体验（30分）	确定活动的动机和主题、选择、设计活动的内容与形式；合理安排活动的程序；活动的时机选择；活动场地的安排（每小项6分）				
活动营销策划课业报告（30分）	格式规范；内容完整；设计活动的内容与形式多样；程序清晰；成果展示有特色（每小项6分）				
活动营销策划体验中的表现（20分）	从活动准备、与人交流、组织设计、执行协调、信息处理等方面评价（每小项4分）				
合计（100分）					
老师评语		签名：		日期：	
学生意见		签名：		日期：	

思考与练习

1.关键术语

营销导向型活动营销策划：是指企业活动以销售为主、品牌宣传为辅而展开的活动策划。

传播导向型活动营销策划：是指企业活动以品牌宣传为主、销售为辅的活动策划。

营销传播导向型活动营销策划：是指企业活动兼顾品牌宣传和销售，通过宣传促进销售，或是通过销售扩大品牌影响力和知名度。

应急方案：是指针对可能导致活动出现混乱、差错或停顿的突发事件，为保证主题活动顺利进行或将损失降到最低限度而采取的一系列预防、补救和恢复活动运行的完整措施。

2.选择题

○ 单项选择题

（1）百货公司开展圣诞节促销活动属于（ ）活动营销策划。

A.营销导向型　　B.传播导向型　　C.营销传播导向型　　D.体验导向型

（2）针对可能导致活动出现混乱、差错或停顿的突发事件，为保证活动顺利进行或将损失降到最低限度而采取的一系列预防、补救和恢复活动运行的完整措施是（　　）。

A.应急方案　　　　B.补救方案　　　　C.警示方案　　　　D.以上3个方案都不是

(3) 应急方案实施的首要原则是（　　）。

A.配合第一　　　　B.效果第一　　　　C.安全第一　　　　D.财力第一

(4) 人员入场、散场的紧急疏散问题，是（　　）可能遇到的。

A.常规活动　　　　B.大中型活动　　　　C.小型活动　　　　D.所有活动

(5) 某商厦为了十周年庆典，不仅优惠力度空前，而且还举办了一场流行音乐会，这是把（　　）融入活动营销策划。

A.自然元素　　　　B.文化元素　　　　C.服务元素　　　　D.创新性元素

○ 多项选择题

(1) 开展独特感受的活动主题，主要是吸引消费者（　　）感官的参与。

A.视觉（听觉）　　　B.触觉　　　　　　C.味觉　　　　　　D.感觉

(2) 场地安排对于活动营销策划的效果影响很大，可以选择（　　）。

A.在企业内举办　　B.在企业外举办　　C.在室内举办　　　D.在室外举办

(3) 活动的时机选择有以下选择（　　）。

A.借助突发性事件　B.节假日　　　　　C.纪念日　　　　　D.四季更替

(4) 活动通知应该包含多个要素，诸如活动简介、活动发起人、活动时间、面向人群、活动地点，还有（　　）等。

A.活动费用　　　　　　　　　　　　B.活动流程

C.报名/联系方式　　　　　　　　　　D.详细地址及详细乘车路线（附地图）

(5) 活动收尾工作及注意事项包括（　　）。

A.安排专人欢送领导及嘉宾　　　　　B.专人整理资料

C.专人负责费用结算　　　　　　　　D.安排放假

3.判断题

(1) 活动营销策划着眼于实质性让利，给予客户的利益是价格优惠。　　（　　）

(2) 活动主题的开展，把各种活动形式串联起来，相得益彰，不必确定一条主线。

（　　）

(3) 活动营销策划的文本通常会分为两个部分，一个部分是作为前端展示，给消费者观看的；另一个部分是给领导观看的。　　（　　）

(4) 有主题的场地布置，会造成人、财、物力的浪费。　　（　　）

(5) 活动营销策划的过程是一次性的，不可能在发现错误后再重来。　　（　　）

4.案例分析题

开业庆典如何举办

背景与情境：

广州商业繁华地段的一家商场即将开业。开业前，商场的公关部在讨论庆典活动如何进行。大家献计献策，出了许多好点子。归纳起来，有三种庆典方案。第一种方案主张开业当天，要营造热烈气氛，大造声势，敲锣打鼓，鸣放鞭炮；第二种方案是在第一种方案的基础上，加一个剪彩仪式，邀请主管领导前来剪彩，中午宴请主管单位和协作单位的领导，联络感情；第三种方案倡议开业典礼要隆重，但不放鞭炮，而是播放喜庆的音乐；典礼的剪彩者也不做事先的约定，而是邀请第一位前来的顾客和当时到场的一位领导一起剪彩；然后邀请一部分顾客和商场领导一起召开一个座谈会，为商场出谋划策，中午工作餐招待。整个活动始终要有记者跟踪报道。

思考：

（1）你认为三种庆典方案哪种更好？依据是什么？

（2）如果由你来策划，你的方案是怎样的？

分析要求：

（1）根据三种庆典方案，说明他们分别采用的是哪种类型的活动营销策划。

（2）查阅资料，了解近几年你所熟悉的商业区内各商场的经营状况，分析开业庆典的效果，总结分析开业庆典究竟有无必要。

项目八

活学活用——体验营销策划

项目概述

随着互联网和移动终端载体的发展，企业利用网络进行营销已成为不少商家的主要手段。对于实体经济企业而言，与互联网、电子商务和移动终端载体相结合，运用体验营销手段，成为企业在线下取得竞争优势的一个很好的选项。本项目将系统地阐述体验营销的定义、特点和作用，以及体验营销的实施条件、流程与模式。

项目结构

项目八内容结构如图8-1所示。

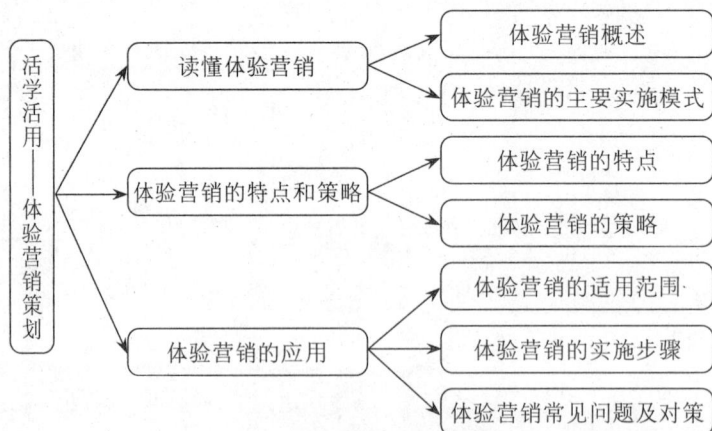

图8-1 项目八内容结构图

任务一　读懂体验营销

【任务目标】

● 知识目标：理解体验营销的定义；掌握体验营销的特点和作用；能够结合典型案例分析体验营销的特征。

● 能力目标：通过学习训练，提高对体验营销基本概念的理解。

● 素养目标：在案例学习和实践训练等活动中，让同学们在体验营销实践过程中关注营销职业道德和营销伦理问题；培养同学们与人合作、自我学习的能力。

【任务导入】

耐克体验中心

背景与情境：

位于纽约耐克公司的"耐克体验中心"是实施终端体验营销的成功典范，"耐克"品牌之所以闻名世界的原因也在于此。一进入位于纽约的"耐克体验中心"，你享受到的是，这里不仅仅是一个购物场所，还仿佛置身于一个体育运动博物馆和信息中心。在这里，运动鞋按尺码陈列于大房间四周的搁架上，存货位于陈列品下方墙的里面。你可以挑选自己喜欢的运动鞋，然后在下面再寻找适合你的尺码。你还可以马上获得最新的体育赛事结果，或提出要求取得有关体育明星如卡尔·刘易斯、乔丹等人的录像和音频信息。

进入"耐克体验中心"你将领会到体现体育力量和运动的美学理念。从旋转门进去，就像进入了一座体育场，眼前是7台录像机，其中有些正在现场直播体育赛事，这种风格强化了体育馆的主题。开放式正厅给人一种体育馆的感觉，地板上铺着毯子像个篮球场，外部墙砖、木制的座位以及保护性挡球网……所有这些设计都是为了创造出高技术与不同凡响的运动相匹配的整体印象。

"耐克体验中心"为消费者提供了更为个性化和相互作用的体验，它的经营方式超出了一般销售产品的意义，而更像是健身和激励人们成功的地方。置身于这样的环境中，能给你带来无数的惊喜，这是因为耐克将其商店变成了人们体验的入口和旅游胜地。

思考：

（1）通过阅读资料，你对体验营销的理解是怎么样的？

（2）如何认识体验营销给企业带来的竞争优势？

资料来源　根据百度文库相关内容整理得来。

学一学

随着互联网技术的发展，人们在丰富的购物活动中，将单纯的购物变为了兴趣盎然的互动活动。在消费的同时，增长了知识、愉悦了身心。在购物场所，感官的、理智的、情感的交流，相互重叠、紧密结合，产生了非常感人的效果，这就是体验营销，它正在成为企业重要的营销手段。

一、体验营销概述

(一)体验营销与传统营销

1.定义

体验经济是指企业以服务为重心，以产品为素材，为消费者创造出值得回忆的感受。传统经济主要注重产品的强大功能、美观外形以及价格优势。现在的趋势则是从生活与情境出发，塑造感官体验及思维认同，以此抓住消费者的注意力，改变消费行为，并为产品找到新的生存价值与空间。

体验营销是指企业通过采用让目标顾客观摩、聆听、尝试、试用等方式，使其亲身体验企业提供的产品或服务，让顾客实际感知产品或服务的品质或性能，从而促使顾客认知、喜好并购买的一种营销方式。这种方式以满足消费者的体验需求为目标，以服务产品为平台，以有形产品为载体，生产、经营高质量的产品，拉近企业和消费者之间的距离。

在体验营销中，企业营造出一种氛围，设计出一系列事件，以促使顾客变成其中的一个角色尽情地"表演'，顾客在"表演"过程中将会因为主动参与而产生深刻难忘的体验，从而为获得的体验向企业让渡价值。体验营销以向顾客提供有价值的体验为主旨，力图通过满足消费者的体验需要而达到吸引和保留顾客、获取利润的目的。

2.体验营销与传统营销的比较

体验营销作为一种全新的营销模式具有鲜明的特征，其与传统营销之间存在着巨大的差异，主要表现在以下方面：

(1)关注的焦点不同。传统营销注重产品或服务本身的质量、特色以及它们给消费者带来的功能性利益，企业通过产品的销售获利。体验营销关注的焦点是顾客的感觉、情感、行为等体验，强调的是具有象征意义的自我实现精神的心理满足，或者说值得回忆的一种内在感受，企业通过为顾客提供全方位的、有价值的体验获利。

(2)看待产品竞争的观点不同。在传统营销中，企业间的竞争只存在于狭窄的同类产品之间。而体验营销则是把消费视为一种整体体验，它改变了人们对市场机遇的看法，拓宽了产品竞争的范畴。

(3)对顾客的认识不同。传统营销认为顾客是理性的，把顾客购买过程视为一个非常理性的分析、评价、决策过程。体验营销则认为消费者既是理性的又是感性的，他们在感性和理性的综合作用下进行购买，更加关注的是消费时的体验过程。

(4)顾客在营销中的地位不同。传统营销主要从企业的角度出发，确定企业自身的特征，然后制定营销组合，在某种程度上是以自我为中心的营销。消费者被动地接受企业的产品或服务，企业营销行为属于产品导向型。而体验营销侧重于顾客确定体验主题，站在顾客的角度思考问题。其消费是一种生产和消费同时进行的过程，消费者是这一过程的"产品"，因为当这一过程结束时，记忆将长久地保存对这一过程的"体验"。显然，顾客既是体验的接受者又是体验的参与、实施者，这就真正体现了以顾客为导向的消费理念。

（5）营销组合的运作方式不同。虽然在传统营销和体验营销下，营销组合的内容都为产品、定价、分销、促销，但其运作方式却不同。

①产品策略方面。传统营销要求产品的品质、功能优良，其形式（品牌、包装、样式等）有特色，同时还要尽量为顾客提供附加服务（送货、保证、安装等）。体验营销则要求为消费者提供全方位的、有特色的体验，凡是能为消费者提供值得回忆的事物都可以成为体验产品。

②定价策略方面。在传统营销下，企业定价的主要依据是成本。在体验营销下，收费的对象是体验，实体产品甚至可以免费，其定价以消费者的期望价格为依据，会远远高于成本。

③分销策略方面。在传统营销中，分销面临的主要问题是商流和物流。而在体验营销下，体验是无形的、是在消费者心中凝结成的一种美好的回忆，因而分销解决的主要是信息流的问题。

④促销策略方面。传统营销通过广告、人员推销、营业推广和公共关系等促销手段将大量信息硬塞给消费者，而忽略了消费者的感受。而在体验营销中，四大促销手段都纳入到"体验"因子之中，注重与消费者的互动。

（二）体验营销的好处

1.可以加深顾客对产品和企业的认知

消费者的认知是产品销售的第一步，也是销售的前提。现在，大多数产品的销售都在视觉传播环境下进行，如何让顾客在广告的海洋中迅速识别出本企业的产品？差异化的体验营销方式将是一种尝试，消费者在为亲身体验而驻足的同时，也完成了对企业和产品的认知过程。

2.可以提高对产品和企业的可信度

所谓产品和企业的可信度，就是顾客在购买产品的时候，能相信产品和企业给他带来的实际好处和价值。尤其是对于新类、新功能的产品而言，营销人员可能会对消费者讲很多产品的好处，但是如果顾客不相信，永远也产生不了购买的行为。"百闻不如一见，百见不如一用"，好的体验营销会让客户对产品品牌及其价值深信不疑。

3.可以提高顾客对产品和服务的满意度

由于在互动式体验销售过程中，消费者充分认识并了解产品，对产品的功能和使用都已经基本掌握，所以，能大大地降低消费者做出购买决定后的不适度甚至后悔度，最大程度地让消费者满意。

4.可以给产品和企业带来最好的传播效果

当顾客和产品有了一个亲密的接触之后，这之间便产生了很多新的连接，这种连接不是通过广告或是一般消费方式能解决的。体验式互动营销使得顾客与产品和企业品牌之间，产生特别的情感联系。很多顾客在需求得到满足后，也会将体验经历主动地向身边的朋友进行传播，从而为产品和企业增加了良好的口碑。

二、体验营销的主要实施模式

体验营销的目的在于促进产品的销售，通过研究消费者的状况，利用传统文化、现代科技、艺术和大自然等手段来增加产品的体验内涵，在给消费者心灵带来强烈震撼的同时，促成销售。

体验营销主要有以下8种实施模式：

1. 节日模式

每个民族都有自己的传统节日，这些节日在丰富人们精神生活的同时，也深刻影响着消费行为的变化。随着我国节假日的不断增多，出现了新的消费现象——"假日消费"，企业如果能够把握好商机，便可大大增加产品的销售量。

2. 感情模式

感情模式是指通过寻找消费活动中导致消费者情感变化的因素，掌握消费态度的形成规律以及有效的营销心理方法，从而激发消费者积极的情感，促进营销活动的顺利进行。

3. 文化模式

利用一种传统文化或一种现代文化，使企业的商品及服务与消费者的消费心理之间形成一种社会文化气场，从而有效地影响消费者的消费观念，促使消费者自觉地接近与文化相关的商品或服务，促使消费行为的发生，进而形成一种消费习惯和传统。

4. 美化模式

由于每位消费者的生活环境与背景不同，对于美的要求也不同，这种不同的要求也反映在消费行为中。人们在消费行为中求美的动机主要有两种表现：一是商品能为消费者创造出美；二是商品本身存在着美的价值。这类商品能给消费者带来美的享受和愉悦，使消费者体验到美感，满足了其对美的需要。

5. 服务模式

对企业来说，优质的服务模式，可以征服广大消费者的心，取得他们的信任，同样也可以使产品的销售量大增。

6. 环境模式

良好的购物环境，不但迎合了现代人文化消费的需求，也提高了商品与服务的外在质量和内在质量，还能使商品与服务的形象更加完美。

7. 个性模式

为了满足消费者个性化的需求，企业开辟出一条富有创意的双向沟通的销售渠道。在掌握消费者忠诚度之余，满足了消费者参与的成就感，同时也促进了产品的销售。

8. 多元化经营模式

多元化经营模式表现为：现代销售场所不仅仅装饰豪华、环境舒适典雅、备有现代化设备，而且集购物、娱乐、休闲为一体；同时，还能创造更多的销售机会。

【教学互动8-1】

互动内容：

有人说体验营销不过是促销的一种方式，你如何看待这一说法？

互动要求：

（1）结合有关体验营销要素的知识，发表个人见解，也可以和你的同伴简单沟通后回答。

（2）教师对学生的回答进行点评。

案例解析8-1

蒙牛——好牛奶、所见即所得

背景与情境：

凭借无可比拟的沉浸式体验，VR迎来了"盛世"，可口可乐、雀巢、Dior、奔驰等国际大品牌争相投入VR大潮中。VR在手，就可打破时空限制，身临其境地体验穿越，随心所欲地去旅行、驾驶、登山等。

作为国际化的中国乳品品牌，蒙牛也强势推出了VR大片《一滴奶的前世今生》，成为乳品行业首个闯入VR领域的"中国牛"！蒙牛在不到5分钟的VR短片中，几乎把整个牛奶产业链的内容浓缩了进去。该片历时数月，横跨呼和浩特、银川、金华三地，从奶牛的生活环境、原奶的采集存储到进入工厂流程后的检测化验、预处理、灌装、包装等生产过程全方位地还原了蒙牛在每一个关键环节是如何与战略伙伴合作，接轨国际标准的。观众跟随"导游"萌小牛的脚步，见证了一滴奶变成成品的复杂过程，并完全沉浸在"参观"的场景当中。

资料来源　佚名. 蒙牛+VR，好牛奶"所见即所得"［EB/OL］.［2016-12-05］. http://www.meihua.info/a/68297.

思考：

（1）蒙牛的体验营销采用了何种模式？

（2）请分析蒙牛的体验营销所达到的效果。

讨论分析：

个人：请每位同学首先搜集相关资料，在固定的学习笔记本上列出模式分析和效果分析，并进行探讨。

小组：请同学每6个人为一小组，各自发表看法，然后小组成员共同讨论，形成小组意见，准备在班级交流。

班级：每个小组推选一位代表在班级交流，陈述本组见解。

老师：在黑板上把各小组的模式分析和效果分析做简要记录。各小组陈述完毕后，老师结合各小组内容进行总结。

做一做

【典型业务实例8-1】

路虎汽车登陆中国台湾市场

背景与情境：

我们知道，一般推销汽车都是设定一个售车场景，当有顾客光顾的时候，销售人员会给顾客介绍车辆的性能、价格。然后，如果顾客感兴趣，就让顾客去试车。试车都是在城市的道路上进行，顾客满意了，生意也做成了。

路虎车是越野汽车，路虎的顾客群和普通家用轿车的顾客群是完全不同的两个群体。路虎在登陆中国台湾的时候，也使用了试驾的活动体验。当顾客开着路虎车在城市道路上试车的时候找不到感觉，所以销售量很差。之后，路虎改用全新的方式，推出了一个销售主题——"越野体验学院"。由专业教练指导，设计了一整套课程。顾客今天驾车在山路上，明天驱车飞驰在沙滩上，后天沿着崎岖的河道逆流而上。这种设计给了顾客一个理想的越野空间，路虎车优越的越野性能在这里尽显无疑，顾客当然爱不释手，路虎车的销量也得到大幅度提升。路虎的"越野体验学院"不但直接给潜在的顾客以体验，也提供了一个让顾客一起交流的场所，路虎的老车主以及未来的新车主们可以在一起探讨驾驶路虎车的体验，发表进一步改进车辆性能的建议。通过这种真正反映产品特性的体验设置，使得顾客很快对购买路虎车产生了兴趣。

思考：

结合体验营销的基本要素，谈一下你的认识。

【拓展空间8-1】

请为某一个汽车品牌简要设计体验营销的活动方案。

【营销训练8-1】

互联网时代零售业体验营销分析

背景与情境：

请选择百货、电器专业店、便利店等零售业的典型业态，通过走访该业态的市场营销人员和消费者，查找有关资料，根据体验营销的定义和模式分类，列出该业态在互联网、移动终端载体的影响下受到的冲击，分析如何采用体验营销应对挑战。

【训练目标】

通过体验营销背景应用分析的实际体验，熟悉体验营销模式的具体运用技巧，更好地理解体验营销的定义、作用以及与传统营销的区别，掌握体验营销分析的技能，进一步培养自己与人沟通、与人交流、解决问题的能力。

【操作流程】（如图8-2所示）

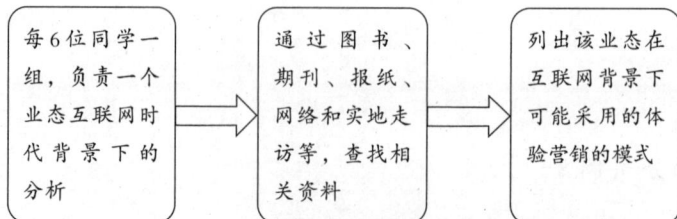

每6位同学一组，负责一个业态互联网时代背景下的分析 → 通过图书、期刊、报纸、网络和实地走访等，查找相关资料 → 列出该业态在互联网背景下可能采用的体验营销的模式

图8-2 互联网时代零售业体验营销分析操作流程图

【成果形式】

关于××业态体验营销分析的课业报告。

【效果评价】（见表8-1）

表8-1   ××业态体验营销分析的评分表

评价指标（分值）	标准	小组自评（30%）	小组互评（30%）	教师评分（40%）	最后得分（分）
认识体验营销的方式（20分）	选择百货、电器专业店、便利店等业态，分析互联网影响下所受的冲击和影响（每分析一个方面给5分，最多20分）				
体验营销模式分析（30分）	列出该行业业态在互联网冲击下面临挑战所能采取的应对措施，以及使用的体验营销模式（每一项15分）				
体验营销模式分析课业报告（30分）	格式规范；内容完整；条件分析明确；过程说明清晰；成果展示有特色（每小项6分）				
分析体验活动中的表现（20分）	从活动准备、与人交流、与人合作、问题解决、信息处理等方面评价（每小项4分）				
合计（100分）					
老师评语	签名：　　　　　　　日期：				
学生意见	签名：　　　　　　　日期：				

▶ 任务二　体验营销的特点和策略

【任务目标】

● 知识目标：学习和把握体验营销的特点；掌握体验营销中策略制定的关键要素的分析要点。

● 能力目标：通过学习训练，提高对营销策划中体验营销要素分析的操作能力。

● 素养目标：在案例学习和实践训练等活动中，让同学们在体验营销策略制定过程中关注营销职业道德和营销伦理问题；培养同学们与人合作、自我学习的能力。

【任务导入】

星巴克的成功

背景与情境：

在小资当中流行着这样一句很经典的话："我不在办公室，就在星巴克；我不在星巴克，就在去星巴克的路上。"泡星巴克，已成为小资们生活中不可或缺的部分，那么星巴克是怎样在短短的几十年里发展成行业的领头羊的呢？

星巴克的创立要追溯到1971年，为了把真正优质的咖啡豆介绍给美国人，三个对咖啡狂热的人，在西雅图创建了走"精致路线"的咖啡豆专卖店——星巴克。当时的星巴克只卖咖啡豆，而不卖一杯杯煮好的咖啡。这家公司不讲如何促销，只讲为顾客提供最好的咖啡。差不多10年后，舒尔茨加入星巴克团队，担任星巴克的营销主管。1984年，舒尔茨的米兰之行彻底改变了星巴克的行销路线，他被咖啡馆在意大利人生活中的中心地位所震惊，同时看到了星巴克的未来，从此致力于将意大利咖啡馆的气氛和咖啡饮品引进到美国。恰好1987年3月，由于经营不善，原来的老板决定卖掉星巴克，舒尔茨得知后就毫不犹豫地买下了星巴克。1987年8月18日，新的星巴克诞生了。

在舒尔茨的设想中，星巴克是顾客日常生活的"第三个"好去处，也就是除了家和上班地点以外的另一个舒适的社交场所，就像是自家客厅的延伸。在那里，顾客们心情放松，并享受交际的乐趣。大众需要有非正式的公共场所，暂时抛开家庭和工作的压力，供他们交友、聊天、聚集、解脱，舒尔茨无疑发现了东西方文化中蕴含的这种共同需求。

星巴克很少使用传统的广告手段进行宣传，众多相邻的分店增加了其品牌的大众认知度，极大地方便了消费者。2002年，星巴克在世界28个国家共建有5 689家连锁店，到了2005年9月，这个咖啡连锁大王已经拥有了8 700家店面。从公司挂牌上市之后，销售额以平均每年20%的速度递增，2001年达到了26亿美元，利润额每年的平均增长幅度为30%。

1996年，星巴克在日本开设了第一家海外分店，开始了全球扩张战略。1999年年初，星巴克授权北京美大咖啡有限公司在北京开设了第一家分店，至今已经遍布中国。凭借着体验经济的东风，星巴克以他们所标榜的"顾客体验"，逐渐把这个出售"咖啡和体验"的咖啡店推向了全世界。

资料来源　根据百度文库相关内容整理得来。

思考：

星巴克咖啡获得成功的原因是什么？体验营销在其中起到了什么作用？

学一学

体验营销作为一种新型的营销形式，自然有其区别于传统营销的一些特点，在分析体验营销几个特点的基础上，企业可以借鉴和采用几种比较典型的体验营销策略。企业通过实施体验营销，可以实现自己的发展目标。

一、体验营销的特点

在科技不断发展的同时，人们的消费欲望和消费形态在发生变化。伴随着物质的极大丰富，人们选择商品时，对价格的敏感程度不断降低；而与此同时，产品和服务带来的心理上的满足越来越受到顾客的关注，这说明精神需求逐渐超越物质需求而成为人们的主导性需求。因此，从体验营销的内涵中可以看出体验营销具有以下特点：

1.参与性

在传统营销中，消费者一般只作为"观众"，没有完全主动地参与到企业的营销活动中。而在体验营销中，消费者摇身一变，成为了营销舞台上的"演员"；在完成产品或服务的生产和消费过程中，成为了"主角"。这样一个主动参与的过程，是体验营销的根本所在，也是获得美好体验、让顾客满意的关键所在。消费者在亲自体验每一个消费细节的过程中，加深了对产品或服务的认识，培养了与企业的感情，渐渐形成了忠诚度。可以说，消费者的"主动参与"是体验营销区别于"商品营销"和"服务营销"的最显著的特征。离开消费者的主动参与，体验营销将不再是体验营销。

2.互动性

在传统的商品营销和服务营销中，企业总是处于主导性地位。企业通过诱导、调控等手段来操纵消费者，使其进入预先设定的消费"轨道"，从而实现盈利。在这样一个过程中，消费者无疑是处于被动、受支配的地位。而在体验营销中，企业与消费者之间，在进行信息和情感交流的基础上，达到行为的相互配合、关系的相互促进。在实现双赢的同时，形成良性的双向互动关系。

体验作为一种属于消费者内化的感受，是企业看不见、摸不着的，这就使得企业很难知道消费者对其产品或服务的真实感受和想法。所以，在进行体验营销时，企业必须努力与消费者进行互动沟通，及时了解消费者的感受、意见，并做出相应的调整，这样才能保证消费者达到美好的体验效果。

3.人性化及个性化

在传统的营销活动中，企业要满足的是广大消费者的标准化需求，向消费者提供的是大批量的标准化产品，没有什么个性可言。而在体验营销中，由于个体的差异性，每个人对同一刺激所产生的体验不尽相同，体验是个人所有的独一无二的感受，无法复制。所以，企业应通过与顾客之间的沟通，发掘他们内心的渴望，站在顾客体验的角度，审视自己的产品和服务能否满足消费者个性化、人性化的需求。

4.情感性

在传统的营销活动中，企业与消费者之间是一种纯粹的买卖关系，即"一手交钱，一手交货"，根本没有什么感情可言。而以满足消费者心理需求的体验营销，十分重视对消费者的感情投入。通过双方的情感交流，增进彼此的情谊，满足消费者的情感需求，这也是体验营销一个非常显著的特点。

5.无形性

虽然服务营销中的服务也是无形的，是企业为了更好地满足顾客的需求，提供的一种无形产品。但体验营销中的无形性，强调的是顾客感受到的一种身临其境的体验、一种被感知的效果，而这种感受和效果是除了顾客以外的任何人都无法感知的。

6.延续性

体验作为一种消费者所独有的感受，并不会马上消失，其具有一定的延续性，以记忆的形式而存在。所以，体验营销的效果具有一定的延续性。有些消费者甚至会在事后对这种体验进行重新评价，产生新的感受。而这种评价可能对其他消费者产生影响，美好的体验往往会使得消费者对企业产生高度的忠诚，建立与企业的长期联系。

二、体验营销的策略

人类的体验需求是多样化的。有的学者将体验划分为娱乐体验、生活体验、审美体验和氛围体验等四个方面，而有的专家则将体验分为感官体验、情感体验、思考体验、行动体验和关联体验等五个方面。要创造出令人难忘的顾客体验，企业需深入研究顾客的体验需求，制定和实施有针对性的营销策略。综合分析，可概括为以下几种主要营销策略：

1.感官体验营销策略

商品的感性化现象是与顾客意识有关的一种心理现象。感官体验营销的诉求目标就是创造知觉体验，它包括视觉、听觉、触觉、味觉与嗅觉，能够区分企业和产品的特性，引发顾客的购买动机和增加产品的附加值。

2.娱乐体验营销策略

娱乐体验营销是以顾客的娱乐体验为诉求，通过愉悦顾客而有效地达成营销目标。娱乐是人类最古老的体验之一，人们生来都愿意寻求欢乐与避免痛苦，几乎没有人会排斥促使其开心大笑的娱乐瞬间。娱乐体验营销要求企业通过为顾客创造独一无二的娱乐体验，来捕捉顾客的注意力，达到刺激顾客购买和消费的目的。娱乐体验营销相对于传统的营销方式，它的最大特点是摒弃了传统营销活动中严肃、呆板、凝重的一面，使营销变得亲切、轻松和生动起来，因而比传统营销方式更能激发顾客的购买欲望。

3.情感体验营销策略

"人非草木，孰能无情"。情感体验营销就是以顾客内在的情感为诉求，激发和满足顾客的情感体验。人们的情感可分为感情与情绪两个方面，从正面的情绪到负面的感受，从喜怒哀乐到爱恨悲愁，都可纳入情感的范畴。营销人员的任务在于，认真探究顾客的情感反应模式，努力为他们创造正面的情感体验，避免或去除其负面感受，从而引导顾客对公司及其产品和服务产生良好印象，直至形成偏爱的态度。与传统营销方式相比，情感体验营销是更人性化的营销，它真正从顾客的感受出发，细心体察与呵护顾客的情感。从这个角度说，营销人员并不是产品或服务的推销者，而是美好情感的缔造者。

4.美学体验营销策略

美学体验营销是以人们的审美情趣为诉求，经由知觉刺激，提供给顾客以美的愉悦、兴奋、享受与满足。爱美之心人皆有之，凡是美丽的事物，都会使人欣赏、喜欢和留恋。营销人员可通过选择利用美的元素，如色彩、音乐、形状、图案等；以及美的风格，如时尚、典雅、华丽、简洁等；再配以美的主题，来迎合顾客的审美需求，诱发顾客的购买兴趣并增加产品的附加值。在产品或服务越来越同质化的今天，美学体验营销能有效地吸引顾客的目光，实现企业及其产品、服务在市场上的差别化，赢得竞争优势。

5.思考体验营销策略

思考体验营销是启发人们的智力，创造性地让消费者获得认识和解决问题的体验，它运用惊奇、计谋和诱惑，引发消费者产生统一或各异的想法。在高科技产品的宣传中，思考体验营销被广泛使用。1998年，苹果电脑的IMAC计算机上市仅六个星期，就销售了27.8万台，被《商业周刊》评为1998年最佳产品。IMAC计算机的成功很大程度上得益于一个思考体验的营销方案。该方案将"与众不同的思考"的标语，与许多不同领域的"创意天才"，包括爱因斯坦、甘地和拳王阿里等人的黑白照片结合在一起。在各种大型广告路牌、墙体广告和公交车身上，随处可见该方案的平面广告。这个广告在刺激消费者去思考苹果电脑与众不同的同时，也促使消费者思考自己的与众不同，以及通过使用苹果电脑而使他们成为"创意天才"的感觉。

6.生活体验营销策略

生活体验是人们展现出的关于自身活动、兴趣和看法的模式。生活体验营销就是以顾客所追求的生活方式为诉求，通过将公司的产品或品牌演化成某一种生活方式的象征，甚至是一种身份、地位的识别标志，而达到吸引顾客、建立起稳定的消费群体的目的。

开展生活体验营销要求营销人员对生活方式趋势有敏锐的洞察力，最好成为新生活方式的创造者和推动者。营销人员可通过举办活动、利用偶像、改变或诉诸社会典范，而为顾客塑造一种不同凡响的生活方式体验。

7.行动体验营销策略

行动体验营销的目标是影响身体的有形体验、生活形态并与顾客产生互动。行动体验营销通过偶像角色如影视歌星或著名运动明星来激发顾客的身体体验，使其生活形态得到改变，从而实现产品的销售。在这一方面，耐克可谓经典代表。该公司成功的主要原因之一，就是有出色的"Just Do It"广告，经常地描述运动中的著名篮球运动员迈克尔·乔丹，从而引导身体运动的体验。

8.氛围体验营销策略

氛围指的是围绕某一团队、场所或环境产生的效果或感觉。好的氛围会像磁石一般牢牢地吸引住顾客，使得顾客频频光顾。氛围体验营销就是要有意营造使人流连忘返的氛围，服务场所尤其适合采取此种策略。

9.关联体验营销策略

关联体验营销是感官、情感、思考、行动、营销的综合。关联体验的诉求是让人们和一个较广泛的社会系统产生关联，建立起个人对某种品牌的偏好，进而让使用该品牌的人们形成一个群体。关联体验营销战略特别适用于化妆品、日常用品、私人交通工具等产品领域。

上述9种类型的体验营销策略分别以不同的顾客体验作为营销侧重点。需要强调的是，它们之间并非互相排斥、互不包容。体验营销的最终目标，并不是单纯地构筑某一类型的体验，而是为顾客创造一种整体体验。企业应将各种体验领域恰如其分地组合在一起，模糊它们之间的界限，这样才会创造出更真实、更具感染力的体验。

【教学互动8-2】

互动内容：

移动互联技术的发展为体验营销提供了什么条件和挑战？

互动要求：

（1）结合有关体验营销特点和实施的知识，发表个人见解，也可以和你的同伴简单沟通后回答。

（2）教师对学生的回答进行点评。

⊘ 做一做

◇【营销训练8-2】

体验营销特点和策略的分析

背景与情境：

请选择房地产、汽车、快捷酒店等行业的典型案例，通过走访该行业的市场营销人员和消费者，查找有关资料，依据体验营销的策略，列出该行业在体验营销中的相关特点和策略选择的关键要素。

【训练目标】

通过体验营销特点和策略分析的实际体验，熟悉体验营销策略分析的具体运用技巧，更好地理解体验营销策略制定的关键要素，掌握体验营销策略分析的技能，进一步培养自己与人沟通、与人交流、解决问题的能力。

【操作流程】（如图8-3所示）

每6位同学一组，每2位同学负责一个行业体验营销特点的分析	→	通过图书、期刊、报纸、网络和实地走访等，查找相关资料	→	列出该行业在体验营销中体验营销策略选择的关键要素

图8-3　体验营销特点和策略的分析操作流程图

【成果形式】

关于××行业体验营销特点和策略的分析课业报告。

【效果评价】（见表8-2）

表8-2　　　　××行业体验营销特点和策略的分析评分表

评价指标（分值）	标准	小组自评（30%）	小组互评（30%）	教师评分（40%）	最后得分（分）
行业特点查找与分析（20分）	选择房地产、汽车、快捷酒店等行业，查找该行业的体验营销特点（每分析一个热点事件给5分，最多20分）				
体验营销策略选择分析（30分）	列出该行业在体验营销中影响策略选择的关键要素（每项15分）				

评价指标（分值）	标准	小组自评（30%）	小组互评（30%）	教师评分（40%）	最后得分（分）
体验营销策略关键选择分析报告（30分）	格式规范；内容完整；条件分析明确；过程说明清晰；成果展示有特色（每小项6分）				
分析体验活动中的表现（20分）	从活动准备、与人交流、与人合作、问题解决、信息处理等方面评价（每小项4分）				
合计（100分）					
老师评语	签名：　　　　　　日期：				
学生意见	签名：　　　　　　日期：				

▶ 任务三　体验营销的应用

【任务目标】

● 知识目标：学习和把握体验营销应用的程序；掌握体验营销模式应用的具体方法、策略和目标。

● 能力目标：通过学习训练，提高对营销策划中体验营销模式的操作能力。

● 素养目标：在案例学习和实践训练等活动中，让同学们在体验营销应用过程中关注营销职业道德和营销伦理问题；培养同学们与人合作、自我学习的能力。

【任务导入】

一次体验营销

背景与情境：

如果有人告诉你："有一个专门针对广告公司的英语培训，我们的培训非常专业、非常实用而且培训过程十分有趣"，你的感觉如何？好老套的宣传！现在，我们再来看看广州的一家培训公司，是如何通过特定主题和情景，让学员参与体验的。

小伙子SAM是广州一家广告公司的策划人员，他希望用外语给跨国公司的客户经理做提案，于是参加了一次针对广告行业的英语专题培训。按照约定，他准时来到指定地点，进入了组织者设定的示范课环节。设计者把所有的学员分成了几个小组，每个小组5人，让各个小组进行比赛。比赛分三个环节，最后，以三个环节总的评分来判定哪个小组获胜。

首先是第一关。每个小组都接到了广告业经常用到的中文和英文单词，总共20张词条，要求每个小组尽快找到对应的词条。一声令下，原来很陌生的团队成员立即进入了各自的角色之中，大家协调配合得很好。第二关，要求每一个小组为一个指定的品牌用英文做目标消费群的分析，而且每一位成员都有机会上台用英语表达自己的见解。第三关，让每一个小组为前面所分析的品牌，用英文做媒体投放计划。通过这种有针对性的培训，以前不敢讲英语的人都能纷纷大胆地表达出自己的观点。在示范课之后，专业的授课老师还为所有的学员进行了点评。同时，穿插了趣味抽奖活动，调动大家的情绪。SAM等大部分学员都认为参加这样的培训很值。

资料来源　根据百度文库相关内容整理得来。

思考：

体验营销该如何设计和组织才能更加有效？

学一学

一、体验营销的适用范围

体验式营销已成为营销行业发展的新趋势，成为企业参与市场竞争的有力武器。企业应从实际的市场需求出发，有的放矢地选择出最适合市场需求的体验方式，使之在市场竞争中处于优势地位。一般而言，体验营销在以下几种市场情形下适用：

（一）全新型产品的上市

对于企业刚刚上市的全新型产品，顾客是十分陌生的，并没有过相似的消费体验，而他们又很少有人愿意成为第一个吃螃蟹的人，因此企业做的广告宣传活动再多，也无法大范围地提高消费者的参与性。此时，就需要体验营销的参与，以最直接的方法使顾客了解产品的作用与性能，消除顾客的疑虑。在全新型产品被普遍引入市场之前，企业可以采用"免费""试尝"等优惠活动吸引消费者的注意，从而让他们全方位地了解产品，主动参与到营销活动中，为产品的全面推向市场奠定基础。

（二）具有"鲜明卖点"的改良新产品

市场上出现的新产品往往是企业在原有的基础上，对它们的款式及性能等方面进行改良所生产的，这类产品也不为顾客完全熟悉。在产品推向市场的初期，就应采取体验营销，向顾客强调这类"改良"产品的卖点，使顾客在短期内感知产品的特性。

（三）容易转变和培养消费习惯的老产品

在市场中，对于一些老品牌的产品而言，如果体验活动能够培养、转变消费者的消费习惯，获得一些竞争对手的顾客，我们仍可以采取体验式营销策略。但在采取体验式营销时，企业首先要了解顾客对品牌的忠诚度。若顾客对竞争对手的品牌的忠诚度较低，容易转变和培养顾客的消费习惯，则体验活动可行；反之，采取体验营销会使企业得不偿失。

二、体验营销的实施步骤

体验营销的运作流程是一个系统的过程，它需要对顾客的心理进行分析，从而了解顾客的心理属性，以此找到适合顾客体验的产品定位，并根据定位来制定顾客体验的主题，围绕主题进行体验营销。

（一）设定体验目标

在策划体验活动之前，要对体验活动做一个粗略的规划和预算，明确企业在体验营销上预先设定的目标是什么，要达到何种预期的效果，以此为基础展开体验活动。体验目标的设定对于体验活动能否达到预期的效果十分重要。

（二）目标顾客的定位

企业在进行体验活动时，要深入分析顾客的体验世界，明确公司与品牌的目标顾客，并从不同的层面分析顾客的体验世界，沿着品牌的接触点追踪顾客的体验，以此为基础对目标顾客定位。体验营销人员在营销活动之前应该通过市场调查来了解目标顾客的需求与顾虑，以此为基础有针对性地为顾客提供相应的体验。

（三）确定体验的环境

企业从目标顾客的角度出发，为其提供一种独特难忘的消费体验，帮助消费者找出潜在的心理需求，激发消费者的购买欲望。这就要求营销人员要确定产品的卖点在哪里，使顾客体验后能够直接对产品进行判断。

（四）让目标顾客进行体验

在这个阶段，企业应该预先准备好让顾客体验的产品或设计好让顾客体验的服务，确定到达目标对象的渠道，进行体验活动。与此同时，在体验过程中营销人员要积极地引导顾客向体验的目标靠拢，使体验活动顺利进行。

（五）进行体验效果评估与控制

企业在进行体验营销活动以后，还要对活动前期、中期及后期的体验效果进行评估。了解体验活动的执行情况，并根据评估结果重新修正运作的方式与流程，对体验营销活动进行更好的控制，使之更好地进入下一轮的运作。

另外，还要注意在体验营销活动中要突出以顾客为中心的基本思想，充分体现出"顾客至上"的原则；做到体验传播的内容与体验的主题相一致，使每一个传播的内容都支持体验主题；最后，还要注意加强对营销活动成本的控制，要将成本控制在企业能够接受的合理范围之内，以免得不偿失。

三、体验营销常见问题及对策

（一）体验营销应用时的常见问题

体验式营销作为一种新型的营销模式，在我国得到广泛的应用。它的到来确实给一些企业注入了新的活力，但体验营销在我国的企业中还处在一个初级阶段，它的应用还面临着一些不可忽视的问题。

1.营销理念滞后

体验营销有其自身的广度、深度和幅度。营销人员只有清楚地了解适合消费者体验的产品，明白能够满足消费者的体验及愿意为体验付费的消费者，才能准确地把握体验营销。而在我国，许多企业对体验营销的认识只体现在浅层次上，没有挖掘出顾客深层次的心理和精神需求。

2.企业与顾客间缺乏互动，顾客参与度较低

体验营销的目的在于实现企业与顾客的互动。在体验营销中，顾客是一种具有隐蔽性的资源，他一旦得到开发将比企业"自身资源"更有价值，并能够使企业"自身资源"增值。

在我国，许多企业在进行体验营销过程中，他们给顾客创造的主要是感官等浅层次的体验，忽视顾客心灵、情感等深层次的体验，导致顾客参与度较低。

3.体验营销在中国存在认识误区

体验营销不仅是一种战术，更是一种战略思维。在我国，很多的企业把体验营销作为一种暂时性的策略手段，追求短期内产品的知名度及市场占有率，从而忽视了它对于企业未来长期发展的重要作用，使许多企业在开展体验营销活动时并没有达到预期的目的，且在以后的运用过程中受到阻碍。

（二）体验营销常见问题的解决对策

1.深入挖掘体验营销理念

企业在进行体验式营销时要注意深入挖掘消费者的心理与精神层次上的需求，努力做到对于技术含量低而竞争激烈的同质产品，采用概念营销的营销方案；对于技术含量高而又需要市场教育的新产品，企业可以通过给消费者试用、提供教育体验打开市场；对于品牌产品，要从精神、成就等方面给消费者以深层次的体验；服务产品则需要通过营造一种快乐氛围，让顾客获得美好而难忘的经历和体验。

2.树立"顾客导向"的全面体验营销观念

顾客体验是一个持续的过程，企业着力塑造的顾客体验应是经过精心设计和规划的，具有稳定性。以"顾客导向"为中心的全面体验营销要求企业在维持现有规模的基础上，努力拓展企业发展空间，发现和挖掘潜在客户，提高顾客的满意度，逐步实现企业与顾客间的互动。

3.制定体验营销战略，实现体验营销立体化

体验营销战略的制定，是确保企业战略目标顺利达成的重要步骤。它是企业经营思想的集中体现。体验营销立体化是指体验营销时间上的持续化和空间上的系统化。而实现体验营销的立体化，是企业能否最终取得胜利的关键。企业实现体验营销立体化可以使营销战略保持在时间跨度上的连续性和空间分隔上的完整性，使营销活动顺利进行。

4.实现体验营销的网络化

现代网络通信技术为体验营销的推行提供了良好的平台。借助计算机网络技术，企业应重点建立顾客与企业之间的网络系统，提高消费者体验的参与度，让顾客充分感受到体验营销的独特之处。

5.实施体验营销的组合策略

体验营销要注重顾客心理需求分析和产品心理属性的开发。企业可以通过挖掘品牌核心价值，以满足顾客的需求，使产品不断溢价。在产品定价时，企业要制定相应的体验价格。企业在对产品定价时一定要以它给消费者创造的体验价值为基础，应与消费者的期望相持平，但也不能超越消费者心中的价格预期。企业还可以充分利用纪念品，开展体验促销活动。体验促销的关键是确立一个鲜明的主题，同时通过调动消费者的各种感官刺激，支持和强调主题，以达到制造和传递体验的目的。

【教学互动8-3】

互动内容：

试举例说明一个成功体验营销的成功之处。

互动要求：

（1）结合有关体验营销应用的知识，发表个人见解，也可以和你的同伴简单沟通后回答。

（2）教师对学生的回答进行点评。

做一做

【典型业务实例8-2】

宜家家居的体验营销

背景与情境：

宜家的产品不是在独立销售，而是放在一个场景里面，比如卖床，会把床放在卧室当中。还有衣柜、化妆台，在做陈列之前已经考虑到他们的目标顾客的需求。比如，平时的生活需要什么样的产品，生活当中会用什么样的色调搭配，购买回去怎样自己去组装

宜家在最初设计的时候，有三种人参加：一是专业设计师，二是销售人员，三是由老顾客组成的一个设计团队。借助设计人员的专业眼光、销售人员对顾客的了解、老顾客的生活体验，他们把体验营销作为一个系统工程来做。到了宜家你就会感觉和国内的其他商场不一样，宜家会让你自己去试、去体验。宜家从设计到销售，都让顾客体验到"家"的感受，这就是宜家成功的地方。

思考：

（1）宜家家居体验营销的特点和作用是什么？

（2）宜家家居体验营销采用了哪些方法？

（3）宜家家居体验营销达到了什么效果？

资料来源　根据百度文库相关内容整理得来。

【拓展空间8-2】

你认为宜家家居的体验营销还可以再做哪些完善？

【营销训练8-3】

体验营销的应用步骤

背景与情境：

请选择房地产、汽车、快捷酒店业等行业的典型产品，分析该行业的体验营销的特点和因素，确定体验营销的步骤。

【训练目标】

通过体验营销步骤选择的实际体验，掌握体验营销的应用，运用体验营销应用步骤的设计，达到熟悉体验营销过程的目的，进一步培养自己与人沟通、与人交流、解决问题的能力。

【操作流程】（如图8-4所示）

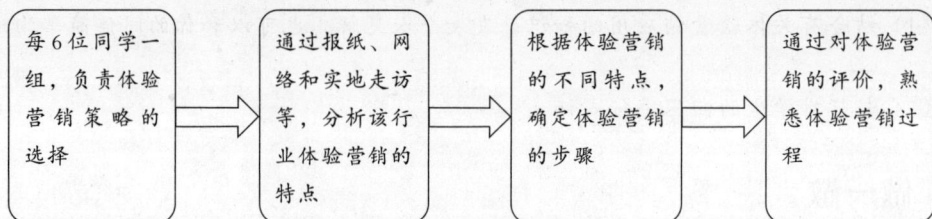

每6位同学一组，负责体验营销策略的选择	通过报纸、网络和实地走访等，分析该行业体验营销的特点	根据体验营销的不同特点，确定体验营销的步骤	通过对体验营销的评价，熟悉体验营销过程

图8-4　体验营销的应用步骤操作流程图

【成果形式】

关于××企业确定体验营销应用步骤的课业报告。

【效果评价】（见表8-3）

表8-3　　　　　　　　　　××企业确定体验营销应用步骤的评分表

评价指标（分值）	标准	小组自评（30%）	小组互评（30%）	教师评分（40%）	最后得分（分）
分析行业特点（20分）	选择房地产、汽车、快捷酒店等行业的典型产品，充分进行行业特点分析（每分析一个特点给5分，最多20分）				
体验营销策略选择过程体验（30分）	分析确定体验营销的策略，对体验营销策略进行选择（每一项10分）				
确定体验营销应用步骤的课业报告（30分）	格式规范；内容完整；模式选择明确；模式选择过程清晰；成果展示有特色（每小项6分）				
确定体验营销步骤活动中的表现（20分）	从活动准备、与人交流、与人合作、问题解决、信息处理等方面评价（每小项4分）				
合计（100分）					
老师评语		签名：　　　　　日期：			
学生意见		签名：　　　　　日期：			

思考与练习

1.关键术语

体验经济：是指企业以服务为重心，以产品为素材，为消费者创造出值得回忆的感受。

体验营销：是指企业通过采用让目标顾客观摩、聆听、尝试、试用等方式，使其亲身体验企业提供的产品或服务，让顾客实际感知产品或服务的品质或性能，从而促使顾客认知、喜好并购买的一种营销方式。

2.选择题

○ 单项选择题

（1）体验营销与传统营销的不同，主要体现在以下方面，除了（　　）。

A.关注的焦点不同　　　　　　　　B.看待产品竞争的观点不同

C.促销的手段不同　　　　　　　　D.顾客在营销中的地位不同

（2）消费者在感觉良好的听、看、嗅过程中，容易产生喜欢的特殊感觉。因此，良好的购物环境，不但迎合了现代人文化消费的需求，也提高了商品与服务的外在质量和主观质量，该模式是体验营销的（　　）。

A.感情模式　　　　B.环境模式　　　　C.美化模式　　　　D.服务模式

（3）有些消费者会在体验营销后对这种体验进行重新评价，产生新的感受。而这种评价可能对其他消费者产生影响。这是由于体验营销（　　）的特点造成的。

A.延续性　　　　　　B.无形性　　　　　　C.情感性　　　　　　D.互动性

（4）认真探究顾客的情感反应模式，努力为他们创造正面的情感体验，避免或去除其负面感受，从而引导顾客对公司及其产品和服务产生良好印象，直至形成偏爱的态度。这种体验营销策略是（　　）。

A.感官体验营销策略　　　　　　　B.美学体验营销策略

C.娱乐体验营销策略　　　　　　　D.情感体验营销策略

○ 多项选择题

（1）体验营销的好处包括（　　）。

A.加深顾客对产品和企业的认知　　B.提高产品和企业的可信度

C.提高顾客对产品和服务的满意度　　D.给产品和企业带来最好的传播效果

E.降低企业的营销成本

（2）体验营销的特点包括（　　）。

A.参与性　　　　　　　B.互动性　　　　　　　C.人性化及个性化

D.无形性　　　　　　　E.延续性

（3）体验营销的策略主要包括（　　）。

A.感官体验营销策略　　　　　　　B.情感体验营销策略

C.美学体验营销策略　　　　　　　D.行动体验营销策略

E.关联体验营销策略

（4）体验营销适用于以下市场环境，包括（　　）。

A.全新型产品的上市

B.具有"鲜明卖点"的改良新产品

C.为了延长产品生命周期的产品

D.容易转变和培养消费习惯的老产品

3.判断题

（1）体验营销就是消费者随意试用产品。　　　　　　　　　　　　　　（　　）

（2）通过体验营销可以营造口碑效应，培养消费者的忠诚度。　　　　　（　　）

（3）企业可以通过体验营销使产品不断溢价，因此可以结合体验营销，随意提高销售定价，获取利润最大化。　　　　　（　　）

（4）现阶段体验营销的问题之一是，为顾客创造的主要是感官等浅层次的体验，忽视了顾客心灵、情感等深层次的体验，导致顾客参与度较低。　　　　　（　　）

（5）体验营销需要进行结果评价，亏损的体验营销活动不能开展。　　　　　（　　）

4.案例分析题

用微信就可以入住的酒店

背景与情境：

目前，格林豪泰酒店、汉庭快捷酒店已推出"APP自助入住"功能，客人通过酒店手机APP预订房间、完成支付、提前填写好入住相关信息后，到达酒店时只需出示身份证并在酒店提前准备好的入住单上签字，就可入住。如家也计划推出一个新的品牌酒店，将对酒店中的客房进行智能化的革新，让智能酒店成为现实。

智能酒店正在走近我们的生活。用户只需先在该家酒店的官方微信上订好房间，付款后，到酒店将身份证交给前台，就能激活手机微信上的智能钥匙。走到房间门口，掏出手机，触摸一下官微里的"开锁"菜单，就能把房门顺利打开了。退房同样简单，点击手机微信上的"退房"菜单，就能拎包走人。如此简单高效的操作，不仅节省了传统酒店入住退房时等待的时间，还免去了丢失房卡、忘带房卡的麻烦。智能酒店凸显出了极大的便利性。

对于出行的人来说，提前搜索酒店、预订酒店，到达后在前台办理手续，拿到房卡开锁入住，这是一套不变的流程。但在上面所描述的未来的智能酒店中，上述所有步骤都可以通过手机来完成。

思考：

（1）请分析，在智能酒店中用户体验属于哪种情况下的体验营销？

（2）请为上述体验过程进行设计。

分析要求：

（1）根据案例材料，说明体验营销的适用性。

（2）根据案例材料，分析该体验营销的应用环境，在设计过程中谈一谈你对体验营销使用条件、策略、模式和程序等关键知识点的理解。

项目九

网络推广策划

项目概述

互联网已然渗透到消费者生活的方方面面，传统企业纷纷触"网"，开展网络营销，一试身手。但是，并非每一家企业都能如愿以偿。企业开展网络营销的出发点很好，但是，往往不能跳出传统的思维来解决新问题。企业开展网络营销要解决的一个中心问题就是如何推广，推广策划是企业开展网络营销战略取胜的法宝，能更好地帮助企业实现既定的经营目标。本项目将系统地阐述网络推广策划的方法，以及网络推广的效果评估。

项目结构

项目九内容结构如图9-1所示。

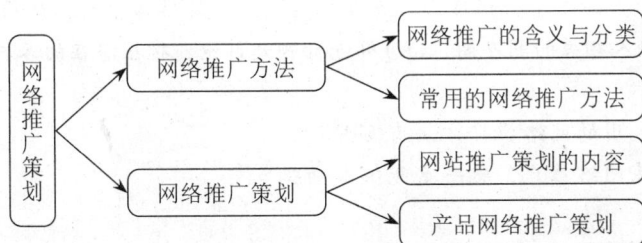

图9-1　项目九内容结构图

任务一　网络推广方法

【任务目标】

● 知识目标：认知什么是网络推广，为什么要进行网络推广；掌握网络推广的目标和方法，能对网络市场进行有效的推广。

● 能力目标：通过学习训练，提高对网络推广方法的整合，具备网络推广能力。

● 素养目标：在案例学习和实践训练等活动中，让同学们在网络推广过程中关注营销职业道德和营销伦理问题；培养同学们与人合作、自我学习的能力。

【任务导入】

悦禾田商城网站的网络推广

背景与情境：

悦禾田是专业从事健康食品和有机食品的生产、销售和配送的现代农业企业。悦禾田商城网站通过搜索引擎推广、友情链接推广、BBS、B2B、分类推广、微信推广、QQ群推广等方法推广企业网站。

根据网站的数据分析，网站的整体流量较多的是来自于搜索引擎。首先，网站建设好了，就会被百度、360等搜索引擎收录网站的内容页面，广大的用户通过搜索引擎就能找到企业。其次，关键词排名缘于友情链接相互传递的权重，这也是网站推广的一个重要部分。在相关行业的网站进行友情链接交换，这样在网站相互宣传的同时也在相互传递着权重。传递的权重越高，关键词排名就越好，网站曝光的概率就越大。BBS、B2B、分类信息网就是利用论坛贴吧人气聚集最多的地方。在这里，利用与用户经常互动的平台进行推广，建立博客、微博、微信，通过链接交互传递，宣传自己企业的产品和信息；通过分类信息网和B2B发布产品信息，让自己的关键词达到一定的排名垄断，从而挖掘出潜在的客户。另外也可以加入相关的朋友圈、QQ群进行聊天讨论，挖掘潜在的客户。

思考：

（1）悦禾田采用的网络推广方法有哪些？

（2）企业开展网络推广，就一定能够成功吗？

学一学

网络资源的最大优势在于快速、便捷、低廉、高效，且具有互动性。如今上网的人越来越多，信息传播面广，传播速度快。企业可以充分利用这些特点，开展网络推广。企业既可以通过独特的网站、网店风格、主题突出的栏目内容，体现其核心价值，也可以通过企业营销的网络平台营造出的氛围，由来访者亲身体验、感受，获得对企业及其品牌核心价值的感性认识，进而接受、认同这种价值观，最终实现现实世界中对其消费行为的影响。

一、网络推广的含义与分类

（一）网络推广

1.网络推广的含义

网络推广就是利用互联网进行宣传推广活动，更有效地促成企业交易活动实现的新型营销模式，被推广对象可以是企业、产品、品牌，也可以是代表企业形象的符号或个人等。网络推广是企业整体营销战略的一个组成部分，是为实现企业总体或者部分经营目标所进行的，以互联网为基本手段，开展网上宣传推广的各种活动。

当今的中国已经进入了网络营销大时代。无论生产型、贸易型、服务型、技术型的企业，都试图通过使用网络推广来消除与客户之间的时间以及空间的局限性，让客户主动找到自己，达到更大的传播效果和企业销售收益。

2.网络推广与传统推广的差异

网络推广与传统推广是存在一些差异的，它是把网络当作一个营销平台。在网络上，企业的最终客户没有变，企业的产品没有变，企业的卖点没有变，唯一变的就是推广的平台。以前企业是在报纸、电视、杂志、终端等平台上做广告、做推广，来让消费者了解品牌、产品和服务，然后吸引消费者去传统的终端卖场购买自己的产品。网络推广，只不过是把推广平台换成了互联网，企业在互联网上做推广来宣传自己的品牌、产品和服务，然后让客户直接进入自己的购物网站，或去传统的地面终端购买自己的产品而已，所以营销推广的本质没有变。

3.网络推广与网络营销的区别

网络营销偏重于营销层面，更重视网络营销后是否产生实际的经济效益。而网络推广重在推广，更注重的是通过推广给企业带来的网站流量、世界排名、访问量、注册量、转化率等，目的是扩大被推广对象的知名度和影响力。确切地说，网络推广也是网络营销的一部分，而且网络推广是网络营销的核心工作，即通过互联网的推广，最终达到提高转化率的目的。

（二）确定网络推广目标

企业网络推广任务确定后，还要将这些任务具体化为各部门、各环节的目标，最终形成一套完整的目标体系，使网络推广各环节都有自己明确的目标，并担负起实现这些目标的责任。目标是企业预期要达到的效果，同时也是评价其业绩优劣的标准，一般网络推广目标有以下几个类型：

1.流量型网络推广目标

流量型网络推广目标主要是吸引网络流量、浏览量，树立起网络品牌形象，让顾客易于发现企业的网站、品牌或产品，以提高顾客的熟知度，为企业的后续发展打下基础并配合企业现行营销目标的实现。企业网站建站初期或是推广新产品时，多采用此目标。

2.服务型网络推广目标

服务型网络推广目标主要为顾客提供网上联机服务，顾客通过网上服务人员可以远距离地进行咨询，解答顾客的疑问。

3.销售型网络推广目标

销售型网络推广目标是指企业为拓宽网络渠道，借助网络上的交互性、直接性、实时性和全球性，为顾客提供方便快捷的网上销售点。目前，许多传统的零售店都在网上设立销售点，如北京图书大厦的网上销售站点。

4.提升型网络推广目标

提升型网络推广目标主要通过网络推广替代传统推广的手段，全面降低营销费用，改进营销效率，改善营销管理和提高企业竞争力，目前的 Dell、Amazon、Haier 等站点属于此类型。

（三）网络推广方法的分类

1.免费的网络推广方法

免费的网络推广方法很多，诸如百度百科推广、黄页推广、B2B 平台推广、分类信息推广、内容推广、问答推广、病毒式推广、博客推广、微博推广、IM 推广、视频推广、论坛推广、合作推广、微信推广等。

2.收费的网络推广方法

为了追求较好的推广效果，收获精准营销的效果，收费的网络推广方法成为企业实现快速推广的首选，具体方法包括百度竞价排名、网络广告、付费推广、大型平台网站推广、垂直类网站推广。

二、常用的网络推广方法

企业常用的网络推广方法很多，主要有软文推广、SEO 优化、微博推广、微信推广、病毒式推广等。

（一）软文推广

软文是相对于硬性广告而言，由企业的市场策划人员或广告公司的文案人员来负责撰写的"文字广告"。与硬广告相比，软文之所以叫作"软"文，精妙之处就在于一个"软"字，好似绵里藏针，收而不露，克敌于无形。

软文推广就是利用原创文章，将企业的商业信息隐含在一篇文章中。实际上，也有一些企业采用伪原创软文的方式，先通过批量采集，然后利用软件加工处理或者通过人工处理再发布。这是最快、最直接的方法，可以丰富网站内容，但是这么做的结果，负面影响也是很大的，不建议企业采用，以免走向初衷的反面。

1.软文推广须长久

网站的推广要想获得长期有效的发展，必须每天写几篇软文，发几篇论文，并附上企业的网站网址等信息，通过各种渠道进行宣传，循环往复。

2.软文撰写的技巧

（1）突出核心卖点。软文的核心内容需要阐述一个销售主张，也就是核心的卖点、一个足以产生销售的刻骨铭心的理由，或者"以理服人"，或者"以情动人"，最终的目的是"销售达成"。千万不能写成理性太强而没有吸引力的论文式软文，也不能写成毫无趣味和销售力的病文。

（2）以体验为中心的原则。软文写作是以"感受"或"体验"为中心，要求实现两个目标，一是制造需求，二是引导消费。以保健酒市场为例，以"感受"为中心就是要突出消费者切身的感受。比如，"患病"的感受、"治疗"的感受、"使用产品"的感受等，要通过感受，使你的目标人群走进你设定的思维圈。反之，离开了"感受"，策划的思维再严谨、策划案的感情再真实，也很难使顾客的需求变得迫切。

制造需求和引导消费是软文的目的和宗旨，在具体写作过程中，需要从软文的内容、版式、思想和色彩等各方面着手，使之成为经得起推敲的、严密的思想系统。

3.软文的写作步骤

（1）写软文首先要选好切入点，即如何把需要宣传的产品、服务或品牌等信息完美地嵌入到文章中去，好的切入点能把软性广告做到极致。

（2）设计文章的结构，把握整体的方向，控制文章的走势，选好冲击力强的标题。

（3）完善整体框架，按框架丰富内容，润色具体内容。

（4）反复修改和完善。

（二）SEO优化

1.SEO的含义

SEO即Search Engine Optimization的缩写，一般翻译为搜索引擎优化，是近年来较为流行的网络推广方式，主要目的是增加特定关键字的曝光率，以增加网站的能见度，进而增加销售的机会，具体分为站外SEO和站内SEO两种。

（1）站外SEO。它是指脱离站点的搜索引擎技术，源自外部站点对网站在搜索引擎排名的影响，这些外部的因素是超出网站控制的。功能最强大的外部站点因素，就是反向链接，即外部链接。毫无疑问，外部链接对于一个站点被收录进搜索引擎结果页面，发挥了重要作用。能够产生高质量的反向链接的方法有以下几点：

①高质量的内容。

②合作伙伴互相推荐链接，与行业网站进行交换链接。

③网站提交到专业目录网站。

④网站加入百度收藏、QQ书签等社会化书签。

⑤发布微博/博客创建链接。

⑥论坛中发布含有链接的原创帖或者在签名档中插入网址。

⑦与SEO业务合作伙伴进行SEO内部优化。

（2）站内SEO。就是通过对网站内部的调整而起到对搜索引擎友好的目的。网站想提高关键字排名，做好内部工作是必须的。因为搜索引擎优化是个系统的工程，不是一蹴而就的，需要大量地积累资源和尝试修改。网址内部优化主要有以下几方面：

①改变原来的图像链接和Flash链接，使用纯文本链接，并定义统一链接位置。

②标题中需要包含优化关键字的内容，网站中的多个页面标题不能雷同。

③每个页面包含有关键词并保持一定的频率。

④对网站结构做细节调整。

⑤利用资源扩展外部链接。例如，可以开百度空间，空间域名就使用公司产品的关键字，同时进行公司原网站信息的转载，附带公司网址，让百度Robot在第一时间访问本站点等。

2.SEO的作用

（1）让更多的用户更快地找到他想找的东西。

（2）可以让相关的关键词排名靠前，满足用户的需求。

（3）让有需求的人首先找到你。

（4）提供搜索结果的自然排名，增加可信度。

（5）让你的网站排名自然靠前，增加网站浏览量。

（6）增加优秀网站的曝光率，提升网页开发的技术。

（7）方便不懂网络或者知之甚少的人寻找到需要的网络内容。

3.SEO的优劣势

SEO的优势主要表现在四个方面：一是实效长，在有专业SEO维护的情况下可以长久有效，一年、两年甚至永远；二是效果好，网站流量提升，注册用户增多，这些都是可以精确量化的。其不像广告，效果难以准确评估；三是性价比高，与竞价排名和广告相比较，不用付费，成本较低；四是用户体验佳，有利于增强网站友好度和品牌美誉度。

SEO的劣势主要表现在三个方面：一是效果难以保证，根据人力的投入和技术水平高低而效果不同；二是见效较慢，比起竞价广告效果很慢，通常需要几周甚至几个月；三是存在一些副作用，优化过度或者使用不正当手段，会造成相反的效果，如被惩罚或降权限。

4.SEO的实施步骤

SEO的实施需要正确的策略和企业跨部门的合作。

从管理层面来说，主要是指企业主管尤其是网站运营主管一定要有SEO思维，以SEO的思维来考虑网站运营。纯SEO技术包括内容和链接两个部分，其中内容又可以分为网站构架、栏目区块、关键字三部分，而链接分为外链和内链。

从执行层面来说，由于SEO设计的知识点涵盖众多因素，所以执行层需要众多部门配合执行。一般来说，需要懂SEO技术的优化工程师、技术人员、设计人员、网站编辑等。针对大型网站，还需要懂得架构的架构师参与，具体包括网站架构分析、关键词分析、网站目录和页面优化、网页更新和链接布置、查看SEO效果、网站流量分析。

案例解析9-1

BMW的搜索引擎推广策略

背景与情境：

BMW在美国的搜索营销策略是激进的投放策略，即让旗下所有产品名称都置于搜索结果的第一位，并在此基础上，详细研究用户查询时可能出现的关键词组合方式，将有关产品名称的各种排列组合的关键词一并购买，并使其搜索结果的排名也处于首位。

此外，BMW与搜索运营商达成合作，利用搜索引擎区分IP显示关键词广告的功能，联合分散在全美各城市的经销商，进行当地市场的品牌精准传播。用户输入BMW产品的名称后，在结果列表首位展示的是BMW在美国的官方网站，结果列表次位展示的是当地经销商的网站。如果用户的IP来自西雅图，第二位结果则是西雅图的经销商网站。

思考：

分析BMW开展搜索引擎推广的成功之处。

讨论分析：

个人：请每位同学在固定的学习笔记本上列出BMW开展搜索引擎推广的成功之处，并进行分析。

小组：请同学每6个人为一小组，各自发表看法，然后小组成员共同讨论，形成小组意见，准备在班级交流。

班级：每个小组推选一位代表在班级交流，陈述本组见解。

老师：在黑板上把各小组分析的成功之处做简要记录。各小组陈述完毕后，老师结合各小组内容进行总结，了解网络推广的方式方法，强调搜索引擎推广应注意的问题。

（三）微博推广

1.微博推广的含义

微博，即微型博客，是一种允许用户及时更新的简短文本（通常少于200字），并可以进行推广。随着微博的火热，催生了微博推广的新方式。每一个人都可以在新浪、网易等网站注册一个微博，把自己的所思所想记录下来，并不断更新自己的微博内容。**微博推广就是利用微博不断更新的内容让大家交流，或者让大家讨论其所感兴趣的话题，以此达到营销的目的。**

微博最大的特点就是集成化和开放化，你可以通过手机、应用软件和外部API接口等方式向自己的微博发布消息。微博能流行的最大原因，是因为它适应了用户互动交流的需求，顺应了信息传播方式大变革的趋势。

2.微博推广的特点

（1）立体化。微博推广可以借助先进的多媒体技术手段，以文字、图片、视频等形式对产品进行描述，从而更形象、更直接地让潜在的消费者接受信息。

（2）高速度。微博最显著的特征之一就是其传播迅速。一条关注度较高的微博在互联网及与之关联的手机WAP平台上发出后，短时间内互动性转发就可以抵达微博世界的每一个角落，达到短时间内最多的目击人数。

（3）便捷性。微博推广优于传统的广告行业，发布信息的主体无须经过复杂的行政审批，从而节约了大量的时间和成本。

（4）广泛性。通过粉丝关注的形式进行病毒式的传播，影响面非常广泛，同时，名人效应能够使事件的传播量呈几何级放大。微博是以个人形式面向网络的即时广播。通过群聚的方式，每个人都可以形成一个自己的听众群落；用微博的方式，将个人的见解和观点发布给自己的听众，以最精炼的词汇来表达最高深的观点。所以，微博的价值和意义在于广播形式。

3.微博推广模式的技巧

微博推广模式主要有四种，即活动营销、植入式广告、客户服务的新平台、品牌宣传。微博的使用范围很广，而且手机用户也可使用。目前，国内手机用户众多，做好微博推广，对于企业而言已成为常态。

在开展微博推广的过程中，需要注意以下一些技巧：

（1）微博昵称使用实名，人们对于实名微博的信任度更高、更愿意关注。

（2）要有精彩的、个性化的个人介绍和标签，以此吸引志同道合者。

（3）使用自己的照片做头像。

（4）多发精彩的原创段子，尽可能设计网友感兴趣的内容，积极地进行评论和转发，与网友互动。

（5）形成自己的微博风格非常重要，可以吸引到有相同想法和兴趣的人关注。

（6）多关注别人的微博。多发有价值的内容进行分享，别人的话题多转发和评论。

（7）微博推广需要通过多种手段来进行更新。

（8）根据本地的一些热点话题，多发一些含有本地内容的微博，这样可吸引到本地的博友。

（9）积极参与当前热点话题的讨论。

（10）在微博发起相关线上、线下的活动，如有奖征集等。

（11）有推广意识，多在QQ群或其他途径宣传自己的微博。

（12）多向身边的人介绍微博，邀请他们开微博。

（13）多发或者转发有趣的图片和视频。

（14）不做"话唠"、不刷屏。很多人会因为你发的微博太多而取消关注。

（15）趣味性很重要，用胡扯的口吻说正经的事情是最高境界。

（16）发微博时可以多加几个相关的人，这样会得到他们的回复或转发，间接地增加微博被更多人看到的几率。

（四）微信推广

1.微信推广的含义

微信（Wechat）是一种即时通信工具，是腾讯公司于2011年1月21日推出的手机端免费应用程序，通过网络发送免费文字、图片和语音短信。微信提供公众平台、朋友圈、消息推送等功能，用户可以通过"扫一扫""摇一摇""附近的人""漂流瓶"等方式添加好友和关注公众平台，同时将内容分享给好友，以及将精彩内容分享到微信朋友圈。2015年，微信月活跃用户数超过4.68亿，是亚洲地区拥有最大用户群体的移动即时通讯软件。

微信推广就是网络经济时代，一种利用手机端免费即时通信工具的企业营销模式和移动互联网络营销方式。用户注册微信后，可与周围同样注册的"朋友"形成一种联系，用户可订阅自己所需的信息，商家通过提供用户需要的信息，推广自己的产品，从而实现点对点的营销。

微信推广主要体现在针对移动客户端进行的区域定位营销，通过微信公众平台，展示商家的微官网、微会员、微推送、微支付、微活动，形成了一种线上、线下的微信互动营销方式。

2.微信朋友圈

（1）微信朋友圈的定义。微信朋友圈指的是微信上的一个社交功能，用户可以通过朋友圈发表文字和图片，将文章或者音乐分享到朋友圈。用户可以对好友新发的照片进行"评论"或"赞"，用户只能看相同好友的"评论"或"赞"。

（2）微信朋友圈的功能。

①图片：在微信朋友圈可直接发布图片动态。图片可以选择拍照或者从相册中选取，一次最多可以分享9张图片。

②视频：在微信朋友圈可以在选择发布内容的时候，拍摄小视频进行分享，当前支持最长8秒钟的小视频分享。

③文字：在微信朋友圈可直接发布文字信息，长按发布朋友圈的相机图标，可以进入发布纯文字动态的界面。

④评论和点赞：朋友圈分享可以"评论"和点"赞"。自己发表的评论可以随时删除，点"赞"再点击一次可以取消。每条消息只能进行一次点"赞"操作。

朋友圈还有网页链接、广告、拉黑、分组、地点等功能，朋友圈的功能也始终在不断增加中。

【教学互动9-1】

互动内容：

近来不少微信用户发现，自己的微信"朋友圈"里突然多了一些生意人。一些"好友"频频晒出高仿的国际大品牌包袋，或者是推送新款服装、美食、面膜、化妆品代购等信息。有用户反映，当他们通过微信"朋友圈"买了假货打算退货时，却发现已联系不上卖家。请谈谈你如何看待"朋友圈""杀熟"现象。

互动要求：

（1）结合网络推广的有关知识，发表个人见解，也可以和你的同伴简单沟通后回答。

（2）教师对学生的回答进行点评。

3.微信推广优势

（1）内容完整。微信公众账号群发的每一条信息，通过文字、图片、视频都能够准确无误地发送到移动终端，这为微信推广打下了便捷沟通的良好基础。

（2）受众精准。企业营销的目标人群如果主动订阅公众账号，则成为账号粉丝。他们对群发信息无抵触情绪，将主动获取微信发布的信息。

（3）曝光率高。微信具有信息提醒功能，红点提醒未阅读信息，信息直达客户的手机，所以微信公众账号的关注度高、曝光率高。

（4）良好的客户管理。微信公众平台是为企业服务的。通过客户管理，区分老客户和新客户，分别定时发送特定信息，避免垃圾信息。可以和客户互动，具有设置查询、搜索等功能，可进行良好的客户管理。

4.微信推广策划工作开展的技巧

（1）拥有一支微信推广的专业团队。应有专人打理微信，才能产生营销效果。如果只是偶尔地发发微信，那样的推广传播效果是有限的。

（2）内容需要独创。要写出和自己的企业产品或者服务相关的内容，突出自己的特色，吸引消费者的注意，才能运用好微信。

（3）内容符合消费者的需求。只有写出符合消费者需求的文字，才能激发消费者的兴趣，才能引起消费者的注意。内容要引导消费者的关注与转发。

（4）微信推广的核心是互动。进行微信推广，要保持与客户之间的沟通和联系，关心自己的客户，了解客户的感受。设计出属于企业自己的标题和内容信息，让客户心动。

（5）做好客户分级。进行客户的分级，逐步对客户进行优化。新客户可以用来炒作，粉丝圈用来传播，老客户必须巩固。

（6）定向传播。利用业内的专业人士，或者"意见"领袖去帮你转发文章，可以影响到这些VIP的粉丝，效果超出你的想象。

（7）增强账号的黏性。通过设立"好"记忆的微信公众账号，合理划分客户的组别，信息发布内容符合需求，与粉丝互动频繁，这一系列不断取悦粉丝的做法，让粉丝数量不断地增加，让粉丝对企业公众账号产生依赖。总而言之，微信运营诀窍的核心在于：注重客户，贴近自己的实际，以销售为目的，引导客户去为你做最大的推广和营销，让企业文化公众账号的"人气"提升起来。

5.微信写作的技巧

文章撰写要考虑行业特点、产品特点、消费成熟度、目标消费者文化结构、地域文化等因素，微信的写作技巧如下：

（1）核心扩展法。核心扩展法即先将核心产品单独列出来，再从产品的销售方法、产品特点、产品效果等方面对核心内容进行扩展，这样的微信营销软文就不会显得杂乱无章，始终都是围绕着一个中心在表述，对读者的引导力才会更强。

（2）各个击破法。各个击破法就是将产品的每个特点分别进行单独介绍，配合图片，突出产品的功效。这种微信软文的写作方式可以将产品的卖点充分介绍清楚，总会有一个卖点是能够吸引到用户的。

（3）倒三角写法。倒三角写法是指微信营销软文如果篇幅较长，人们是没有耐心读完全文的。所以，在编写软文的时候尽量将重点浓缩在第一段，先将读者的胃口吊起来；再解释为什么要看这篇文章；最后，再强调产品的优势，为客户产生"购买欲"最终"推"一把力。

（4）需要吸引人的标题。软文的标题首先要引人注目，因此标题应包含产品的关键词，吸引人们点击。

（5）通过消费者案例来引导读者。消费者在网络上买东西，大多要看买家的评论，消费过相关产品的用户说的话更有分量和借鉴性。微信软文应充分利用"买家秀""买家心得"等内容发挥其引导作用。

（6）精美的图片必不可少。一篇成功的微信软文离不开精美图片的配合，结合企业的新闻图片、产品图片、消费者使用相关产品前后的效果图片对比等，将内容和图片合理地分布在文章内，一篇精美的图文信息就完成了。

案例解析9-2

与时尚同行
——徐家汇商城的微信营销方案

背景与情境：

为了配合商城的整体营销计划，徐家汇商城拟开展微信推广。微信推广的目标消费者年龄为25～40岁。这一类人群事业稳定，生活水准中上，女性偏多，性格上更偏向于感性，他们有家庭或恋人、有朋友、有亲人。

徐家汇商城的微信推广打的是情感营销牌。第一，保持现有品牌基调，注入更多情感化的行为元素，呈现个性化、有情感的徐家汇商城品牌；同时，拉近与用户之间的距离，营造消费者与品牌同行的氛围。第二，倡导时尚的生活态度，邀请消费者一起体验有爱的生活。第三，增加沟通的方式方法，增加互动活动/游戏的次数，降低参与的门槛。第四，徐家汇商城以微信为核心，聚集多个网络渠道。除官网外，还利用BBS、微博等方式，覆盖多数的目标受众人群，完成用户情感沟通、销售导流等目标。利用两个月形成微信的风格，开展不同季节的系列主题营销推广。同时，官方微信日常维护更新，最终与其他的营销计划形成互补，拉动消费者购买，完成品牌传播目标。

微信推广充满了真诚、友善、感性、品味和热爱生活的元素，如同一个随时可以聊天、值得信赖的好朋友。

思考：

（1）徐家汇商城的微信推广为什么主打情感牌？

（2）搜集徐家汇商城的资料，分析其微信推广的成功之处。

讨论分析：

个人：请每位同学在固定的学习笔记本上，列出徐家汇商城微信推广的基础，并进行分析。

小组：请同学每6个人为一个小组，各自发表看法，然后小组成员共同讨论，形成小组意见，准备在班级交流。

班级：每个小组推选一位代表在班级交流，陈述本组见解。

老师：在黑板上把各小组分析的卖点做简要记录。各小组陈述完毕后，老师结合各小组内容进行总结，明确网络推广的适用条件，强调网络推广应注意的问题。

（五）病毒式推广

1.病毒式推广的含义

病毒式推广就是通过用户的口碑宣传，信息像病毒一样传播和扩散，利用快速复制的方式传向数以千计、数以百万计的受众人群。也就是说，通过提供有价值的产品或服务，"让大家告诉大家"，通过别人为你宣传，实现"营销杠杆"的作用。病毒式推广已经成为网络营销最为独特的手段，被越来越多的商家和网站成功地利用。

互联网出现之前，许多商人就开始用文章作为宣传相关信息和促销自己商品的一种手段。内容营销的可靠性，使其在能够快速有效处理万事的网络世界中得以立足。社交媒体强化人与人之间的联系，强化使用者之间的黏性，拥有广大的使用者与流量，可进一步带动广告量，而这自然有助于后续商机的产生。因此，社交媒体的使用者应该专注于"先有社交，后助营销"，不要一开始就表现出过度的功利性。利用内容营销和社交媒体的威力有助于快速增加客户的数量，但对于一般用户而言，对其的有效利用还是有难度的。因此，了解社交媒体营销的基础知识很重要，还需要遵循社交媒体的规则。

（1）确定有影响力的个人群体。有影响力的个人群体主要指论坛版主、编辑、博主，版主、编辑、博主等是网络化所特有的一类网络内行人，这些人掌握着一些网络热点内容的发布手段，他们甚至是网络化社会的风向标。营销经理们应该创建一个工作计划，与适合自己宣传的站点编辑以及论坛斑竹定时联系，因为这群人天天接触网民，了解网民的习惯和爱好。

（2）设计具有较高传播性的内容。有较高传播性的内容，可能是具有较高谈论价值的信息，也可能是具有幽默性的、可传播性强的内容。假如针对某个行业或某个职业的人群，如果能提供出与受众群体职业相关的幽默性内容，将会在同行中广泛传播。关键是：第一，内容是否体现了产品的特征，受众人群是否看得明白。第二，接触的受众人群是否有传播的欲望，传播对象是否是企业的目标人群。

（3）关注传播细节。将企业的创意传播提供给某些人以产生意见带头人或社会团体中有影响力的人，例如，某些兴趣团体的领头人，这些人在网络上各个兴趣团体都已经拥有自己的圈子，很容易找到。但请他们参与是有技巧的，如果单纯是金钱的诱惑，不一定有较好的效果。

2.病毒式推广传播的基本方式

（1）口头传递。最普遍的口头传递病毒推广方式是"告诉一个朋友"或"推荐给朋友"，这也是大部分网站使用的方法。对于这种方法，各种网站的使用率是不一样的。在一些娱乐网站，"告诉一个朋友"的使用率可能会高一些。但对其他大型内容网站，这种方法是不够的。使用率主要取决于所推荐内容的类型和用户群特点，但这种病毒式营销可以低成本并快速执行，其效果还可以通过引入竞赛和幸运抽签得以增强。

（2）接力传递。对于大部分 e-mail 用户来说，这是一个很受欢迎的活动。每当我们收到有趣的图片或很酷的 Flash 游戏的附件，我们通常把它发给朋友，而他们也顺次把该附件发给他们的联系者。这种滚雪球式的效果可以轻松创建起一个分销渠道，在几小时之内，到达成百上千的人们那里，而起始不过是一封电子邮件。

3.病毒式推广的6个基本要素

（1）提供有价值的产品或服务。

（2）提供无须努力地向他人传递信息的方式。

（3）信息传递范围很容易从小向很大规模扩散。

（4）利用公众的积极性和行为。

（5）利用现有的通信网路。

（6）利用别人的资源。

做一做

【典型业务实例9-1】

联通最新的套餐优惠活动

背景与情境：

2013年4月，某地联通网上营业厅终端营销活动。

一、活动主题

踏青怎能无新机，沃达人"武装到牙齿"——踏青礼包+最高送600元话费+3G流量。

二、活动时间

2013年4月8日—2013年5月10日。

三、活动内容

1.2013年4月8日—5月10日，登录联通网上营业厅（www.10010.com）以在线支付方式购买指定合约手机，最高可得600元话费（仅限选择186元以上套餐预存话费送手机合约才可享受此优惠）。

2.活动期间，登录联通网上营业厅，以在线支付方式购买iPhone 5、iPhone 4s、iPhone 4、三星GT-N7102、NOKIA Lumia920、魅族MX2等不同合约手机，可获得舒适踏青礼包一套。内含双肩30升户外背包1个、遮阳飞巾1个、户外手套1双、户外便携坐垫1个。购买中兴V995、酷派7295、华为G510、联想A800，参与96元以上套餐均可享受标准踏青礼包一套。内含遮阳飞巾1个、户外手套1双、户外便携坐垫1个。

软文推广：

活动主题——四月一起踏青去，春日踏青旅游全攻略

当旅游渐渐从时尚变成一种生活态度，越来越多的人选择在春暖花开的季节携伴同游，一起体会大自然的味道，于是"踏青"成为这个季节度假、旅游的选择，走出家门一起去户外踏青吧。

在游玩的过程中，我们绝对不允许错过每个人的精彩瞬间。如果你还在为没有户外装备而在家中唉声叹气，或者为不想花钱去买昂贵的踏青装备而没机会领路自然的乐趣的话，那么，就去联通网上营业厅免费领取吧。凡是在活动期间，登录联通网上营业厅以在线支付方式购买iPhone 5、iPhone 4s、iPhone 4、三星GT-N7102、NOKIA Lumia920、魅族MX2等不同的合约手机就可获得舒适踏青礼包一套。购买中兴V995、酷派7295、华为G510、联想A800，参与96元以上套餐均可享受标准踏青礼包一套。还有

高额的话费为你的踏青之旅保驾护航！

亲友们：踏青包的含金量可不低哦！内含双肩30升户外背包1个、遮阳飞巾1个、户外手套1双、户外便携坐垫1个。

好了，你还在等什么？四月是一年中最美的月份，踏青、赏花、春游也是接受春日阳光的好机会。窝了一个冬天的你，趁着美好春光，请来到户外，享受这花红叶绿、鸟语花香……

登录联通官网，还有更多的踏青好礼等着你。

思考：

（1）联通公司通过网络软文推广，这样的推广成功吗？

（2）软文推广与普通营销推广的区别在哪里？

【拓展空间9-1】

（1）列举3家生产企业的软文推广文案。

（2）列出3件不同的快速消费品的软文推广策划文案。结合其中1件产品谈谈其是如何通过网络推广策划，吸引目标消费者的注意，从而提高转化率的。

【营销训练9-1】

体验网络推广策划方法

背景与情境：

快餐、化妆品、笔记本电脑是你比较熟悉的几种产品，请走访经营该产品的市场营销人员，查找有关资料，根据网络推广的方法，对其进行网络推广。

【训练目标】

通过网络推广实际体验，熟悉网络推广策划方法的具体运用技巧，更好地理解网络推广的有关知识，掌握网络推广的基本技能，进一步培养自己与人沟通、收集信息、解决问题的能力。

【操作流程】（如图9-2所示）

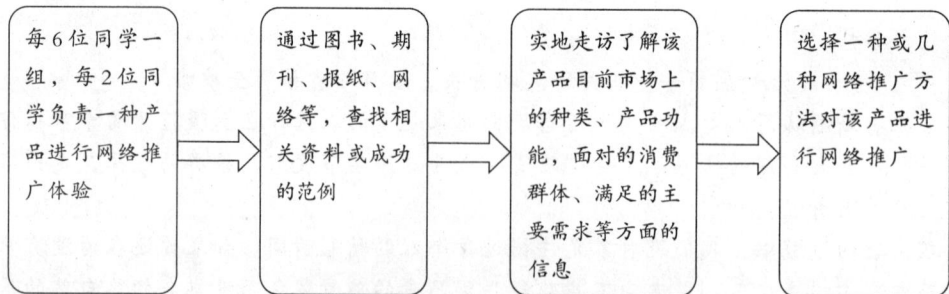

每6位同学一组，每2位同学负责一种产品进行网络推广体验	→	通过图书、期刊、报纸、网络等，查找相关资料或成功的范例	→	实地走访了解该产品目前市场上的种类、产品功能，面对的消费群体、满足的主要需求等方面的信息	→	选择一种或几种网络推广方法对该产品进行网络推广

图9-2 体验网络推广策划方法操作流程图

【成果形式】

关于快餐、化妆品、笔记本电脑网络推广策划方法的课业报告。

【效果评价】（见表9-1）

表9-1　　　　　　　　　　　　　××产品网络推广策划方法评分表

评价指标（分值）	标准	小组自评（30%）	小组互评（30%）	教师评分（40%）	最后得分（分）
网络调查表现（20分）	调查四家企业网站，在线咨询多个问题（每调查一个网站给5分，最多20分）				
网络推广方法过程体验（30分）	目标顾客群的特征；网络平台环境；竞争品与竞争企业；网络推广方法；网络推广设计说明（每小项6分）				
网络推广方法课业报告（30分）	格式规范；内容完整；细分标准明确；策划思路说明清晰；成果展示有特色（每小项6分）				
网络推广体验活动中的表现（20分）	从活动准备、与人交流、与人合作、问题解决、信息处理等方面评价（每小项4分）				
合计（100分）					
老师评语			签名：　　　日期：		
学生意见			签名：　　　日期：		

任务二　网络推广策划

【任务目标】

● 知识目标：认知什么是网络推广策划，为什么要进行网络推广策划；掌握网络推广策划的应用条件和方法，能制定有效的网络推广策划方案。

● 能力目标：通过学习训练，提高对市场细分问题的分析和处理能力。

● 素养目标：在案例学习和实践训练等活动中，让同学们在网络推广策划过程中去关注营销职业道德和营销伦理问题；培养同学们收集信息、解决问题的能力。

【任务导入】

网络推广策划助力黎明重工

背景与情境：

黎明重工科技股份有限公司，成立于1987年，是一家以生产大中型系列破碎机、制砂机、磨粉机为主，集研发、生产、销售为一体的股份制企业。2003年，公司建立了自己的官方网站。建站初期，是粗放化经营，在网站开发、营销推广模式方面，面面俱到、遍地撒网。2005年，公司明确了战略发展定位是通过电子商务做国际贸易，开始重视网络推广，经过多年的摸索，积累了开展网络推广的经验。2009年，公司经营从粗放化转型为精细化，明确成本、销售转化等量化指标，更加凸显网络营销效果；2012年，公司管理升级，追求专业化，通过架构重组，实现"模块化管理、专业化分工"。

黎明重工的产品是矿山机械，主要是建筑用的粉碎和制粉设备，公司网站把产品放在第1页，营销型特质明显。多年来，黎明重工网站的经营模式逐渐成熟，其产品出口到130多个国家或地区。在公司销售额渠道来源比例中，来自电子商务的占比最高达80%，网络推广策划助力其销售额逐年快速增长。

思考：

（1）黎明重工的网络推广策划经历了哪几个阶段？

（2）目前，黎明重工的网络推广策划能否适应未来市场的变化和发展？

学一学

网络媒介具有传播范围广、速度快、无时间地域限制、无版面约束、内容详尽、多媒体传送、形象生动、双向交流、反馈迅速等特点；这有利于提高企业营销信息传播的效率，增强企业营销信息传播的效果，降低企业营销信息传播的成本。因此，开展网络推广策划，是企业营销策划的选项之一。

网络推广策划就是为了达成特定的网络营销目标而进行的，基于网络平台宣传推广的操作思路设计和策略、方案规划的过程。网络推广策划需要有一份好的方案做指引，行动才不会杂乱，但是有了一份好方案，不等于有了好的结果。

网络推广策划要体现策划主体的整体价值观，主要表现在经营理念、服务宗旨等方面。网络推广策划既可以是针对网站的推广，也可以是针对网上商品的销售，还可以是针对网络服务的提供与优化等。所以，网络推广策划所带来的效果呈现多种形式，诸如网络推广对客户服务的支持、对线下产品销售的促进、对公司品牌拓展的帮助等等。

在现实工作中，我们常常会发现企业要推广的有时是单一的产品，有时是企业形象，有时是某主题活动，有时是某个人。这么多种情况，如果总是实施同一种方案，结果可想而知。因为广大网民是聪明的，当你的第一计划成功实施之后，完全故伎重演，效率会大减，而且部分版主、站长、编辑等也不会像第一次那样友好，因为他们不想在毫无利益的前提下被人利用。所以，要以不变的市场定位，创出千变万化的玩法，激活大众的娱乐激情，才能立于不败之地。

一、网站推广策划的内容

（一）网站推广策划的含义

网站推广策划就是为了把企业网站的信息推广到目标受众人群，让更多的网民知道网站的存在，以提高网站的知名度，争夺有限的注意力资源，尽可能提高网站的访问量，吸引并创造商业机会。

（二）网站推广策划的方法

（1）传统媒体推广方法。传统媒体包括电视、广播、报纸、杂志，商家所有的印刷品，户外的各类广告等。现阶段，我国民众对电子商务的认知水平逐渐提高，对电子商务的接受程度逐渐加深。

（2）搜索引擎推广方法。在诸多的网站推广方法中，搜索引擎营销是最行之有效的方法。通过搜索引擎营销推广网站，主要方式可以分为自然检索优化、免费向各大搜索引擎网站提交网站、搜索引擎竞价广告等。

（3）网络广告和e-mail营销。新网站建设成功之后，可以通过对潜在用户影响比较大的门户网站或企业网站做相应的网络广告宣传活动，或者通过e-mail营销的方式，直接向潜在客户推荐企业网站。

（4）论坛和微博营销。目前，相关行业论坛或企业微博、微信用户中，有相当多的潜在客户，因而通过行业论坛或某些知名企业微博、微信公众账号开展营销，是一种不错的选择。可以在行业论坛或企业微博、微信公众账号上以发布软文的形式开展，也可以通过论坛、微博留言、微信推送、微博和微信签名档、微博广告来实现。

（5）病毒式推广方法。网站在为用户提供有价值的免费服务的同时，附加一定的推广信息，常用的工具包括免费电子书、免费软件、免费Flash作品、免费贺卡、免费邮箱、免费即时聊天工具等可以为用户获取信息、使用网络服务、娱乐等带来方便的工具和内容。如果应用得当，这种病毒式营销手段，往往能以极低的代价取得非常显著的效果。

（6）资源合作推广方法。资源合作推广是指通过网站交换链接、交换广告、内容合作、用户资源合作等方式，在具有类似目标的网站之间实现互相推广的目的，其中最常用的资源合作方式为网站链接策略，利用合作伙伴之间网站访问量资源合作，互为推广。

（7）快捷网址推广方法。快捷网址推广是指合理利用网络实名、通用网址及其他类似的关键词网站快捷访问方式，来实现网站推广的方法。快捷网址使用自然语言和网站URL建立其对应关系，这给习惯于使用中文的用户提供了极大的方便，用户只需输入比英文网址更加容易记忆的快捷网址，就可以访问网站，用自己的母语或者其他简单的词汇，为网站"更换"一个更便于记忆、更容易体现品牌形象的网址。

（8）综合网站推广方法。除了常用的网站推广方法之外，还有许多专用性、临时性的网站推广方法，如有奖竞猜、在线优惠券、有奖调查、针对在线购物网站推广的比较购物和购物搜索引擎等，有些甚至采用建立辅助网站进行推广。

（三）关于网站推广策划的评价

网站推广策划的力度，在一定程度上说明了网络营销人员为之付出努力的多少，可以通过一些指标进行量化。

（1）搜索引擎的收录和排名状况。搜索引擎是大多数用户（尤其是不了解企业站点的）登录企业网站的第一站，因此一般来说如果企业网站越多地被搜索引擎收录，那么网站的访问量就会越大。另外，搜索引擎的排名也很重要，一些网站虽然在搜索引擎上注册，但排名在前两页之外，这时候的作用就不大了。在进行这项评价时，应对网站在主要搜索引擎的表现情况进行评估，并与主要竞争者进行对比分析。

（2）获得其他网站链接的数量。其他网站链接的数量越多，表明有越多的网站肯定本网站的价值，这不仅有利于提升企业的网络形象，同时，还可以直接从合作伙伴的网站获得访问量。因此，网站链接数量也反映了网站推广所做的努力，对网站链接情况的分析也是网站效果分析的一个必要部分。

（3）注册用户量。对于有用户注册功能的网站，网站访问量是网络营销取得效果的基础，也在一定程度上反映了获得顾客的潜在能力，其中最重要的指标之一是注册用户数量，因此注册用户资源是重要的网络营销资源，是开展内部列表 e-mail 营销的重要基础之一，拥有尽可能多的注册用户数量并合理应用这些资源已经成为企业重要的竞争手段。

（四）网站排名及访问量的统计分析

在网站营销评价方法中，网站访问流量统计分析是重要的方法之一，通过网站访问的统计报告，不仅可以了解网络营销所取得的效果，而且可以从统计数字中发现许多有说服力的问题。网站访问量分析，无论对于某项具体的网络营销活动还是总体效果，都有参考价值，也是网络营销评价体系中最具说服力的量化指标。网站访问量指标可以根据网站流量统计报告获得。目前，比较常用的几种参考数据有网站 PR 值、独立访问者数量、页面浏览数、网站排名等。

二、产品网络推广策划

企业称网络上自己的产品为宝贝，宝贝在网络上的推广，最好的效果就是成为爆款。**爆款**就是在网络销售中，供不应求，销售量、人气量非常高的某一款商品。如何把产品打造为爆款，需要打组合拳，即多种方法结合使用。

（一）打造爆款的前期策划

1.打造爆款的作用

打造爆款就是商家针对单品做的一次策划活动，能够在很短时间（往往是几小时）内达到高于 5 000 的单品销售量，并且实现其他产品的连带销售，这是一种网络推广方式，策划此类活动需要充分的准备和把控能力。网络推广与线下的门店不同，线下进店的人群均是从店门进去，而网络消费者多是通过搜索宝贝而进店，即从"窗口"进店。网络推广单品的选择和打造，对于店铺的流量和销售均会起到决定性的作用。

2.爆款的策划

任何打造爆款的商家均会提前就给产品做好爆款的方案，以按方案执行的方式来完成最终爆款的成功打造，比如产品选择、流量准备、价格安排、团队协作等均需提上日程。其实从单品的选择来说，一般有两种类型。一种是用来吸引流量的，也就是专门来做活动，并且往往价格低，是属于不挣钱的产品；另一种是专门用来打造主推爆款的产品，此类产品往往在初期上架时会以预售（往往是低于原价+限时折扣）的方式进行，然后按距离发货时间为节点，按天逐步恢复原价；而当达到一个销售值后，很难再低价出售。这一切，需要根据企业的整体战略来设计。

（二）网络爆款单品的遴选

1.全面分析

所谓全面分析，就是要对整个市场进行综合的考察分析，避免爆款失败。

（1）需求量。当您想要把某一类目的某件单品打造成爆款之前，首先必须要了解一下这一类目产品在整个市场中的销售潜力如何，以及消费群体对此类产品的需求和购买意向。只有拥有大量潜在客户的产品，才有爆款的可能，这就是行家常说的宝贝"后劲十足"。

（2）质量。要把控好自己的产品，产品质量要经得住考验。

（3）力量。对企业人力、物力、财力的投放，要有计划地进行，对要达到的目标要有一个合理的预期。

2.选款

无论是否主推做爆款，选款都是影响网络宝贝销量的关键所在。

（1）款式的选择。打算做爆款的产品，必须拥有其独特的卖点，即拥有绝大多数买家都能够认可的特点，并不是指个性产品。

（2）产品的定价。既然打算做爆款，那么就必须确定此款产品在同类商品中具有众多优势，而由于性价比也是买家所关注的重点，因此，初期定价一定要在同类产品中具有优势，只有被大家关注并认可，产品才有爆款的希望。

3.产品预热

市场全面分析、选款等准备工作做好后，就进入了产品的预热阶段。在这一阶段中，需要运用大量的电商销售经验以及对店铺后台的数据分析能力。后台数据分析用的是软件，同时其也是核心，销售经验是必备的硬件。在此过程中，需要对店铺的流量、宝贝被访排行、进店搜索关键词、客户咨询量、成交率、跳失率的变化进行深入研究，最终通过预热所得到的数据，确定宝贝的未来发展趋势；同时，也为下一步宝贝的优化奠定基础。

4.产品优化

（1）店铺整体流量比较少。需要结合进店搜索关键词，对宝贝大标题进行优化，在尽可能多地使用搜索关键词的热词同时，不要偏离宝贝自身的实际属性；而且要充分利用微博、QQ空间等各种推广方式宣传推广，爆款没有打造成之前，目标无法达成。

（2）宝贝被访问量低。首先要确定主推宝贝处在店铺中最明显的区域，然后对其大标题进行优化，大标题是淘宝搜索的关键。

（3）进店搜索关键词的热词少。首先要了解各主推产品所属类目的搜索关键词的热词，将这些词尽可能多地添加到自己的店铺中。因为只有客人来了，企业才有可能对其推销自己的产品。

（4）客户跳失率高。如果店铺出现咨询量大但成交量少的问题，说明客服沟通环节存在问题。企业必须了解是什么原因使顾客放弃对宝贝的购买意图。

（5）产品详情页优化。进一步完善详情页，加入好评截图、与竞争对手对比、文案描述等，带动销售气氛，提升转化率。

5.付费推广

付费推广也是打造爆款过程中的一个重要步骤。例如，淘宝店选择直通车这种付费推广方式，也是打造爆款的常用方式。特别要提醒的是，不能因为付费推广，就忽略了对宝贝的优化。因为任何一款宝贝成为爆款，都不是仅仅依靠直通车这种付费手段打造出来的。

6.由点及线，以线带面

经过上面几步之后，如果效果不错，相信你宝贝的销量会慢慢提高，直到成为爆款。实际上，企业在网络推广过程中，如果只依靠单一的爆款，也会遇到不小的压力。俗话说"狡兔三窟"，可以想办法提高访客的利用率，比如，通过对店铺内其他宝贝进行及时的更新、优化等，去提高访客的二次转化率，实现"由点及线，以线带面"的良好效果。

（三）产品网络推广策划其他方法

1.问答类推广

百度、天涯、搜狗、有道等各大"问答"网站的服务人员，都耐心地回答消费者对商品的提问，让消费者最后留下QQ号，加QQ之后积极帮助消费者，到一定程度放链接进行延伸服务。如果有客户不会上网，就耐心教他注册、支付等。

2.邮件推广

（1）运用QQ群邮件推广。加QQ群，发群邮件。QQ的群发邮件相当方便，只要点击发送，群内所有成员都能收到你的来信。

（2）用邮箱营销软件。先用搜索器搜索相应人群的邮箱，再用群发机（可在网上下载后使用）对其群发。

3.论坛推广

论坛推广是常用的方法。但是也会遇到两个问题：一是版主会删帖，二是帖子的维护。发了帖不被删只是第一步，第二步要让大家看，这就需要注意维护。基于这两个原因，企业应做到两点：一是写好软文，二是要多回来跟帖，与跟帖人互动。发帖推广是一种论坛推广的全新方式，可以整合网站上的各种资源。进行总结性的、带有广告性质的发帖，大多是专业的发帖队伍在做，例如，地藏发帖机构等。

4.博客推广

无论是新浪博客、网易博客、淘宝博客、阿里博客，还是专业对口的网站，企业都可以将品牌名或产品名作为笔名，然后撰写软文，文章标题要醒目，内容要丰富，易于被搜索引擎关注，从而达到推广的目的。

5.直通车推广

淘宝直通车推广是最能直接提升店铺流量的一种推广方法。企业可以选择有优势的宝贝进行推广。但要做到五点：一是宝贝图片要清晰；二是标题重点突出；三是突出宝贝优势，简洁明了，最好选择有成交记录的宝贝；四是宝贝价格要有一定的优势；五是在选择关键词之时，多用一些相对便宜又有流量的组合词，这样的词精准度强、转化率高。

淘宝直通车可以根据流量来制定适合自己的出价（词和类目的出价），这样可以避免因为盲目出价而造成没有点击，或因点击过高造成"烧钱"的后果。同时，也可以根据自己的实际情况，报名参与直通车的相关活动；例如，淘宝首页热卖单品、时尚频道的热卖单品、女人频道的热卖单品等；设定一个适合自己的活动出价，如果被选中就有机会出现在淘宝首页及各大频道页面下方的热卖单品中，这时企业的店铺会有很大的一个流量，从而促成交易的达成。

【教学互动9-2】

互动内容：

企业在做产品网络推广时，消费者主要是看宝贝图片，文字描述不重要，这种说法对吗？

互动要求：

（1）结合有关产品推广的知识，发表个人见解，也可以和你的同伴简单沟通后回答。

（2）教师对学生的回答进行点评。

案例解析9-3

老树核桃成就了电商品牌"果真了得"

背景与情境：

"果真了得"是第一个出售深山百年老树核桃的电商品牌。从2009年创业，经过6年的发展，现自有山林2 000余亩，成立了多家农民专业合作社，主打河南本土特色农产品。"果真了得"产品的网络推广策划分步骤实施，主要做了五个方面的工作：

一是产品少而精。"果真了得"上新品的频率不高，通常1年不到10款新品，力求突出差异化、零加工或浅加工，最大化地保持原生态。

二是注重会员管理和老顾客的维护。"果真了得"的包裹都会要求快递公司在每天上午11：30到下午1：30之间送达。在这个时间，大家更愿意把包裹拿出来进行分享，自然也为"果真了得"进行了二次传播。"果真了得"产品的重购率一般高于行业其他品牌10%~20%。

三是重视家庭消费和商务礼品市场。目标顾客在年轻群体的基础上，还兼顾了"50后""60后""70后"这些更有消费实力的成熟人群。同时，重视礼品市场，在产品规格、包装设计、礼盒定制等方面给予足够的重视。

四是品类的深挖和细化。"果真了得"根据某个单品去做深入延伸，使产品更显专业化。比如，已经在做的核桃分心木、原生核桃仁、琥珀核桃仁等。

五是平台化。销售渠道一方面继续沿用淘宝系（包括天猫），还在全网的各大电商平台都开设了店铺，实行全网覆盖。

思考：

（1）"果真了得"的产品有何优势？

（2）搜集"果真了得"的资料，分析其网络推广策划的成功之处。

讨论分析：

个人：请每位同学在固定的学习笔记本上列出"果真了得"对干果的选品依据，目前开展推广策划的举措，并进行分析。

小组：请同学每6个人为一小组，各自发表看法，然后小组成员共同讨论，形成小组意见，准备在班级交流。

班级：每个小组推选一位代表在班级交流，陈述本组见解。

老师：在黑板上把各小组分析的细分依据做简要记录。各小组陈述完毕后，老师结合各小组内容进行总结，明确网络推广策划的要点，强调选品时应注意的问题。

做一做

【典型业务实例9-2】

真空泵的网络推广策划

背景与情境：

真空泵是一个量大面广的产品，产量很大，产值不高，但它确实是一个直接影响到真空成套设备性能质量的必不可少的基础产品。目前，全球真空泵市场的年销售额约20亿美元，年增长率在7%左右。我国生产真空泵的厂家有很多，全部真空泵的年销售额大约在1.5亿元人民币，仅相当于美国Kinney公司真空泵的年销售额。通过对全球真空泵市场的分析，发现各类真空泵的市场及应用领域都在不断变化和发展。我国真空泵制造业有着悠久的历史和雄厚的基础，有些还出口到国外并受到好评，真空泵制造业在国内外市场仍有巨大的发展空间。A公司还处于发展期，所以为了抢占商机，开发市场，实施网络推广势在必行。

经过调研，A公司制定了网络推广的具体方案：

1.网络推广目标

鉴于A公司的运营情况，本次的网络推广目标是提升需求客户的访问流量。

2.网络推广渠道的分析及选择

根据中国社会化媒体的格局，网民长期使用或聚集的网络媒体主要在百度、新浪微博博客、人人网等核心网络区，这给该公司实施网络推广指出了方向。

3.网络推广第一阶段：提升用户体验和网站权重，时间1个月

为进网站（以下简称进站）的客户提供精简、一目了然的网站页面，增加网站的可用性文章，包括技术文档、解决方案、常见问题的处理、产品资料等，完善辅助客户选型、用户留言、用户评分、活动专区等功能模块。

4.网络推广第二阶段：提升流量和品牌知名度，时间3个月

流量和知名度的提升，可通过论坛推广、B2B推广、在线百科推广、社交网站推广、微博推广、文档分享推广、博客推广、邮件推广、百度竞价推广、视频推广、招聘信息网推广、威客任务推广、在线问答推广等方式进行。例如，论坛推广：选择猫扑、百度贴吧、搜狐社区、天涯论坛、19楼、admin5、推一把等，每天每个论坛发布一篇

与真空泵相关的文章并带上网址链接，论坛签名带上"A品牌真空泵""旋片式真空泵""真空泵维修""真空泵"字样的锚文本超链接。还有，电子商务B2B推广：在网站产品页每天发布3个产品到阿里巴巴账户，同样的这3款产品也发布到慧聪网账户下面。开通阿里巴巴和慧聪网的会员，或购买黄金广告位。

5.网络推广第三阶段：数据分析挖掘，精准推广，提升流量转换率，时间1个月

（1）建立真空泵论坛。保证论坛的文章质量，杜绝垃圾信息。

（2）分析流量数据，建立数据档案。分析进站的主要来源、目标人群的所在媒体平台、进站关键字，建立进站关键词的档案列表。

（3）建立外贸网站。建立符合国外人员浏览习惯的真空泵英文网站，尽可能地提供产品的详细信息。

（4）制作电子杂志。这个主要是针对留住目标客户的措施。每周发1次，标题最好如下：A品牌真空泵资讯第×期。

（5）网络公关。网络上出现负面新闻时，及时采取网络公关处理，避免蝴蝶效应的出现。

（6）通过阿里巴巴发布外贸产品信息。

思考：

（1）A公司真空泵制定的网络推广目标是否可行？试说明理由。

（2）假如你是该公司策划人员，请提出网络推广策划案的优化意见。

【拓展空间9-2】

（1）列出机械行业适合网络推广的5件单品。

（2）列出服装行业适合网络推广的5件单品。

结合其中1件产品思考一下，如何通过网络推广，发现市场机会，提高销售业绩。

【营销训练9-2】

体验网络推广策划方案实施

背景与情境：

女裤、大型机械设备、照片打印是你比较熟悉的几种产品形式。请走访经营该产品的企业，查找有关资料，根据网络推广策划的适用条件，对其进行推广策划。

【训练目标】

通过网络推广策划的实际体验，熟悉网络推广策划的具体运用技巧，更好地理解网络推广策划的有关知识，掌握网络推广策划的技能，进一步培养自己与人沟通、收集信息、解决问题的能力。

【操作流程】（如图9-3所示）

【成果形式】

关于女裤、大型机械设备、照片打印网络推广策划的课业报告。

【效果评价】（见表9-2）

| 每6位同学一组，每2位同学负责一种产品进行网络推广策划实施体验 | → | 通过图书、期刊、报纸、网络等，查找相关资料或成功的范例 | → | 结合网络推广方法，确定网络推广策划方案 | → | 运用恰当的网络推广方法对该产品进行网络推广策划方案的实施 |

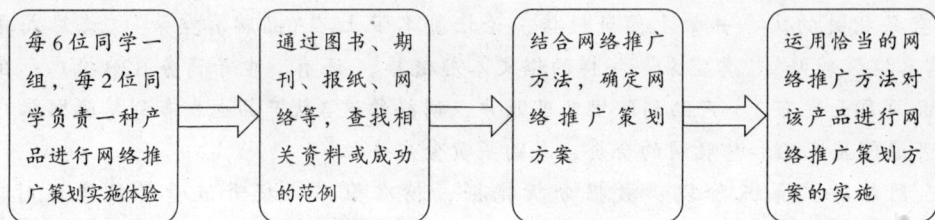

图9-3　体验网络推广策划方案实施操作流程图

表9-2
××产品网络推广策划方案实施评分表

评价指标（分值）	标准	小组自评（30%）	小组互评（30%）	教师评分（40%）	最后得分（分）
调查企业的表现（20分）	调查两家企业，调查四位营销人员（每调查一位给5分，最多20分）				
网络推广策划方案实施过程的体验（30分）	全面分析市场；选品；产品预热；产品优化；付费推广；转化率（每小项5分）				
网络推广策划方案实施课业报告（30分）	格式规范；内容完整；细分标准明确；过程说明清晰；成果展示有特色（每小项6分）				
网络推广策划实施体验活动中的表现（20分）	从活动准备、与人交流、与人合作、问题解决、信息处理等方面评价（每小项4分）				
合计（100分）					
老师评语	签名：　　　　　　　　　　　日期：				
学生意见	签名：　　　　　　　　　　　日期：				

思考与练习

1.关键术语

网络推广：就是利用互联网进行宣传推广活动，更有效地促成企业交易活动实现的新型营销模式，被推广对象可以是企业、产品、品牌，也可以是代表企业形象的符号或个人等。

网络推广策划：就是为了达成特定的网络营销目标而进行的，基于网络平台宣传推广的思路设计、方案规划的过程。

微博推广：就是用每天更新的内容跟大家交流，或者有大家所感兴趣的话题，以此达到营销的目的。

微信推广：就是网络经济时代，一种利用手机端免费即时通信工具的企业营销模式和移动互联网络营销方式。

病毒式推广：就是通过用户的口碑宣传，信息像病毒一样传播和扩散，利用快速复制的方式传向数以千计、数以百万计的受众人群。

网站推广策划：就是为了把企业的信息推广到目标受众人群，让更多的网民知道网站的存在，以提高网站的知名度，争夺有限的注意力资源，尽可能提高网站的访问量，吸引并创造商业机会。

爆款：就是在网络销售中，供不应求，销售量、人气量非常高的某一款商品。

2.选择题

○ 单项选择题

(1) 软文的核心内容需要阐述一个（　　　），也就是核心的卖点，一个足以产生销售的刻骨铭心的理由；或者"以理服人"，或者"以情动人"，最终的目的是"销售目标的达成"。

A.独特的需求　　　　B.趣味性论点　　　　C.销售主张　　　　D.情感切入点

(2) 通过用户的口碑宣传，信息像病毒一样传播和扩散，利用快速复制的方式传向数以千计、数以百万计的受众，这种方法是（　　　）。

A.百科推广　　　　B.病毒式推广　　　　C.微信推广　　　　D.微博推广

(3)（　　　）就是为了把企业的信息推广到目标受众人群，让更多的网民知道网站的存在，以提高网站的知名度，争夺有限的注意力资源，尽可能提高网站的访问量，吸引并创造商业机会。

A.网络推广　　　　B.搜索引擎推广　　　　C.邮件推广　　　　D.竞价排名推广

(4) 在网络销售中，供不应求，销售量、人气量非常高的某一款商品是（　　　）。

A.畅销款　　　　B.爆款　　　　C.单品预订款　　　　D.人气款

(5) 下列有关网络推广的说法正确的是（　　　）。

A.网站推广排第一　　　　　　　B.产品推广效果好

C.企业、产品、品牌都可被推广　　　　D.微信推广效果最佳

○ 多项选择题

(1) 软文写作是以体验为中心原则，要求实现以下目标，即（　　　）。

A.制造需求　　　　B.引导消费　　　　C.感受性佳　　　　D.全网营销

(2) SEO的优势主要表现在以下方面，即（　　　）。

A.实效长　　　　B.效果好　　　　C.性价比高　　　　D.用户体验佳

(3) 微博推广的特点包括（　　　）。

A.立体化　　　　B.高速度　　　　C.便捷性　　　　D.广泛性定位

(4) 微信推广优势包括以下内容（　　　）。

A. 内容完整　　　　B. 受众精准　　　　C. 曝光率高　　　　D. 良好的客户管理

(5) 爆款单品遴选，先要对整个市场进行综合的考察分析，包括以下内容（　　　）。

A.需求量　　　　B.质量　　　　C.力量　　　　D.用户的地理位置

3.判断题

（1）网站的推广要想获得长期有效的发展，可以定期发表软文，附上企业的网站网址等信息，并通过各种渠道进行宣传，循环往复。　　　　　　　　　　（　　）

（2）SEO的主要目的是增加特定关键字的曝光率，以增加网站的能见度，进而增加销售的机会。　　　　　　　　　　　　　　　　　　　　　　　　　　　（　　）

（3）微博，即微型博客，是一种允许用户及时更新的简短文本（通常少于200字），但并不可做微博推广。　　　　　　　　　　　　　　　　　　　　　（　　）

（4）网站推广策划实施过程中，只能使用网络推广的方法。　　　　　　（　　）

（5）打造爆款就是商家针对单品做的一次策划活动，能够在很短时间（往往是几小时）内达到高于5 000的单品销售量，但无法实现其他产品的连带销售。　　（　　）

4.案例分析题

广州医美借助"企汇网"转型升级

背景与情境：

广州医美原是一家典型的代工企业，自身拥有成熟的生产线和研发团队，长期以来专注于健康美容、抗衰老产品的贴牌生产。然而，伴随着互联网浪潮的冲击，原有的贴牌订单日益减少，生意越来越难做。公司借助企汇网的"全网营销解决方案"，打造了一个属于自己的互联网品牌，并进行互联网化的包装，开展全网营销，拓宽网络渠道。

河南企汇网信息技术股份有限公司（以下简称"企汇网"）是一家专为中小微企业提供定制化服务的互联网公司，包括信息发布、供求对接等方面的互联网上的基础服务。企业全网营销系统的升级服务，全网营销解决方案等，有效助力中小微企业转型升级。

企汇网第一时间组建了"医美全网营销团队"，迅速展开了对广州医美的全新产品的全方位包装，从品牌名称、产品功能描述、产品故事、产品的成分、原料原产地溯源等进行全方位梳理和互联网化，并注册了独立的商标"薏肌28"美颜皂。

企汇网小编为了能更好地理解和描述产品，把专门从广州寄过来的几百盒样品，供"医美全网营销团队"、河南电视台新闻记者、高校老师、律师、政府官员、大学生等具有代表性的群体免费试用，并通过调查问卷的形式及时搜集试用人员的反馈意见。与此同时，为了和同类产品更好地进行差异化营销，专门从天猫购买数十款畅销的同类美颜皂，进行研究试用、对比分析，及时总结、调整、优化产品。根据用户的切身体会，进行真实的描述，并由漫画师亲笔手绘"使用流程图"，更加贴近爱美的年轻女性。

经过两个多月的忙碌和筹备，"薏肌28"美颜皂成功上市，集PC电脑、智能手机和微信各项功能于一体的官方网站同步上线。首发销售当天就卖出上万块，取得了初步的成功。随后，通过线上、线下互动，传统媒体和新媒体联动，多视角、多维度、全方位地展开全网营销。经过数月的"狂轰滥炸"，"薏肌28"美颜皂迅速在互联网圈走红，成为了广大白领人士、高校师生等群体旅游出行的必备神器。

在企汇网的帮助下，广州医美从一家代工企业成功转型为集产品研发、设计生产、自主品牌和销售渠道、OEM/ODM生产以及进出口贸易于一体的日化产品企业。

思考：

（1）广州医美如何从代工企业转变为互联网企业？

（2）传统企业开展网络推广策划，是依靠自己的力量好还是选择专业的互联网公司好？请说明理由。

分析要求：

（1）查阅资料，了解代工企业的现状，判断他们是否需要转型升级。

（2）分析互联网公司提供专业服务的优势。

主要参考文献

［1］科特勒，凯勒. 营销管理［M］. 王永贵，于洪彦，陈荣，等，译. 14版. 北京：中国人民大学出版社，2013.

［2］艾里斯，特劳特. 定位［M］. 北京：机械工业出版社，2013.

［3］科瑞斯纳. 感官营销［M］. 王月盈，译. 北京：东方出版社，2011.

［4］王丽丽. 市场营销策划［M］. 2版. 北京：高等教育出版社，2015.

［5］屈云波，王婵龙. 营销经理手册［M］. 北京：企业管理出版社，2011.

［6］屈云波，张少辉. 市场细分［M］. 北京：企业管理出版社，2010.

［7］叶茂中. 营销的16个关键词［M］. 北京：机械工业出版社，2014.

［8］特劳特，里夫金. 新定位［M］. 马琳，施轶，译. 北京：中国人民大学出版社，2014.

［9］凯琳，等. 市场营销［M］. 董伊人，译. 9版. 北京：世界图书出版社，2012.

［10］冯志强. 市场营销策划［M］. 北京：北京大学出版社，2013.

［11］王方. 市场营销策划［M］. 2版. 北京：中国人民大学出版社，2012.

［12］李文义，刘进，张存明. 市场营销策划［M］. 北京：中国财政经济出版社，2012.

［13］徐汉文，袁玉玲. 市场营销策划［M］. 北京：清华大学出版社，2011.

［14］杨勇. 市场营销［M］. 2版. 北京：中国人民大学出版社，2011.

［15］屈云波. 营销企划手册［M］. 北京：企业管理出版社，2009.

［16］杨明刚. 品牌与策划［M］. 上海：上海人民出版社，2016.

［17］杨明刚. 市场营销策划［M］. 2版. 北京：高等教育出版社，2009.

［18］孟韬，毕克贵. 营销策划［M］. 北京：机械工业出版社，2016.

［19］第一营销网，http：//www.cmmo.cn.

［20］梅花网，http：//www.meihua.com.cn.

［21］中国广告网，http：//www.meipo360.com.cn.

［22］联盟中国网，http：//union.china.com.cn.

［23］云南网，http：//finance.yunnan.cn.

［24］飞象网，http：//www.cctime.com.cn.

［25］中国营销传播网，http：//www.emkt.com.cn.

［26］新浪网，http：//www.sina.com.cn.

［27］百度文库，http：//wenku.baidu.com.

［28］凤凰网，http：//www.ifeng.com.

［29］搜狐新闻，http：//news.sohu.com.

［30］和讯网，http：//www.hexun.com.